KB091430

A
RADICAL
Enterprise

급진적 협업 기업

A
RADICAL
Enterprise

급진적 협업 기업

고성과 조직으로 전환하기 위한 네 가지 필수 요소

용환성 옮김   매트 파커 지음

i!i
에이콘

에이콘출판의 기틀을 마련하신 故 정완재 선생님 (1935-2004)

찰리^{Charlie}, 루비^{Ruby} 그리고 리버^{River}에게
또한 당신이 물려받을 급진적 협업의 미래를 위해

찰리[Charlie], 루비[Ruby] 그리고 리버[River]에게
또한 당신이 물려받을 급진적 협업의 미래를 위해

이 책에 쏟아진 찬사

"비즈니스의 미래에 관한 모든 것을 알려주는 뛰어난 서적이다. 저자인 매트 파커는 개방적이면서 분산된 조직을 구축하기 위한 실용적인 방법을 통해 우리에게 영감을 주며, 규모와 관계없이 모든 팀이 자신들의 업무에서 의미와 성취감을 찾을 수 있는 환경 조성 방법을 보여준다."

— 애런 파바(Aaron Pava),
시빅액션즈(CivicActions) 최고 경험관리자(CXO)

"이 책은 당신의 도전 의식을 북돋을 것이다! 저자는 조직의 운영 방식에 대한 놀라운 영역을 탐구하고 있다. 그는 이질적이고 낯설어 보이는 조직 철학을 채택한 13개의 기업들을 조사했으며, 50년 동안 학술적으로 연구됐던 이 철학들이 결코 헛소리가 아니었다는 것을 보여준다."

— 진 킴(Gene Kim),
작가 겸 연구원이자 IT 레볼루션 창립자

"저자는 많은 조직이 팀에게 권한을 이양함으로써 더욱더 민첩하고 효과적으로 변모하는 과정을 직접 경험해왔다. 그는 무엇이 효과가 있거나 없는지를 잘 알고 있으며, 이 책에서 왜 리더들이 그 권한을 포기했을 때 조직이 더 강력해지는지에 대한 답을 보여준다. 또한 그것이 영향이 있는 이유뿐만 아니라 더 효과적이고 즐거운 일터를 만들기 위해 필요한 이유를 훌륭하게 설명하고 있다."

— 폴 개프니(Paul Gaffney),
콜스(Kohl's) 최고 기술 및 공급망 책임자

"우리가 알고 있는 관리(또는 경영)는 100년도 더 지난 구식 기술이다. 따라서 시대의 도전에 대응하기 위해 조직하고 협업하는 방법을 급진적으로 재창조할 필요가 있다. 이 책은 그러한 여정을 위한 강력한 도구를 제공한다."

– 브라이언 로버트슨(Brian J. Robertson),
『홀라크라시』(흐름출판, 2017)의 저자

"저자는 초고속으로 성장하는 소프트웨어 조직에서 수년간 익힌 직관과 학습한 결과를 모든 지식 관련 비즈니스에 적용 가능한 프레임워크로 체계화했다. 우리 모두가 성취하기 위해 부단히 노력해야 할 미래의 업무 방식을 보는 것은 흥미진진하다."

– 로스 헤일(Ross Hale),
아티움(Artium) 최고 경영자

"모든 사람이 읽어볼 가치가 있는 매우 중요한 서적이다. 팀 자율성, 경영권 전환, 결핍에 대한 만족, 취약함의 인정 등 급진적 협업의 토대를 중심으로 이야기한다. 저자는 이러한 필수 요소들을 적용함으로써 급진적으로 협업한 기업들의 실제 사례를 풍부하게 제시한다.

급진적 협업이라는 분야를 몇 년 동안 적용하고 연구했음에도 불구하고, '직원의 98%는 진정으로 업무에 전념하고 있고, 97%는 책임감이 깊으며, 97%는 자신들의 업무와 행동을 전적으로 책임지고 있다'는 몇 가지 통계 자료를 보면 깜짝 놀랄 때가 있다.

내가 이 책에서 가장 신선하게 느낀 부분은 급진적 협업의 일터가 되고 가시적인 성과를 내기 위한 핵심과 중요한 것이 무엇인지를 말해준다는 점이다. 그리고 이는 우리의 세계가 어떻게 지배 체제system of domination에서 협업 체제system of collaboration로 변모할지에 대한 것이다. 매트 파커에게 경의를 표한다!"

– 매트 페레즈(Matt Perez),
니어소프트(Nearsoft) 공동 창업자이자
『Radical Companies』(PRADERA MEDIA, 2021)의 공동 저자

옮긴이 소개

용환성(hsyong71@gmail.com)

소프트웨어공학과 프로젝트 거버넌스로 석·박사 과정을 수료했다. 1997년부터 현재까지 e비즈니스, 공공, 국방, 게임, 콘텐츠 분야에서 엔지니어 및 프로젝트 관리자 역할을 수행했다. 소프트웨어를 기반으로 프로젝트 및 애자일 관련 국제 자격을 갖고 있으며, 다양한 중소기업과 IT 전문 기업에서 실무 강의, 컨설팅, 코칭을 수행했다. 현재 ㈔한국엔터프라이즈아키텍처학회 사무국장을 맡고 있으며 XR과 로봇, 이를 활용한 디지털 트윈 솔루션 개발 전문 기업 ㈜노바테크에서 기획총괄 및 전사 PMO로 활동 중이다.

옮긴이의 말

이 책을 번역하면서 프로그램 소스를 작성하고 키보드의 엔터 키를 누르거나 실행 버튼을 마우스로 클릭했을 때 화면에 내가 원했던 결과물이 나오는 희열에 열정으로 가득 차 소프트웨어 개발 분야에 입문했던 신입사원 시절이 떠올랐습니다. 그 당시에는 정말 무엇이든 만들 수 있을 것 같았지요.

그런 시절을 지나 SI 프로젝트의 관리자가 되면서 촉박한 일정에 허덕이고, 일정과 원가라는 핑계를 대면서 고객의 요구 사항을 수용할지 여부를 협상하고, 살인적인 일정에 허덕이는 팀원들에게 또 다시 협의된 추가 업무 범위에 대한 개발을 지시하곤 했습니다. 아마도 소프트웨어 개발 관련 분야에 몸담고 계신 분들은 십중팔구 이와 유사한 경험이 있을 것입니다.

저자인 매트 파커도 우리와 별반 다르지 않은 경험을 했지만, 피보탈 랩스에 입사하면서 그 경험에서 한 걸음 더 나아가 왜 우리는 직장에서 열정, 기쁨, 행복을 누리거나 혁신과 창의성을 발휘하지 못할까라는 의문을 제기했습니다.

그는 수년간 직장에서 경험하고 느낀 것을 토대로, 직장 내 혁신을 이뤄내 직원들과 비즈니스에서 엄청난 성과를 창출하는 기업들을 전 세계에서 찾아내 분석하면서 그 이유를 따져보기 시작했습니다.

결국 매트 파커는 엄청난 성과를 내는 기업들은 명령과 통제로 특징지어지는 지배자 계층 구조를 타파했다는 공통점을 가진다고 결론지었습니다. 지배자 계층 구조는 직원들을 직장에 몰입시키는 것이 아니라 오히려 심리적으로 이탈시킴으로써 회사의 미션과 자신의 일에 대해 열정적이지 않게 만들고, CEO나 경영진에 대한 불신을 키우며, 자신의 일이 무의미하다고 느끼게 만드는 원인이었습니다.

그 원인을 해결함으로써, 직원들이 업무에 몰입하고 CEO나 경영진 그리고 직원 모두가 상호 신뢰하며 자신의 일에서 의미를 갖기 위한 회복의 방법을 급진적 협업으로 혁신을 일궈낸 기업들에서 찾았습니다. 그 기업들은 지배자 계층 구조에서 벗어나 급진적으로 협업하는 문화를 갖고 있었으며, 급진적 협업의 네 가지 필수 요소는 팀 자율성, 경영권 전환, 결핍에 대한 만족, 취약함의 인정이라고 매트 파커는 정의했습니다.

팀 자율성은 팀 자체가 누구의 명령이나 통제를 받지 않고 자신들이 처한 상황을 통제하는 개념이고, 경영권 전환은 지배자 계층 구조의 권력을 팀으로 분산시키는 것입니다. 결핍에 대한 만족은 팀이 파트너십과 평등으로 무장하고 팀원들의 인간적 요구인 안전, 자율성, 공정성, 존중, 신뢰와 같은 욕구를 만족시키는 개념이며, 마지막으로 취약함의 인정은 개방성과 투명함으로 팀이 자신들의 집단적 사고를 스스로 검증하거나 비판하고 경우에 따라 생각한 모든 가정 사항을 무효화하는 것입니다.

급진적 협업의 네 가지 필수 요소는 애자일 방법론이 추구하는 것과 유사한 측면이 있기도 합니다만, 이 책을 번역하면서 매트 파커가 지금까지 조직의 상층부가 갖고 있던 모든 권한을 팀 단위 혹은 개인 단위로 내리는 명령, 통제 그리고 권한의 민주화democratization를 이야기하고 있다는 느낌을 받았습니다.

그가 주장하는 대로 네 가지 필수 요소를 통해 명령, 통제, 권한의 민주화를 이뤄내면 급진적 협업이 이뤄지고, 이는 직장 내에서 하나의 문화로 정착할 것입니다. 그 결과 기업과 팀 그리고 개인들이 안전, 자율성, 공정성, 존중, 신뢰로 가득 찰 뿐 아니라 우수한 성과를 창출할 가능성도 높아지리라 기대합니다. 다만, 네 가지 요소를 조직 내 문화로 정착시키는 과정은 무척이나 힘든 도전일 것입니다.

그 험난한 과정에 길잡이가 되고자 매트 파커는 네 가지 필수 요소를 자세히 설명하면서 다양한 문헌을 제시하고 있으며, 특히 급진적인 협업을 통해 기업, 팀이 일궈낸 놀라운 성과들을 보여주는 다양한 사례를 이 책 곳곳에 소개함으로써 독자들이 네 가지 필수 요소를 각각 충분히 이해하고 실천할 수 있도록 배려하고 있습니다.

이 책을 선택하신 독자 여러분도 이미 급진적 협업을 위한 첫걸음을 매트 파커와 함께 내디뎠다고 생각합니다. 부디 새로운 목적지로 목표를 명확히 설정하고, 마지막에 이르러서는 한번 읽어보길 정말 잘했다고 꼭 생각하게 되길 바랍니다.

지은이 소개

매트 파커 Matt K. Parker

작가, 연사, 연구원이자 3세대 프로그래머로, 지난 20년 동안 소프트웨어 분야에서 개발자, 관리자, 임원 및 글로벌 엔지니어링 책임자 등 다양한 역할을 수행해왔다.

지난 10년간 초반복 소프트웨어 방법론hyperiterative software practice을 전문적으로 다뤘으며, 현재는 급진적 협업을 통해 소프트웨어를 개발하는 기업들의 경험을 연구하고 있다.

코네티컷의 작은 마을에서 아내 및 세 자녀와 함께 살고 있으며, 웹 사이트(mattkparker.com)를 운영 중이다.

감사의 글

마지막 장의 마지막 단락을 쓰는 동안 눈물이 흘렀다. 왜 눈물이 나는지 나조차도 알 수 없었다. 아마도 뭔가를 마무리한 데 따른 카타르시스 때문이었을 것이다. 이 책의 원고를 모두 작성하기까지 비록 8주가 걸렸지만, 몇 년 동안 읽고 연구하고 글을 써왔다. 이 순간에도 수천 페이지에 달하는 노트와 인터뷰뿐 아니라 각 장에 대한 단편적인 문장들, 시작을 잘못한 글들까지 모두 갖고 있다. 그 모든 것이 마침내 일관된 글의 모음으로 합쳐진다는 것은 일종의 성취이자 구원이었다.

어쩌면 탈진으로 인한 눈물이었을지도 모른다. 이 특별한 원고는 코로나19의 대유행이 한창이던 2021년 1월에 시작됐다. 그 겨울 동안 나는 일이 없었지만, 내 아내는 풀타임으로 재택근무를 했고 두 살에서 열 살배기 정도였던 우리 세 아이들은 하루 24시간, 일주일에 7일을 우리 곁에 함께했다. 나는 낮 시간에는 이제 막 걸음마를 뗀 아이를 돌보면서, 두 명의 큰 아이들이 비대면 수업에 참석하도록 보살폈다.

아이들이 깨어 있을 때는 원고 작업을 하지 못했으므로, 매일 새벽 4시에 일어나 지나칠 만큼 많은 양의 커피를 마시면서 그 짧은 새벽 시간 내내 글을 썼다. 원래 아침형 인간이었던 덕분에 이것이 가능하다는 사실은 알고 있었지만, 그리 오래 지속되지 못했다. 8주 뒤 원고를 거의 다 썼을 무렵에는 카페인이 아무 도움을 주지 못할 만큼 극심한 수면 부족에 시달렸던 터라 어떻게든 마무리를 지어야만 했다. 어쩌면 이런 상황 때문에 눈물이 흘렀는지도 모르겠다.

또한 내 눈물은 고립과도 무관하지 않은 것 같다. 지금껏 많은 작가가 집필 과정을 외로움으로 표현해왔다. 예를 들어 스티븐 킹Stephen King은 회고록에 다음과 같이 썼다. '글을 쓰는 것은 외로운 일이다. 당신을 믿는 사람이 있다는 것은 많은 차이를 만들어낸다. 그들은 뭐라 말을 할 필요가 없다. 대부분은 그냥 믿어주는 것만으로도 충분하다.'[1] 나는 나를 믿어주는 사람이 주변에 많아서 운이 좋았다. 출판사, 편집자, 친구, 가족이 있었고 내 소중한 아내이자 파트너인 니콜Nicole이 내 곁을 지켜줬다. 그런 사랑과 응원이 있다고 해서 외로움이 사라지진 않았지만, 확실히 견딜 수 있게 해줬다. 그래서 내 눈물은 내가 받은 성원에 대한 감사와 글쓰기 과정을 위해 스스로 자초한 고립이 끝나는 것에 대한 감사의 눈물이었을지도 모른다.

카타르시스. 탈진. 고립. 그리고 감사하는 마음. 그 모든 것이 의심할 여지없이 내 감정 상태에 영향을 미쳤다. 하지만 지금 돌이켜보면, 내 눈물은 다른 것을 경험한 데 따른 깨달음의 눈물인 것 같다. 나의 글쓰기 과정은 뒤죽박죽이었던 혼란스러운 단어, 문장, 단락을 질서정연하고 명확하게 변화시키는 과정이므로, 느리고 자주 중단됐다. (이것이 이 프로젝트를 완성하는 데 몇 년이 걸렸던 이유를 부분적으로 설명해줄지도 모른다.)

하지만 나머지 원고와 달리 마지막 단락은 갑자기 쏟아져 나왔다. 단어 선택에 망설임이 없었고 표현이나 순서에도 혼란이 없었다. 아이디어와 메타포metaphor, 메시지가 내 마음과 손끝에서 완전히 일치된 것 같았다. 끝나기도 전에 눈물이 흘렀지만, 그 단어들은 조금도 위축되지 않고 계속해서 나왔다. 그 순간 방이 희미해지는가 싶더니 아무것도 남지 않은 듯 화면에 나타난 문자들만 보였다. 매슬로Maslow의 말처럼 내가 인식한 것은 '모든 것이 전경이고, 배경은 없다[*]'로 표현될 만했다. 다시 말해, 원고를 끝낸 것은 '정점

---

[*] 흰색에 집중하면 큰 잔이 보이고, 검은색에 집중하면 마주 보고 있는 사람의 얼굴 모습을 발견하는 착시 현상을 말한다. 개인이 갖고 있는 욕구를 잘 인식하고 있으면 뚜렷하게 인식되는 그림이 전경(figure)이 되고, 욕구 충족이 되면 그 욕구는 다시 배경(ground)이 된다. – 옮긴이

의 경험'이었고, 깊은 의미와 변혁을 불러일으켰던 자아실현과 초월의 순간이었으며, 이에 감사할 사람들이 많다는 의미다.

피보탈 랩스Pivotal Labs의 설립자이자 피보탈 소프트웨어Pivotal Software의 최종 CEO인 롭 미Rob Mee부터 시작하겠다. 이유는 도저히 알 수 없지만, 그는 내가 피보탈 랩스에 재직하는 몇 년 동안 피보탈의 작업 방식에 대한 책을 쓸 의향이 있는지를 내게 물었다. 물론 다소 충동적으로 내게 제안한 것으로 받아들이기는 했지만, 그럼에도 롭은 내 삶의 방향을 심오하고 깊이 있는 방향으로 변화시켜줬다. 비록 그가 상상했던 책은 끝내 결실을 맺지 못했고 피보탈 자체가 오래가지 못할 운명이었지만, 롭은 나를 지식이 끝없이 펼쳐진 해변과 존재의 새로운 지평을 열어준 여행으로 이끌었다. 그에게 영원히 감사하고 있다.

레베카 진Rebecca Jean, 루크 위나카테스Luke Winakates, 벤 크리스텔Ben Christel, 조셉 팔레르모Joseph Palermo, 톰 케네디Tom Kennedy, 샘 미즈라Sam Mizra를 포함한 나의 동료 '피봇pivot(피보탈 직원들이 자신들을 지칭하는 표현)'들에게도 감사를 표하고 싶다. 이 원고의 초기 버전은 비록 결국 폐기됐지만, 그 안에는 이 책을 위한 급진적 협업 팀을 만들면서 이 여섯 명의 피봇들이 나와 함께했던 일주일간의 삶을 상세하게 묘사했었다. 그들은 경험과 감정, 생각, 정서에 대한 통찰을 한 주 동안 기꺼이 내게 공유해줬고, 자신들이 가진 배경에 대한 심층 인터뷰가 이어지면서 오늘날에도 계속해서 영향을 미치는 급진적 협업의 본질에 대한 새로운 통찰을 전해줬다. 비록 나의 글은 결국 더 이상 그들의 경험을 반영할 수 없는 새로운 방향으로 바뀌었지만, 시간과 지식, 경험을 나눠준 그들에게 마음의 빛을 졌다.

『Explore It! Reduce Risk and Increase Confidence with Exploratory Testing』(Pragmatic Bookshelf, 2013)의 저자이자 또 다른 피봇인 엘리자베스 핸드릭슨Elisabeth Hendrickson에게 특별히 감사하고 싶다. 엘리자베스는 피보탈에 있는 동안 내 소중한 멘토였을 뿐만 아니라, 그녀의 친구이자 작가인 진

킴과 IT 레볼루션IT Revolution 출판사까지 소개해줬다. 책에 대한 기본 개념과 원고의 도입 부분은 작성돼 있었지만, 나는 완전 신출내기 작가였다. 엘리자베스의 믿음과 지지가 없었다면, 이 책은 결코 독자 여러분에게 다가가지 못했을 것이다.

편집자 애나 노악Anna Noak에게도 끝없는 감사를 보낸다. 그녀는 출판할 가치가 있는 원고를 작성해낼 때까지 나를 격려해줬고, 내 곁에서 몇 년 동안 솔직하게 이야기해줬다. 그녀와 함께 시작했을 때 이제 막 걸음마를 뗀 작가였던 나는 글쓰기 기술에 대해 아직 배울 것이 많다는 사실을 알고 있었지만, 그녀의 통찰력, 제안, 비평, 명료함 덕분에 이 책의 내용이 엄청나게 향상됐다는 것 또한 틀림없는 사실이다.

초고를 감수해준 존 라이언John Ryan, 필 굿윈Phil Goodwin, 와일리 케스트너Wiley Kestner에게도 특별한 감사의 마음을 전한다. 그들은 애나 노악이 자신의 편집 역량을 발휘하기 전에 기꺼이 내 원고를 읽었다. 이후 그들이 공유해준 비평, 통찰력, 반응은 내 글에서 취약한 부분을 찾아내는 데 도움을 줬을 뿐만 아니라, 내 앞에 놓여 있는 보람차면서도 도전적인 편집 작업을 준비할 수 있도록 해줬다. 더군다나 내가 각 장을 완성하자마자 읽어주고 그 과정에서 빠른 피드백과 격려를 아끼지 않으며 글쓰기 과정을 뒷받침해주는 응원단이 돼줬으니, 여기서 언급하지 않을 수 없다. 친구들에게 다시 한 번 감사의 마음을 전한다.

마지막으로, 이 여정을 함께하면서 격려해주고 응원해주고 상담해준 아내 니콜에게 감사의 마음을 전한다. 그녀는 이 과정 내내 나의 첫 독자이자 열렬한 팬이었으며 가장 가까운 친구였다. 책을 쓰는 것은 엄청나면서도 터무니없을 만큼 많은 시간이 드는 투자이며 직업과 가족을 포함한 당신의 삶 속 모든 것에 영향을 미친다. 니콜의 응원과 사랑이 없었다면 결코 이 책을 완성하지 못했을 것이다. 그녀는 진정한 '급진적 협업'의 원조였다.

차례

서문

모든 책은 하나의 아이디어로 시작하고, 모든 아이디어는 특정한 시점과 장소에서 탄생한다. 그런 의미에서 보면 이 책의 아이디어도 2001년 어느 지하실에서 태어났다고 할 수 있다. 그 당시 나는 텍사스주 댈러스의 주요 병원 시스템을 관리하는 IT 부서에 속한 프로그래머로서 첫 인턴 과정을 막 시작했다. 인턴 첫날, 로비에서 만난 관리자는 나를 엘리베이터에 태워 내가 근무할 장소라고 생각한 위층이 아니라 지하로 데려갔다. 지하층에 도착한 우리는 형광등이 깜빡이고 있는 미로처럼 연결된 콘크리트 복도를 지나 아무런 표시도 없는 문 앞에 섰다. 그 관리자는 문을 열면서 "IT 부서에 온 것을 환영합니다."라고 내게 말했다.

아무런 표시도 없는 문 뒤는 비좁고 어두컴컴했으며, 칸막이 책상을 프로그래머들과 IT 전문가들이 차지하고 있었다. 책상 위로는 모니터의 빛이 희미하게 보였고, 카펫과 일반 의자, 큐브형 의자까지 모두 회색이었다. 창문도 없고, 식물도 없고, 장식도 없는데, 무엇보다도 키보드를 탁탁 치는 소리와 이 무시무시한 지하 감옥의 깊은 곳에서 들려오는 테이프 아카이브 시스템의 윙윙거리는 소리로부터 벗어나게 해줄 다른 어떤 소리도 일체 없던 것이 인상적이었다.

이 근무 환경이 억압적이었다고 말한다면 절제된 표현일 것이다. 우리 모두가 농담 삼아 비인간적인 기업의 위계 체계라는 고정관념을 말하지만, 이곳의 현실은 병원을 경영하는 데 필요한 소프트웨어와 시스템을 만들고 운영하기 위해 말 그대로 지식 근로자들이 지하에 갇힌 채 피땀 흘려가면서 일하는 곳이었다.

이곳은 극성스럽고 고집 센 관리자들이 비현실적인 범위와 달성이 불가능한 마감일을 강요하고, IT 전문가들이 절망 속에서 초과 근무에 시달리며, 그들이 갖고 있었던 열정, 혁신, 창의성이 가차 없이 해고, 불신, 무관심으로 서서히 대체되는 곳이었다.

그 당시 나는 어렸고 경험이 부족했다. 따라서 이러한 작업 방식이 어떤 이론에 근거한 것인지 알지도 못했고, 이런 방법을 사용해 회사가 재무적으로 어떤 효과를 거뒀는지 반론을 제기할 수 있는 경험적 증거도 없었다. 그럼에도 다음의 세 가지에 대해서는 확신을 갖고 있었다.

1. 이런 식으로 일하는 것은 사람들에게 해롭다.
2. 이런 식으로 일하면 비즈니스에도 해롭다.
3. 이런 식으로 일하는 것은 필수가 아닌 선택 사항이다.

그렇다고 해서 이런 업무 방식이 어느 한 개인의 선택 때문이라고 생각한 것은 아니다. 오히려, 지식 기반의 업무knowledge work를 구성하고 조직하는 이러한 방법에 대해 어떤 것도 필요하지 않다는 점을 직감했다.

사람을 비인간화하고, 조직 성과를 방해하며, 창의성과 혁신을 저해하는 이러한 자가 복제 시스템을 초래한 것은 개인의 선택이 아니라 현재와 과거에 이뤄졌던 선택들의 총체적인 합이다. 우리는 기쁨, 성취감, 의미라는 잠재력으로 가득 찬 세상을 스트레스와 갈등이라는 방해물로 대체했다. 그때는 짐작만 했지만, 지금은 우리 모두가 물려받은 역사적 수렁에서 벗어나 인간의 사회성을 향한 새로운 길을 찾기만 한다면 우리가 원하는 어떤 종류의 세상도 만들 수 있다고 확신한다.

물론, 2001년의 나는 그 새로운 길이 어떤 것인지 전혀 몰랐다. 그래서 작지만 평판이 좋은 컨설팅 회사 피보탈 랩스*가 내게 채용 인터뷰를 제안할 때까지 약 10년 동안 인간성을 말살하는 환경에서 일했다. 나는 몇 년 동안 그들의 독보적인 제품 관리 소프트웨어인 피보탈 트래커Pivotal Tracker†를 사용해왔지만, 피보탈 랩스가 실제로 어떻게 운영되는지는 전혀 알지 못했다. 당시 나의 일상적인 업무 경험은 마치 진흙으로 가득 채워진 강을 헤엄쳐 상류로 올라가는 것과 비슷했으므로, 그곳을 벗어나 다른 곳에서 일할 수 있는 기회를 잡고자 인터뷰에 응했다.

피보탈 랩스에 대한 첫인상은 매우 강렬했다. 그 당시 뉴욕 지사는 전체가 탁 트인 하나의 사무실이었고, 그곳은 일반 책상과 스탠딩용 책상‡으로 가득 차 있었다. 각 책상에는 컴퓨터가 하나씩 있었고, 두 명의 개발자가 하나의 키보드와 마우스를 서로 주고받으며 함께 프로그래밍하고 있었다. '짝 프로그래밍pair programming§이라는 말을 들어보기는 했지만 직접 경험한 적은 없었으며, 더욱이 이런 규모로 하는 것은 상상도 하지 못했다. 두 명이 한 쌍으로 이뤄진 짝 프로그래밍 광경과 그들이 내는 소리는 충격적으로 다가왔다.

모든 짝 프로그래밍 그룹들이 동시에 이야기를 하고 있어 무척이나 시끄러웠다. 그들은 매우 활기찬 어조로 자신들의 프로그래밍 코드에 대해 이야

---

* 캘리포니아 샌프란시스코에 본사를 둔 애자일 소프트웨어 개발 컨설팅 회사로, 피보탈 트래커라는 워크플로 소프트웨어를 개발했으며 2012년 EMC에 인수됐다. - 옮긴이
† 피보탈 랩스가 개발한 애자일 프로젝트 관리 도구로, 협업을 단순화하고 팀이 이터레이션(iteration) 단위로 우선순위에 초점을 맞춰 업무를 진행할 수 있도록 도와준다. - 옮긴이
‡ 건강을 고려해 앉아서 일하기보다는 서서 업무를 볼 수 있게 해주는 높은 책상으로, 현재는 전동식으로 높이가 조절되는 책상도 나와 있다. - 옮긴이
§ 애자일 소프트웨어 개발 방법 중 하나로, 하나의 컴퓨터에서 두 명의 프로그래머가 함께 작업하는 방법이다. 코드를 작성하는 사람이 진행자가 되고 다른 한 사람이 관찰자가 돼 코드 검토를 하며, 수시로 역할을 바꿔가면서 프로그래밍을 한다. - 옮긴이

기를 나누고 토론도 하면서 함께 코드를 디버깅하고 있었는데, 이로 인해 사무실은 열정과 겸손, 흥분과 좌절의 도가니로 소용돌이치고 있었다.

하지만 사무실의 풍경은 예상하지 못했던 또 다른 깊은 인상을 심어줬다. 처음에는 그게 무엇인지 알 수 없었지만, 나중에 생각이 났다. 그들은 모두 웃고 있었다. 즉, 그 사무실은 말 그대로 미소로 가득했다. 지배와 강압으로 직원들의 사기를 꺾는 환경 속에서 너무 오랫동안 일해왔기 때문인지 사무실 내에서 미소를 본 경험은 정말 묘했다.

두말할 필요 없이 나는 입사하기로 마음먹었다. 그 후 10년간 피보탈 랩스에서 일하면서 익스트림 프로그래밍extreme programming, 린Lean 제품 개발, 인간 중심 디자인에 대해 자세히 배웠다. 또한 컨설턴트, 관리자, 이사, 글로벌 엔지니어링 책임자 등 다양한 역할을 맡기도 했다.

이전 직장에서는 몰랐던 파트너십과 평등을 피보탈 랩스의 팀에서 경험했다. 일에 집중할 수 없는 심리적 이탈 상황이나 서로 간의 불신 대신 열정과 소속감을 찾았다. 사내 정치와 통제 대신 솔직함과 취약한 부분vulnerability*도 찾았다. 이곳에 있으면서 기쁨, 의미, 목적, 성취감과 같은 것들을 항상 누릴 수는 없겠지만, 적어도 어느 정도는 가능해 보였다.

그런데 이런 상황은 불행하게도 지속되지 못했다. 피보탈 랩스는 일련의 기업 인수 합병이 일어나는 와중에도 수년간 급진적 협업 문화를 유지하고자 노력했지만, 거대 기업에 의한 인수와 합병이 끝없이 이뤄지면서 이 회사에서도 전통적인 기업의 위계 문화가 자리 잡기 시작했다. 그럼에도 불구하고, 그곳에서 보낸 시간과 내게 가르쳐준 모든 것에 여전히 감사한다. 피보탈 랩스는 더 나은 세상이 가능하다는 희망을 내게 전해줬고, 그곳에 도달하기 위해 무엇이 필요한지도 살짝 엿볼 수 있었기 때문이다.

---

* 연약함이라고도 해석하는데, 자신의 연약함이나 취약성을 동료들에게 드러낼 수 있을 정도의 신뢰를 갖춘 조직 분위기를 의미한다. - 옮긴이

그 이후 나는 파트너십과 평등을 위해 명령과 통제의 영향을 최소화하면서 심리적 이탈감과 불신에 저항하고 그것들을 기쁨과 의미, 성취로 대체하는 조직들과 자기 관리의 힘과 사회적, 경제적 영향의 확장을 위해 내재적 동기를 활용하는 조직들을 찾아내는 데 몰입했다. 그런 조직들을 찾기 위해 전 세계를 샅샅이 뒤졌으며, 그 결과 전 세계적으로 산업을 주도하는 거대 기업들을 포함해 적지 않은 수의 기업들을 찾아낼 수 있었다.

나는 직원들에게 좋은 것이 기업에게도 좋다는 사실을 알아냈다. 파트너십과 평등이라는 패러다임은 개인의 성장과 성취로 이어질 뿐만 아니라 조직의 성과와 경제적 우위로도 이어진다.

이 책에서는 급진적으로 협업하는 조직의 경험과 실천 관행들을 상세히 설명하고 그 본질을 팀 자율성, 경영권 전환, 결핍에 대한 만족, 취약함의 인정이라는 네 가지 필수 요소로 정리했다.

이 네 가지가 조직을 변화시키기 위한 명확한 청사진을 제시하고 있다고 주장하는 것은 아니다. 또한 내가 뭘 발명했다고 주장하는 것도 아니다. 그 반대로 내 연구의 결과물은 산업계와 학계의 훌륭한 결과물이 있었기에 가능했다. 급진적으로 협업하는 조직들의 구체적인 경험과 그들의 성공을 설명하기 위해 여러 학문의 이론을 종합했으므로, 급진적 협업으로 전환하는 과정에 큰 도움을 줄 것이라 믿는다. 각 페이지에서 찾을 수 있는 구조, 실천 관행, 개념, 아이디어 등은 다양한 단계나 수준 혹은 시점에 적용될 수 있기 때문이다.

급진적 협업은 글로벌 사회 경제 시스템을 구성하는 방식을 변화시킬 수 있지만, 우리가 서로 일대일로 관계를 맺는 방식도 변화시킬 수 있다. 우리는 파트너십과 평등을 통해 조직을 재구성할 수 있으며 솔직함과 취약함을 통해 상호 간의 대화를 재구성할 수 있다. 자율성, 자기 관리, 성과, 혁신은 우리가 CEO이든 개인이든 즉시 실행할 수 있는 급진적 협업의 개념이자 결과다.

따라서 반드시 네 가지 개념과 함께해야 한다. 급진적 협업으로 가는 길이 항상 편하거나 곧게 쭉 뻗은 길만은 아닐지라도, 그 여정은 실존적 의무라고 믿는다. 본문에서 설명하겠지만, 전통적인 업무 처리 방식은 위기에 처해 있다. 성과와 생산성은 수십 년 동안 정체돼 왔다. 근로자들은 전례가 없을 정도로 일에 집중할 수 없는 심리적 이탈, 불신, 무의미함을 경험하고 있으며, 이는 파괴적인 경제적 결과를 초래하고 있다.

그리고 지금, 코로나19 대유행의 한가운데에서 그들은 무더기로 직장을 그만두고 있다. 우리는 변곡점에 도달했으며, 사회 경제적 어려움과 궁핍을 초래한 오래된 조직 구조와 문화적 패러다임을 계속해서 선택할 것인지, 아니면 우수한 조직 성과와 개인의 기쁨, 의미, 성취감, 자아실현을 이끌어내는 파트너십과 평등의 패러다임을 선택할 것인지 결정할 시점에 있다.

나는 이미 마음의 결정을 했다. 그리고 당신이 이 책을 읽고 있다면, 장담하는데 당신도 선택을 한 것이다. 그러니 당신과 내가 이 책의 다음 페이지로 넘어가 모두 함께 급진적 협업을 하면서 더 나은 세상을 향한 첫걸음을 내딛자.

들어가며

2021년 여름. 이미 미국 성인의 대다수는 코로나19 바이러스에 대한 예방 접종을 마쳤다. 여름 캠프는 다시 열렸고, 학교들은 가을 학기 등록을 준비하고 있으며, 기업과 정부는 '일상으로의 복귀'를 예고 중이다. 그러나 대충 훑어본 미국 주요 뉴스 매체의 기사들은 낙관적이지 않은 현상들을 보도하고 있다.

하버드 경영대학원의 연구에 따르면 80% 이상의 근로자들은 사무실에서 8시간을 근무하는 풀타임full-time 근무 형태로 되돌아가고 싶어 하지 않는 것으로 나타났으며,[1] 글로벌 데이터 인텔리전스 회사인 모닝 컨설트Morning Consult가 진행한 유사한 형태의 연구에서는 40%의 근로자들이 풀타임 근무로 돌아가느니 차라리 직장을 그만둘 의사가 있는 것으로 나타났다.[2]

글로벌 구인·구직 사이트인 몬스터닷컴Monster.com의 연구원들은 "근로자의 무려 95%가 직업 변경을 고려하고 있으며, 심지어 92%는 적합한 일자리를 위해 업종까지도 바꿀 의향이 있다."라고 밝혔다. 이러한 변화를 주도하는 것은 적어도 부분적으로는 '번아웃burnout* 및 성장 기회 부족' 현상 때문으

---

* 한 가지 일에 지나치게 몰두하던 사람이 극도의 신체적·정신적 피로로 무기력증, 자기혐오 등에 빠지는 증후군을 말한다. – 옮긴이

로 분석했다.[3]

「댈러스 뉴스Dallas Morning News」는 "2021년 4월 400만 명에 가까운 미국인들이 자발적으로 직장을 그만뒀고, 이는 미국 노동 통계국US Bureau of Labor Statistics이 지금까지 보고한 월간 수치 중 역대 최고"라고 보도했다.[4]

그러나 높은 실업률에도 불구하고 미국은 심각한 노동력 부족을 겪고 있는데, 이는 '대도시 및 소도시권'의 기업들 모두가 '고용 자체를 아예 하지 못하게 된 재앙'이라고 보도했다.[5]

사상 처음으로 엄청난 수의 근로자가 대거 노동 시장에서 일제히 이탈함으로써 미국 경제는 이전에 경험하지 못한 자발적 대량 실업 사태에 직면했고, 경제학자들은 이를 '대퇴사The Great Resignation*'라고 명명했다.[6]

환대 산업hospitality industry†과 같은 일부 산업에서는 이러한 현상이 예측 가능했다. 「뉴욕 타임즈」가 보도한 바와 같이, 실업 보험과 전염병에 따른 구제 혜택은 종종 웨이터나 요리사와 같은 많은 접객 근로자의 이전 소득과 맞먹는다.[7] 집에서 안전하게 지내면서 가족과 더 많은 시간을 보낼 수 있을 만큼 충분한 돈을 받을 수 있는데, 왜 코로나19로 인한 위험한 근무 조건은 말할 것도 없고 저임금, 장시간 근무, 높은 스트레스로 대표되는 이전 직장으로 되돌아가겠는가? 혹은 이러한 많은 전직 접객 근로자가 그랬듯이, 왜 사람들이 건설업, 상업용 트럭 운송업, 또는 심지어 임금이 더 높은 소매업에서 경력 쌓는 것을 선택하지 않겠는가?

그러나 프로그래머, 디자이너, 제품 관리자와 같은 많은 고액 연봉 지식 근로자는 직장을 그만두는 대신 일터로 복귀하는 것을 선택할 것 같다. 화이트칼라 지식 근로자는 높은 급여, 9시 출근과 5시 퇴근, 편리한 복리후생 등으로 대표되는 대중적인 이미지를 갖고 있지만, 코로나19가 대유행하기 이

---

* 2020년과 2021년 미국 고용 시장에서 평소보다 훨씬 더 많은 사람이 직장을 그만두는 추세를 말한다. – 옮긴이

† 서비스 산업 중 숙박 산업, 관광 산업, 식음 산업, 레스토랑 산업을 말한다. – 옮긴이

전의 지식 근로자들은 실제로는 항상 장시간 근무와 관리자들의 높은 기대치 만족을 위한 업무에 시달렸고, 이는 근로자들의 잦은 번아웃과 큰 스트레스로 이어졌으며 팬데믹 기간 동안 더 악화됐다.[8]

이와 관련해 인디드닷컴Indeed.com*은 "지난 1년간 근로자들의 번아웃 현상은 더욱 심해져 응답자의 절반 이상인 52%가 번아웃을 느끼고 있으며, 3분의 2 이상인 67%는 팬데믹 과정에서 번아웃이 더 악화된 것 같다."라고 보도했다.[9]

동시에, 사무실이 폐쇄되고 상사들을 사무실에서 직접 볼 수 없게 되면서 지식 근로자들은 업무에서는 더 많은 자율성을, 자신들의 삶에서는 더 큰 유연성을 경험했다. 많은 사람이 엄격한 '9시 출근과 5시 퇴근'이라는 근무 시간을 버리고 더 나은 일과 삶의 균형을 위해 유연 근무 제도를 활용하거나 업무를 분산시키는 것을 선호한다(밀레니얼 세대의 83%가 자신의 직업에서 가장 중요한 고려 사항으로 꼽음).[10] 어떤 이들은 최근 과학자들이 검증하고 정량화한 바와 같이 자신의 노트북을 뒷마당이나 공원 벤치, 심지어 해변으로 가져감으로써 사무실 바깥에 있다는 점에서 비롯되는 신체적, 정신적 건강상의 중대한 이점을 얻었다.[11]

「예일 환경 360Yale Environment 360」†은 다음과 같은 기사를 실었다.

엑서터대학교(University of Exeter)‡ 내 유럽환경보건센터(European Centre for Environment & Human Health)의 매튜 화이트(Mathew White)가 이끄는 팀이 2만 명의 사람들을 대상으로 연구를 수행했다. 이 연구에서 연구자들은 1주일에 2시간을 녹지 공간인 지역 공원 또는 기타 자연 환경에서 보내거나 한 번 또는 여러 번 방문하는 사람들이 그렇지 않은 사람

---

* 글로벌 취업 정보 사이트다. – 옮긴이
† 미국 예일대학교 부설 예일 임업환경대학원(F&ES)이 환경 분야에 초점을 맞춰 발행하는 온라인 매거진이다. – 옮긴이
‡ 영국 잉글랜드 서남부 데번주의 엑서터에 위치한 명문 종합 연구 대학교다. – 옮긴이

들보다 더 건강하고 심리적으로 더 안정돼 있을 가능성이 훨씬 높다는 사실을 발견했다. ……(중략)……

안정감을 느끼는 자연 환경에 있다는 것이 혈압과 스트레스 호르몬 수치를 낮추고, 신경계의 흥분을 줄이고, 면역계의 기능을 강화하고, 자존감을 높이고, 불안을 줄이고, 기분을 개선하는 데 도움을 준다는 것을 보여준다.[12]

마지막으로, 관리 감독이나 간섭이 줄어들수록 많은 지식 근로자가 동료들과 좀 더 자유롭게 협업하며 대규모 회의를 하는 시간을 줄이고, 무엇을 할 것인지, 어떻게 할 것인지, 언제 할 것인지를 결정하는 데 더 많은 시간을 할애했다.[13]

최근 「하버드 비즈니스 리뷰Harvard Business Review」는 다음과 같은 컬럼을 게재했다.

연구자들은 2013년과 팬데믹으로 인한 락다운(lockdown)* 조치가 이뤄졌던 2020년의 지식 근로자들을 연구했고, 그 두 시점을 비교해 일하는 방식에 상당한 변화가 있다는 사실을 발견했다. 연구자들은 락다운이 사람들이 정말로 중요한 일에 집중하는 데 도움을 줬다는 사실을 알게 됐다. 지식 근로자들은 대규모 회의에 소요되는 시간을 12% 줄였고, 고객 및 외부 파트너와 상호작용하는 데는 9% 더 많은 시간을 보냈다. 또한 락다운은 사람들이 자신의 일정에 대해 책임 의식을 갖도록 했다. 사람들은 개인적인 선택을 통해 50% 더 많은 활동을 했고 다른 누군가의 부탁으로 나머지 절반의 활동을 했다. 마지막으로, 락다운 기간 동안 사람들은 자신들의 일을 더 가치 있는 것으로 여겼다. 귀찮은 것으로 평가되는 작업의 수는 27%에서 12%로 떨어졌으며, 다른 사람들에게 그냥 떠넘기는 작업의 수는 41%에서 27%로 떨어졌다.[14]

---

* 움직임과 행동에 대한 제재로, 이동하지 못하게 하는 이동 봉쇄령을 의미한다. - 옮긴이

그러나 백신 접종이 시작되자 화가 난 사업주들은 사무실로 돌아가자고 외쳤지만, 지식 근로자들은 '돌아가서 얻는 것은 무엇이고, 잃을 것은 무엇인가?'를 스스로에게 묻기 시작했다.

지배자 계층 구조

그 질문에 대한 대답은 주로 그들이 일하는 조직의 특성에 달려 있다. 불행하게도, 그들 중 대다수는 '대퇴사'를 촉발시킨 조직 구조 내에서 일하고 있다. 이 구조를 비즈니스 리더들은 종종 '명령과 통제command and control', '관료주의bureaucracy', '테일러리즘Taylorism'이라는 용어로 부드럽게 바꿔서 암시적으로 표현하지만, 사회학자들은 과감하게 '지배자 계층 구조dominator hierarchy'라고 부른다.

세계적으로 유명한 사회과학자 리안 아이슬러Raine Elser 박사[*]는 베스트셀러 『성배와 칼』(비채, 2006)[†]에서 지배자 계층 구조의 개념을 다음과 같이 소개했다.

>······(중략)······ 지배자 모델은 모든 관계를 통제, 지위, 권한의 계층 구조에 따라 층별로 나눠서 구성한다. 그것은 최상위 계층으로 갈수록 권리와 자유를 확대시키고, 하위 계층으로 갈수록 축소시킨다. 이러한 계급 구조는 상급자나 하급자 또는 지배하거나 지배를 받는 두 가지 차원으로 사고를 제한하

---

[*] 미국 시스템 과학자이자 작가로서 역사적으로 젠더 정치가 사회에 미친 영향에 대한 글을 쓰고 있으며, 미네소타대학교에서 파트너십에 대한 학제 간 연구 부문 편집장을 맡고 있다. 1931년 오스트리아 빈에서 태어나 14살부터 미국에서 생활했고, 캘리포니아대학교에서 사회학과 문화인류학을 공부한 후 UCLA에서 법학 박사 학위를 받았다. - 옮긴이

[†] 사회가 인류의 여성과 남성 사이의 역할과 관계를 어떻게 구성하는지 다루면서 평화롭고 정의로우며 조화로운 생태계를 갖춘 사회 체제로 전환이 가능한지를 연구한 책이다. 1987년 출간돼 50만 권 이상 판매됐다. - 옮긴이

며, 양측 모두 두려움 속에 살고 있다. 상위 계층은 권력과 통제력을 잃을까 두려워하는 반면, 하위 계층은 끊임없이 권력과 통제력을 쟁취하려 한다.[15]

지배자 계급의 결과는 강요coercion라는 필연적인 결과로 나타난다. 아이슬러 박사는 "지배자의 규범에 부합하지 않는 행동, 태도, 인식은 직접적으로는 개인적인 강요personal coercion를 통해, 간접적으로는 간헐적인 사회적 무력시위를 통해 시스템적으로 차단시킨다."라고 설명했다.[16]

오늘날 대부분의 기업은 최상위에 위치한 사람들에게 권력과 자원을 불평등하게 분배 및 집중시켜 사람들을 서열화한 지배자 계층 구조가 특징이다. 지배자들(상사, 관리자, 리더 등)의 판단은 지배를 받는 사람들의 그것보다 구조적으로 우선시되고 상위에 있다. 이 판단의 권한은 완전히 주관적이고 독단적인 승진 과정promotion process을 통해 지배자에게 부여되며, 명시적이고 암묵적인 위협에 의해 강압적으로 행사된다.

명시적 위협에는 '당신은 이 일을 하지 않으면 해고될 것이다'라는 식의 압박이 포함되며, 암묵적인 위협에는 성과 평가, 연간 목표 설정, 성과급 제도, 성과 개선 계획과 같은 현대적인 관리 기법이 포함된다. 이 기법들 덕분에 상사는 당신에게 미소를 지으며 업무를 지시할 수 있고, 상사가 지시한 대로 일을 하지 않은 것에 대한 결과를 드러내지 않고 평가를 통해 처리할 수 있다.

조직 운영의 한 방법인 지배자 계층 구조의 기원은 산업혁명으로 거슬러 올라간다. 산업혁명은 지배적이고 강압적인 시스템을 통해 만들어야 할 제품의 생산을 빠르게 증가시키려는 시도를 에둘러 과학적 관리scientific management라고 부르며, 근로자를 교체 가능한 톱니 바퀴나 살아 있는 기계로 취급했고 엄격한 사양에 따라 명령을 수행하거나 통제되도록 만들었다.

비록 이 패러다임은 어떤 인본주의적 가치 체계의 관점에서도 정당화될 수 없고 대량 생산에 대한 욕구 측면에서도 불필요할 뿐만 아니라 심지어 불리하기까지 하지만, 제조업체들이 왜 그렇게 빨리 지배자 계층 구조를 포용했는지는 적어도 쉽게 알 수 있다. 이 책의 뒷부분에서는 개인의 행복과 조직의 성과를 모두 증진시키는 급진적 협업을 통한 생산 방법을 설명하겠다.

제조업체는 특수 목적의 기계를 통해 정확한 사양을 갖춘 특정 수량의 고정 제품을 생산하는 사업을 한다. 모든 변수는 이미 알려져 있고 상대적으로 변하지도 않기 때문에 많은 역할의 조정을 완전히 계획하고 지정한 후 마치 생물학적인 기계처럼 제어하고 최적화한다. 비록 그 결과는 인간성을 말살하는 것임에도 불구하고, 그 이유는 적어도 설명 가능하다.

그러나 이 같은 집단적 구조가 지식 기반 작업에 적용될 때는 유사한 그 모든 논리를 설명하지 못한다. 제조와 달리 지식 기반 작업은 명시적으로 그리고 정확하게 미지의 영역에 속한다. 프로그래머와 같은 지식 근로자는 근본적으로 역동적인 사용자를 대상으로 문제를 해결하면서 지식 관련 제품을 만들고 있다. 사용자들의 요구와 욕구 그리고 욕망은 예측할 수 없는 방식으로 끊임없이 변화하고 있으며, 빠르게 진보하고 있는 기술 환경은 방대한 사회적 범위 내에서 사람들의 관계를 급진적으로 바꿨다.

안정적인 수량과 통제된 변수를 기반으로 결과물을 최적화하는 패러다임을 본질적으로 창의적이고 예측이 불가능한 영역에 적용하려는 것은 재앙 수준의 처방이다. 그러나 이는 정확히 우리가 이제까지 해왔던 방식이기도 하다.

대퇴사

'대퇴사'는 새로운 동적 요인에 의한 일시적인 효과가 아니라 지난 세기에 걸쳐 지속적으로 쌓여온 거대한 문제들의 결과물이다. 대다수의 지식 근로자가 비이성적인 지배와 강압의 패러다임에 사로잡혀 있었기 때문에 우리는 개인과 기업 모두에게 끔찍한 결과를 초래하는 사회 경제적 위기에 가장 먼저 맞닥뜨린 것이다.

심리적 이탈disengagement: 직장에서의 몰입은 '활기, 헌신, 몰두'로 특징 지어지는 마음의 상태로 정의되며, 모든 조직이 몰입 상태를 만들기 위해 노력하고 있다.[17] 그러나 2018년의 한 글로벌 연구에 따르면 16%의 근로자만이 직장에서 몰입하고 있다고 느끼는 것으로 나타났다. 나머지 84%는 회사의 미션에 대해 열정적이지 않고, 팀과 리더의 지원을 받지 못하며, 자신의 독특한 재능을 인정받지 못한다고 느꼈다.[18] 더욱 당혹스러운 것은 회사의 미션에 대해 열정적이지 않다고 느끼는 사람들 중 18%가 적극적으로 의욕을 잃고 있다는 점이다. 연구 및 경영 컨설팅 기관인 갤럽Gallup은 "적극적으로 의욕을 잃고 있는 직원은 단지 직장 내에서만 불행한 것이 아니라, 자신의 요구가 충족되지 않아 불행을 겪고 있다는 사실에 분개하는 것이다. 이러한 근로자들은 업무에 몰입하고 있는 동료들이 달성한 것들을 잠재적으로 매일매일 갉아먹고 있다."[19]라고 지적했다. 갤럽은 이러한 심리적 이탈로 인해 소요된 비용이 전 세계적으로 연간 7조 달러에 달하는 엄청난 생산성 손실로 이어진다고 추산한다.[20]

불신mistrust: 세상은 불신으로 가득 찼다. 2021년 '에델만 신뢰 지표 Edelman Trust Barometer'*에 따르면, 사람들은 전례 없는 수준으로 기관을 불신하고 있다.[21] 수년간의 잘못된 정보, 세계적인 팬데믹 현상, 극심한 경제 불안정은 정부, NGO, 언론, 기업들에 대한 신뢰의 위기를 가져왔다. 비즈니스 리더에 대한 직원의 신뢰는 항상 낮다. 예를 들어,

---

* 매년 설문조사를 실시해 정부, 기업, 비정부 기구 등 사회 주체에 대한 신뢰도를 분석하고 해당 결과를 다보스 세계경제포럼에 제시하는 보고서다. − 옮긴이

프랑스에서는 22%의 사람들만 CEO를 신뢰하는데, 일본에서는 그 수치가 18%로 감소한다. 그리고 전 세계적으로 56%의 사람들은 '비즈니스 리더들이 의도적으로 직원들이 알고 있는 것들이 거짓이거나 과장됐다고 말함으로써 사람들을 오도하려 한다'고 느끼고 있다.[22] 연구자들은 직장 내의 높은 신뢰가 그렇지 않은 직장에 비해 11배 많은 혁신과 6배 높은 조직 성과를 가져온다는 것을 알아냈다. 따라서 직장 내의 불신은 상당한 경제적 파급 효과를 가져온다.[23]

무의미함meaninglessness: 대부분의 사람은 지배자 계층 구조 내에서 일하는 것이 의미 있다고 생각하지 않는다. 사실 2018년 '직장에서의 의미와 목적Meaning and Purpose at Work*'이라는 연구에서는 10명 중 9명이 자신의 일이 너무 무의미하기 때문에 의미 있는 일을 위해서라면 자신이 앞으로 벌어들일 총수입의 23%를 희생할 의향이 있다고 보고했다.[24] 해당 금액은 평생 동안 일반적인 근로자가 주택에 소비하는 비용보다 크기 때문에 이 연구의 저자들은 21세기 인간의 필수품 목록을 '음식, 의복, 주거지 그리고 의미 있는 일'로 새롭게 변경해야 할 시점이라고 언급했다.[25]

심리적 이탈감, 불신, 무의미함은 그에 수반되는 경제적 결과를 동반하면서 지배자 계층 구조에 대한 불만을 품게 하는 특성일 뿐이다. 하지만 그러한 특성은 계속 늘어나고 있다. 예를 들어 지배자 계층 구조는 근로자들에게는 높은 수준의 고용 불안정을 초래하는데, 연구에 의하면 생산성을 감소시키고[26] 정신적 및 신체적 건강 장애의 위험을 크게 증가시키는 것으로 나타

---

* 2018년 11월 6일 「하버드 비즈니스 리뷰」에 실린 기사다(https://hbr.org/2018/11/9-out-of-10-people-are-willing-to-earn-less-money-to-do-more-meaningful-work). – 옮긴이

났다.[27] 지배자 계층 구조는 비판적 사고 또한 감소시킨다. 이에 대해 연구자들은 다른 사람들의 판단에 의문을 제기하고 질문하는 우리의 능력이 우리가 받는 지배와 권위의 양에 반비례한다는 것을 알아냈다.[28] 마지막으로, 지배자 계층 구조는 높은 수준의 직원 이직률로 이어진다.[29] 보수적으로 추정하더라도 퇴직한 사람의 자리를 대체하는 비용이 그 사람이 받던 연봉의 2배에 이를 수 있다는 점을 감안하면 꽤나 골치 아픈 사실임이 분명하다.[30]

이 모든 것을 감안해보면, 왜 그렇게 많은 지식 근로자가 신뢰와 자율성에 기초해 자신들이 어떤 업무를, 언제 어디서 그리고 어떻게 할 것인지에 대한 통제력을 어느 정도 갖게 된 새로운 방식의 업무 형태를 잠시 경험한 이후 사무실로 돌아가는 것을 거부하거나 직장을 완전히 그만뒀는지 쉽게 알 수 있다. 그들은 과거의 방식으로 한 발짝 물러서는 대신, 자신들이 필요로 하고 마땅히 받아야 할 자율성, 신뢰, 존중을 제공하는 급진적인 새로운 사업 방식을 향해 두 발짝 앞으로 나아가고자 한다. 그리고 거기에 도달하기 위해 기꺼이 직장을 그만두려 한다.

지배자 계층 구조의 상속

여기서는 잠시 오늘날 지식 근로자들이 속하게 된 비즈니스 구조와 역학 관계가 대부분 과거로부터 물려받은 것이라는 점을 살펴본다. 대부분의 비즈니스 리더가 만든 회사는 지배자 계층 구조로 출발하지 않았다. 그들은 지배와 강압 같은 암묵적인 패러다임이 아니라 제품과 서비스에 대한 명시적인 아이디어에 초점을 맞췄다. 지배자 계층 구조를 의식하면서 조직을 구성하는 사람은 거의 없다.

지배자 계층 구조는 자연스럽게 형성되고 자연스럽게 복제된다. 왜냐하면 우리 대부분이 그것만 알고 있기 때문이다. 우리는 적어도 산업혁명 이후 그런 식으로 일을 구성해왔다. 지배자 계층 구조는 거의 모든 비즈니스 스쿨에서 비즈니스를 조직하고 관리하는 가장 좋은 (그리고 정말로 유일한) 방법으로 가르치는 암묵적 구조다. 그러나 이 구조는 전 세계의 기업들이 자신들이 살고 있는 사회 경제적 환경의 요구를 충족시키지 못하도록 만들었다. 우리가 집중하고 있는 이 불만을 야기시키는 병폐는 오랫동안 계속돼 왔으며, 코로나19 팬데믹은 단지 기업들을 더 빨리 곤경에 빠뜨렸을 뿐이다.

많은 비즈니스 리더가 기업을 괴롭히는 '질병'을 알고 있을 뿐만 아니라 조직 내에서 더 나은 문화와 거버넌스를 창출함으로써 좀 더 적극적으로 병증을 완화하고자 노력한다는 점에 주목해야 한다. 그들은 다양성, 형평성, 포용을 위한 다양한 프로그램을 만들고 있다. 심리적 안전에 대한 교육을 실시하고, 누구를 비난하지 않는 사후 분석(포스트 모템post-mortem)*과 OKR Objectives and Key Results† 같은 관행을 발명하고 있다.

비즈니스 리더들은 우리 모두가 수세기 동안 지속적으로 받아온 지배와 강압으로 발생한 가장 해로운 영향과 불평등을 극복하기 위해 무척 어렵지만 매우 필요한 일을 하고 있다. 이 책의 의도는 그런 노력을 하는 리더들이나 그들의 노력을 비판하려는 것이 아니다. 오히려 우리 모두에게 질문을 함으로써 그들을 지지하고 그들이 한 걸음 더 나아가도록 하려는 의도다.

개인들의 불만과 조직의 비효율성을 완화하려고 시도하면서 이러한 병의 근본적인 원인이 된 조직 패러다임을 바꾸지 않는 한, 질병의 원인이 아닌 증상만을 치료하는 것에 불과하다. 이는 마치 어느 지역 공동체가 더러워진 강을 청소하면서도 강의 상류에서 쓰레기를 버리고 있는 공장에 대해서는 아무런 조치도 취하지 않는 것과 같다. 강을 깨끗이 하기 위해 하루 종일 강에서 쓰레기를 주울 수 있겠지만, 어느 시점에 이르면 모두 강의 상류로

---

* 포스트(post)는 '후(後)'라는 뜻이고, 모템(mortem)은 '부검' 또는 '검시'를 의미한다. 즉, 포스트 모템은 특정인을 사망으로 이끈 직간접적 원인을 사후에 총체적으로 알아내는 것을 말한다. 이 포스트 모템을 애자일에서는 회고(retrospective)로 볼 수 있다. – 옮긴이

† 인텔에서 시작돼 구글을 거쳐 실리콘밸리 전체로 확대된 성과 관리 기법으로, 조직적 차원에서 목표(objective)를 설정하고 주요 결과(key result)를 추적할 수 있도록 해주는 목표 설정 프레임워크다. – 옮긴이

걸어 올라가 문제의 근본적 원인을 해결할 방법을 찾아야 한다.

급진적 협업: 새로운 조직의 미래 개척하기

고맙게도, 지식 근로자와 비즈니스 리더는 그것을 처음부터 시작할 필요가 없다. 지난 수십 년 동안 전 세계 기업들 중 몇몇 기업(아직 소수이지만 지속적으로 증가하는 추세다)이 지배와 강압 대신 파트너십과 평등에 기반한 새로운 작업 방식을 선구적으로 적용하고 있다. 아이슬러 박사의 표현대로 일하는 방식은 '순위ranking를 매기는 것이 아니라 연결linking이라는 원칙에 기반하는 것'이다.[31] 정적 지배자 계층 구조, 관리자, 관료주의는 역동적이고 자기 관리적이며 자기 연결적인 팀 네트워크를 위해 폐기된다. 곧 설명하겠지만, 이 조직들은 조직 구성원들의 내재적 동기를 기반으로 동료들과 자유롭게 체결한 책무(약속)를 통해 형성된 협업을 위한 급진적인 접근 방식을 특징으로 한다. 그런 이유로 이들을 '급진적 협업을 하는 조직organizations as radically collaborative'(또는 '급진적 협업 조직')이라고 부를 것이다.

이 책은 급진적 협업을 하는 기업들의 네 가지 필수 요소를 여러 가지 이야기와 연구 결과를 통해 설명한다.

- 팀 자율성
- 경영권 전환
- 결핍에 대한 만족
- 취약함의 인정

이 네 가지 필수 요소는 현대 비즈니스에서 다양한 산업 분야에 속한 모든 규모의 기업들이 더 나은 결과를 창출하고, 더 혁신하며, 시장에서 경쟁자를 능가할 수 있게 하는 원동력이다.

만약 이 책을 읽고 있다면, 당신은 이미 근로자와 기업의 관계에서 변화가 필요하다고 결정했을 가능성이 있다. 만약 아무런 변화가 일어나지 않는다면, 그 결과는 매우 큰 재앙이 될 수 있다는 점을 이미 알고 있는 것이다.

일선에 있는 지식 근로자들에게 이는 당연한 결론처럼 보인다. 하지만 대부분의 기업은 이를 외면하고 있다. 그들이 가장 크게 우려하는 것은 '어떻게 변화할 것인가'가 아니라 '왜 변화해야 하는 것인가'이다. 지배자 계층 구조는 대부분 주주(모든 이해관계자가 아니더라도)들을 위해 잘 작동하는 것처럼 보인다. 그렇다면 무엇 때문에 재무적인 위험을 감수하면서까지 변해야 할까?

그 이유는 다음과 같다. 안정적이라고 생각하고 있는 재무 상태는 이미 흔들리고 있다. 급진적으로 협업하는 기업들은 가만히 앉아 착하게 자신들의 사업을 하고 있는 것이 아니다. 그들은 이미 당신의 기업을 노리고 있다. 사실 그들은 도처에 있다. 이미 전 세계 기업의 8%를 차지하고 있으며,[32] 그 숫자는 빠르게 증가하고 있다. 그 기업들은 모든 경제적 측면에서 전통적인 기업들을 실질적으로 능가함으로써 산업을 뒤흔들고 고객들을 사로잡고 있다.

오늘날 세계를 변화시키는 가장 크고 성공적이며 혁신적인 협업 기업 중 세 곳으로 하이얼, 모닝스타, 뷔르트조르흐를 꼽을 수 있다.

하이얼: 마이크로 엔터프라이즈를 통한 급진적 협업

훑어보기

하이얼(Haier): 1920년 창립해 8만 명의 직원을 둔 세계적인 가전 기업 중 하나다. 자율 경영을 하는 마이크로 엔터프라이즈(microenterprise)를 통한 급진적 협업으로 유명하다.

중국에 본사를 둔 하이얼은 8만 명의 직원과 함께 연 매출 380억 달러 이상을 기록하는 가전제품 제조업체이자 사물인터넷Internet of Things* 분야의 개척자로, 가전제품의 글로벌 리더답게 11년간 연속으로 소매 판매 분야에서 1위를 차지한 기업이다.[33] 하이얼은 스마트홈smart-home 기술과 서비스 분야의 선구자이며 비디오 게임, 목축업, 헬스케어 등 다양한 산업 분야에도 성공적으로 진출했다.[34] 이 회사의 새로운 벤처 사업은 총 20억 달러가 넘는 시장 가치를 보유하고 있으며, 핵심인 가전 사업은 지난 10년간 매년 22%에 달하는 매출 성장세를 나타냈다.[35]

하이얼은 급진적 협업과 자기 조직적인 회사 구조로 이뤄진 수천 개의 작은 '마이크로 엔터프라이즈'를 통해 이 모든 것을 이뤄냈다. 각 마이크로 엔터프라이즈는 10명에서 15명 정도로 구성된 자율적이면서 기업가 정신으로 무장한 소규모 기업들이다. 이 소규모 기업들은 자체적인 목표와 제품 또는 서비스 그리고 손익 계산서도 갖고 있다. 하이얼에는 중간 관리자도 없고, 엄청나게 복잡한 절차나 영혼을 갉아먹는 불필요해 보이면서 결과를 지연시키는 공식적인 규칙과 과정도 없다. 그 대신 마이크로 엔터프라이즈는 자신의 목표를 설정하고 계획을 세우며 원하는 대로 자유롭게 서로 관계를 맺는다.

예를 들어 신추Xinchu†라는 마이크로 엔터프라이즈는 제3의 식료품 배달 서비스로 고객을 원활하게 연결하는 스마트홈 냉장고를 만든다.[36] 이 제품을 개발하고 시장에 내놓기 위해 신추는 제조와 마케팅 같은 서비스를 제공하는 하이얼의 또 다른 마이크로 엔터프라이즈로부터 서비스를 구매했다. 그러나 하이얼 내부에 그에 준하는 마이크로 엔터프라이즈가 없거나 외부 조직이 내부의 마이크로 엔터프라이즈보다 더 나은 가치를 제공할 수 있다면, 신추는 재화와 서비스의 공급을 위해 회사 외부의 조직과도 계약을 맺는

---

* 사물에 센서를 부착해 실시간으로 데이터를 인터넷으로 주고받는 기술이나 환경을 말한다. – 옮긴이
† 신추는 카사르테(Casarte) 냉장고 브랜드이자 하이얼의 초기 마이크로 엔터프라이즈 기업 중 하나다. – 옮긴이

다.[37]

하이얼의 CEO인 장 루이민^{Zhang Ruimin}은 '거래에 대한 흥정은 고객과 가장 가까이 있는 기업들에 의해 가장 잘 이뤄진다'고 믿고 있으며, 하이얼의 각 마이크로 엔터프라이즈는 어떤 서비스를 구매할 때 승인이나 관리 감독으로부터 자유로우며, 언제 협업을 하고 언제 단독으로 움직여야 할지를 자유롭게 결정한다.[38] 지배자 계층 구조로부터 의사결정에 대한 권한을 급진적 협업을 하는 마이크로 엔터프라이즈로 분산시킴으로써 하이얼은 세계의 다른 극소수 기업처럼 실험과 진화 및 혁신을 할 수 있었다.

장 루이민은 고대 중국의 서적인 역경易經[*]에서 인간 발전의 최고 단계를 '리더가 없는 용龍의 무리'에 비유한 것에 영감을 받아, 이 메타포[†]를 적절히 사용해 하이얼을 설명한다.

> 중국 문화에서 용은 가장 강력한 동물이다. 오늘날, 모든 마이크로 엔터프라이즈는 매우 유능하고 경쟁력이 강한 용과 같다. 하지만 그들에게는 지도자가 없다. 그들은 리더의 지시 없이 시장에서 자신들만의 사업을 시작한다. 이것이 인간 거버넌스(human governance)의 가장 높은 단계다.[39]

하이얼은 조직 내 모든 사람의 기본적인 존엄성과 아직 발현되지 않은 잠재력에 초점을 맞춤으로써 개인의 성취와 기업의 성공을 위해 세계적인 수준의 강력한 조직을 만들어냈다.

---

[*] 중국 유교의 주요 경전 중 하나. 주나라 때에 길흉을 점치는 원리로 널리 쓰였기 때문에 주역이라고도 한다. - 옮긴이

[†] 행동, 개념, 물체 등이 지닌 특성을 그것과는 다르거나 상관없는 말로 대체해 간접적이면서 암시적으로 나타내는 일이다. - 옮긴이

모닝스타: 직장 상사 없는 급진적 협업

급진적 협업은 식품 가공 산업 내에서도 성공을 거뒀다. 세계 최대 토마토 가공업체인 모닝스타 토마토$^{Morning Star Tomato Company}$는 급진적으로 협업하는 조직으로, 관리자나 직장 상사가 없다. 지배자 계층 구조를 통해 업무를 진행하기보다는 4000명 이상의 직원들이 매년 공식적인 역할이나 직함 없이 서로 동등한 입장에서 만나 협의를 통해 '클루(동료 간 양해각서)'를 만들면서 시작한다.[40]

미시적 차원에서 이 클루에는 올해 서로 어떻게 협업해 토마토를 수확하고 다진 토마토나 퓨레^{puree}*와 같은 토마토 가공품으로 생산할 것인지에 대한 서로의 약속을 자유롭게 기술해 넣는다. 그러나 거시적 차원에서 클루는 모든 동료가 일상적인 식품 가공에서 장비 구매 및 급여에 이르기까지 그 해 회사의 모든 관리 항목을 어떻게 공동으로 관리할 것인지를 기술한다.

모닝스타는 크리스 루퍼$^{Chris Rufer}$가 설립했다. 모닝스타를 만들기 전에 루퍼는 토마토와 같은 제품을 공장에 공급하는 트럭 회사를 운영했다. 그의 동료 더그 커크패트릭$^{Doug Kirkpatrick}$은 『The No-Limits Enterprise』(Forbes Books, 2019)에서 "루퍼는 자신이 물품을 전달하는 공장들은 경영진이 늘 존재함에도 불구하고 대부분 비효율적이고 제대로 가동되지 않는다는 사실을 알았다. 무의미한 관료주의는 그가 봤던 많은 비효율성과 정서적 이탈의 원인이라고 확신했다."[41]라고 밝혔다.

루퍼의 해결책은 모닝스타에서 관리를 위한 단계를 없애기로 결정한 것

---

* 육류나 채소류를 갈아서 체로 거른 후 농축한 것으로, 기본적인 맛을 내는 요리 재료다. - 옮긴이

이다. 직장이 아닌 곳에서 그랬던 것처럼, 회사의 동료들(이전에는 '직원'이라고 불렸을)도 다른 동료들과 회사에 대한 협상이자 약속을 통해 스스로를 관리하는 것이다.[42]

그 당시에는 많은 사람이 그를 미쳤다고 했지만, 그 결과에 대해 이의를 달기는 어렵다. 1990년에 설립된 모닝스타는 마침내 세계에서 가장 큰 토마토 가공업체가 됐고[43] 미국 내에서 토마토 페이스트tomato paste와 다진 토마토 제품의 40%를 홀로 책임지고 있다.[44] 그리고 이 모든 일을 직장 상사나 관리자 또는 오늘날 기업들에게 흔히 기대하는 계층적 조직 없이 해냈다.

뷔르트조르흐: 자기 조직화된 팀을 통한 급진적 협업

훑어보기

뷔르트조르흐(Buurtzorg): 네덜란드의 홈 헬스케어 서비스 분야 1위 기업이다. 1만 5000명의 직원들이 수천 개의 작은 자율 경영 팀으로 분리돼 있다.

급진적 협업은 건강 관리 분야에서도 급속도로 인기를 얻고 있다. 환자와 노령층에게 재택 간호in-home care 서비스를 제공하는 네덜란드의 비영리 회사 뷔르트조르흐('지역 돌봄neighborhood care 서비스'를 나타내는 네덜란드어 단어)를 대표적인 사례로 들 수 있다. 이 단체는 현재 대략 1만 1000명의 간호사와 4000명의 가사 도우미로 구성돼 있다.[45]

하이얼과 마찬가지로 1만 5000명의 전문가는 각각 10명에서 12명의 간호사로 구성된 수천 개의 작고 자율적으로 관리되는 팀으로 나뉘며, 각 팀은 특정 지역을 담당한다.[46] 관리자, 계층 구조 또는 관료주의에 의존하지 않고 각 팀은 고객 모집, 시설 임대, 신입 직원 채용, 작업 일정 계획, 예산 관리를 해야 한다.[47] 팀의 모든 구성원은 직접 고객을 대면하는 간호사이지만, 간호 업무 외에도 회계, 계획 수립, 멘토링과 같은 다양한 역할을 교대로 수행함으로써[48] 정적 계층 구조에서의 관리 업무 권한을 공유하는 역동적인 업무로 전환했다.

뷔르트조르흐는 2006년에 설립돼 역사가 길지 않음에도 네덜란드의 홈 헬스케어 산업에 진출해 지역 간호사의 약 60%를 고용하고 있다(그중 다수가 뷔르트조르흐에 합류하고자 계층 구조를 갖는 경쟁사를 떠나왔다).[49] 뷔르트조르흐는 또한 그 대상을 스웨덴, 일본, 미국을 포함한 25개국으로 넓혔다.

이와 같은 빠른 성장은 뷔르트조르흐의 돌봄 서비스 만족도가 영리를 추구하는 경쟁사의 돌봄 서비스보다 평균적으로 30% 더 높다는 점에 일정 부분 기인한다.[50] 뷔르트조르흐의 간호사가 제공하는 치료 서비스의 일관성과 품질 덕분에 입원 확률도 다른 곳에 비해 33% 낮다.[51]

급진적 협업 조직을 지원하는 데이터

하이얼, 모닝스타, 뷔르트조르흐는 급진적 협업으로 전 세계의 비즈니스를 뒤흔든 작지만 성장하고 있는 선두 기업들이다.

서던캘리포니아대학교University of Southern California와 보스턴 리서치 그룹Boston Research Group이 지원하는 법률 연구 네트워크Legal Research Network의 2016년 'HOW 보고서HOW Report'는 17개국에 걸쳐 근로자 1만 6000명의 정서를 연구한 결과, 3개의 조직 유형이 발견됐고 그중 한 조직은 나머지 2개 조직보다 월등한 성과를 내는 것으로 보고했다.[52]

첫 번째 조직은 '맹목적 복종blind obedience'이라고 부른다. 이 범주에 속하는 기업들은 가장 명확하면서 무자비한 형태의 지배자 계층 구조를 보여준다. 이런 조직 내에서는 상사의 지시를 무조건 따라야 한다.

두 번째 조직은 '정보에 입각한 묵인informed acquiescence'이라고 부른다. 이러한 기업들은 지배자 계층 구조로 구성돼 있지만, 성과 평가와 연간 목표 설정 같은 20세기의 '좋은 경영' 관행을 채택함으로써 조직에 대한 전반적인 인식을 부드럽게 했다.

마지막으로, 가장 작지만 가장 높은 성과를 내는 조직을 '자율 관리self-governing'(이 책에서는 '급진적 협업'이라고 한다)라고 부른다. HOW 보고서에 따르면, 이 범주에 속하는 기업들은 목적 지향적이며 가치를 기반으로 하고 있다.[53] 그들은 구성원에게 '통제, 계층 구조, 마이크로 매니지먼트micro management*에서 벗어날 자유를 제공하는 동시에 '그것을 파괴하고, 자신의 목소리를 내고, 자신의 열망을 추구할' 자유를 제공한다.[54]

급진적 협업을 하는 조직들의 결과는 주목할 만하다. HOW 보고서에 따르면, '정보에 입각한 묵인'과 '맹목적 복종'에 속한 조직들은 각각 80%와 36%가 높은 성과를 내는 데 비해, 급진적 협업 조직에 속한 조직들은 97%가 높은 성과를 냈다.[55] 급진적 협업 조직들은 매년 수익률, 시장 점유율, 고객 만족도 등 모든 재무적 측면에서 전통적인 계층 구조를 가진 경쟁자들을 뛰어넘었다.[56]

하나의 조직으로서, 급진적 협업 조직들은 지속적으로 경쟁을 혁신하고[57] 직원들을 더 많이 채용한다.[58] 그들은 비대해진 관리 조직의 관료주의에 의한 오버헤드를 느끼지 않는다.[59] 그리고 직원들은 더 충성스럽고, 더 많은 노력을 기울이며, 다른 사람들에게 자신의 조직을 추천할 의향을 갖고 있다.[60] 급진적 협업 조직은 세계에서 가장 빠르게 성장하는 조직 형태다. HOW 보고서에 따르면, 그 수치가 2012년과 2016년 사이에 두 배 이상 증가했고 현재 전 세계 비즈니스의 약 8%를 차지하고 있다.[61]

이러한 결과는 지배자 계층 구조에 대한 분명한 메시지다. 급진적으로 협업하는 조직은 경쟁력이 있을 뿐만 아니라 파괴적이기도 하다. 고객들은 그 조직의 제품과 서비스를 더 좋아하고 직원들은 자신들의 일터를 더 아낀다.

---

* 관리자가 직원들의 업무를 밀착 감시하고 업무마다 참견하는 경영 스타일을 말한다. - 옮긴이

급진적 협업 조직이 당신이 속한 위계적 기업을 붕괴시키고 고객을 빼앗아 가고 직원들을 빼내는 차원의 문제가 아니라, 전통적인 위계 체계를 파괴하는 시점의 문제다.

이 책에서는 대규모 조직을 조사하는 것 외에도 멕시코의 자율 경영 컨설팅 조직, 스위스의 급진적이면서 민주적인 제품 회사, 미국의 오픈소스 정부 컨설팅 조직, 전 세계를 대상으로 모든 암호화폐의 확산을 위해 노력하는 기업 등 여러 급진적 협업 소프트웨어 조직들의 역사와 구조 및 관행을 자세히 살펴본다. 급진적 협업의 힘을 활용해 개인의 성장과 재무 성과를 창출하는 소프트웨어 조직의 관행과 패턴을 조사할 것이다.

우선 1장에서는 급진적 협업의 네 가지 필수 요소인 팀 자율성^{team autonomy}, 경영권 전환^{managerial devolution}, 결핍에 대한 만족^{deficiency gratification}, 취약함의 인정^{candid vulnerability}을 소개하면서 시작한다.

1장

급진적 협업의
네 가지 필수 요소

'들어가며'에서 살펴본 바와 같이 업무의 세계는 심리적 이탈, 불신, 무의미함에 사로잡혀 있으며 낮은 생산성과 성과, 혁신에 따른 경제적 결과에 시달리고 있다. 이 전염병의 근원은 널리 알려져 있지만 해결된 것이 거의 없다. 현대의 기업들은 이러한 전염병을 완곡하면서도 부드러운 단어들로 에둘러 표현하긴 하지만, 여전히 '관료주의', '테일러리즘', '과학적 관리', '명령과 통제' 등의 단어들로 묘사한다. 그러나 이 모든 이름 뒤에는 세계적으로 유명한 사회과학자인 리안 아이슬러 박사의 명저 『성배와 칼』에서 처음 사용한 지배자 계층 구조라는 용어가 숨어 있다.

지배자 계층 구조 내에서 사람들은 순위가 매겨지고 순서가 정해지며, 권력과 자원은 최상위층에 불평등하게 분배되고 집중된다. 지배와 강압의 시스템이지만 지배자 계층 구조는 구조적으로 직장 상사나 관리자 혹은 임원, 리더와 같은 지배자의 판단을 높이는 반면, 지배를 당하는 사람들로부터 안전, 자율성, 공정성, 존중, 신뢰, 소속감과 같은 것들을 조직적으로 빼앗는다. 이 구조는 전 세계 대부분의 지역에서 발생한 빈약한 사회 경제적 결과와 밀접한 관련이 있다. 그리고 '급진적 협업radical collaboration'으로 알려진 완전히 새로운 비즈니스 형태에 의해 세계적으로 붕괴될 위기에 처한 것도 바로 지배자 계층 구조다.

급진적 협업은 일하는 방식 측면에서 동료들 간에 자유롭게 체결된 약속 (계약)을 기반으로 협업을 통해 협업 참여자의 열정, 관심, 내재적 동기를 활용한다. 급진적 협업은 지난 수십 년 동안 가전제품 제조업체인 하이얼, 토마토 가공업체인 모닝스타, 홈 헬스케어 비영리 단체인 뷔르트조르흐 등 급속히 팽창하는 글로벌 기업들 속으로 빠르게 전파돼 자신들의 산업 영역을 신속하게 지배하는 데 일조했다.

급진적 협업 조직들은 팀의 순위를 매기기보다는 연결의 원칙을 중심으로 스스로를 구조하는 역동적이고 자기 관리적인 네트워크를 선호한다. 파트너십과 평등에 기반한 급진적 협업 조직들은 상황에 적합하고 신뢰에 바탕을 둔 유연한 리더십을 특징으로 한다. 이러한 급진적 협업의 속성들은 전통적인 기업에게 놀라운 대안을 제시한다. 전통적인 기업들은 급진적 협업 조직들과 경쟁하는 것이 불행하겠지만, 그들 기업에 속한 운이 좋은 개인들에게는 매력적인 것이다.

그 이유는 급진적 협업 조직들은 거의 예외 없이 높은 성과를 내고 있기 때문이다. HOW 보고서와 같은 세계적인 연구가 이를 뒷받침하고 있으며, 이 책의 '들어가며'에서도 상세히 설명했다. 급진적 협업 조직은 계층적 조직에 비해 매년 더 높은 매출 성장을 달성하고, 점점 더 많은 시장 점유율을 확보하며, 고객 만족도도 더 높다. 타성에 젖은 관료주의의 부담을 덜고 높은 수준의 신뢰와 자율성을 통해 혁신을 극대화함으로써 전 세계의 거의 모든 산업을 빠르고 실체적으로 파괴하고 있다.

전통적이면서 위계적인 조직은 더 이상 하향식 계획이나 명령과 통제에 의존할 수 없다. 그들은 이제 생존을 위해 급진적 협업 조직이 시대에 적응할 뿐만 아니라 그것을 뛰어넘기 위해 활용하고 있는 경영 이론과 실무 관행들을 이해하고 모방하고 또 받아들여야만 한다.

물론, 무엇을 해야 하는지 아는 것은 도전하려는 것의 절반에 불과하다. 급진적 협업을 목표로 하는 전통적인 조직은 여전히 '기업을 어떻게 급진적으로 협업하는 조직으로 만들 수 있을까?'와 같은 숙제를 안고 있다.

그림 1 급진적 협업의 네 가지 필수 요소

그 해답은 우리가 필수 요소라 부르는 개념적 요소들, 즉 팀 자율성, 경영권 전환, 결핍에 대한 만족, 취약함의 인정에 있다. 왜냐하면 이 네 가지 요소는 지금 살고 있는 세계에서 파괴에 의해 제공되는 지속 가능하고 실질적인 변화의 기회를 잡기 위해 중요하며 어느 비즈니스에든 결정적이고 필수적이기 때문이다.

다음 장부터는 급진적 협업을 하는 조직의 사례와 경험을 바탕으로 각각의 필수 요소에 대한 이론을 차례로 살펴볼 것이다. 필수 요소들이 갖고 있는 의미는 다양하고 깊지만 상호 의존적이기도 하며, 때로는 명확한 설명이 불가능할 수도 있다. 모든 필수 요소에 대한 가장 기초적인 이해를 통해 특정한 필수 요소를 더 깊게 이해할 수 있을 것이다. 따라서 이번 장에서는 네 가지 필수 요소를 모두 살펴보고, 책 전반에 걸쳐 등장할 급진적 협업 조직들과 그들의 실무 관행을 소개할 것이다.

필수 요소 #1: 팀 자율성

자율성은 '어떤 주어진 상황에 대해 우리 자신이 처한 환경을 통제할 선택 권한이 있다'는 것으로 이해할 수 있는 인간의 욕구이며, 이는 결국 개인과 조직의 성공에 강하게 연관된다.[1] 신경과학자이자 『Psychological Safety: The Key to Happy, High-Performing People and Teams』(Academy of Brain-based Leadership, 2018)의 공동 저자인 댄 라데키[Dan Radecki] 박사는 "우리는 신경과학 연구를 통해 사람들이 아이디어를 받아들일 때 성공할 가능성이 더 높다는 것을 알고 있다. 사람들은 자신의 통찰력으로 결론에 도달하거나, 자신만의 문제를 해결하거나, 자신의 아이디어를 생각해낼 때 ……(중략)…… 해결책을 찾아내거나 이를 실행에 옮길 가능성이 훨씬 더 높다."[2]라고 말했다.

이는 지배자 계층 구조가 실패하는 곳에서 급진적 협업 조직이 성공하는 이유를 설명하는 데 도움을 준다. 지배와 강압의 패러다임을 통해 지배자 계층 구조는 구조적으로 우리에게서 자율성을 박탈하고, 이는 다시 심리적 이탈, 불신, 무의미와 같은 조직의 문제에 영향을 준다.

반면에 급진적 협업 조직은 여섯 가지 핵심 차원에서 개인 및 팀의 자율성에 대한 필요성을 구조적으로 만족시키기 때문에 적어도 부분적으로는 매우 높은 수준의 직원 참여와 기업 혁신을 달성한다. 여섯 가지 핵심 차원으로는 어떻게(실행의 자율성), 언제-어디서(일정의 자율성), 무엇을-누가(배분의 자율성), 역할(역할의 자율성)이 있다.

- **실행의 자율성**autonomy of practice을 통해 급진적 협업자들은 자신의 작업 방식을 통제한다. 그들은 팀으로 함께 일하는 방법과 집단적으로 그리고 개별적으로 준수해야 할 업무 관행을 결정한다.
- **일정의 자율성**autonomy of schedule을 통해 급진적 협업자들은 작업의 장

소와 시기를 통제한다. 그들은 함께 모여서 일할지 혹은 따로 떨어져 일할지를 결정한다. 사무실에 앉아 있거나, 집에서 소파에 앉아 있거나, 해변에 앉아 있을 수 있다. 그들은 짝 프로그래밍(두 엔지니어가 동시에 동일한 컴퓨터에서 함께 프로그래밍하는 방식)과 같은 실시간 협업 관행을 가능케 하기 위해 일정을 동기화할지 또는 비동기화해 업무를 조정하고 이를 협업의 주요 방식으로 채택해서 개인의 자율성을 극대화할지 여부를 결정한다.

- **배분의 자율성**autonomy of allocation을 통해 급진적 협업자들은 '무엇'과 '누구'를 통제한다. 급진적 협업 기업에서는 팀이 지배자 계층 구조에 의해 업무를 할당받는 대신 자신의 이익과 내재적 동기에 부합하는 업무에 자유롭게 참여함으로써 업무 배분 자체를 스스로 관리한다.
- **역할의 자율성**autonomy of role을 통해 급진적 협업자들은 조직 내에서 자신의 역할을 스스로 관리한다. 그들은 어떤 종류의 일에 관심이 있는지, 어떤 종류의 경력을 갖고 싶은지, 필요한 모든 기술을 개발하기 위해 조직으로부터 어떤 것을 요구할지를 결정한다.

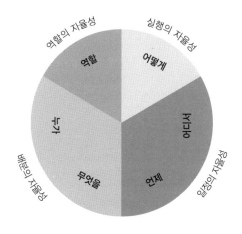

그림 2 팀 자율성의 여섯 가지 핵심 측면

이러한 놀라운 수준의 자율성 속에서 급진적 협업을 사용하는 기술 조직들에게는 두 가지 명확한 관행이 생겼다. 첫 번째는 결과 중심 팀 패러다임 outcome team paradigm이다. 결과 중심 팀은 특정 코드베이스codebase*에서 근본적으로 분리되는 대신, 최종 사용자에게 가치를 전달할 수 있는 '기능feature'이라 불리는 특정 결과물에 초점을 맞춘다. 이러한 가치를 제공하기 위해 필요하다고 생각되는 모든 코드베이스를 커밋commit†할 수 있다.

두 번째는 인간 중심 디자인human-centered design이다. 급진적 협업 팀은 단순히 사용자를 위해 제품을 만드는 것이 아니라, 사용자와 함께 사무실을 벗어나 세상 밖으로 나가서 사용자의 삶과 살아 있는 경험을 이해하고 소프트웨어 제작 과정에 사용자를 직접 참여시킴으로써 제품을 만든다. (우리는 2장에서 이러한 실무 관행을 더 깊이 살펴볼 것이다.)

필수 요소 #2: 경영권 전환

급진적 협업 조직은 관리 권한의 이양을 통해 만들어지고 유지된다. 즉, 정적인 지배자 계층 구조의 권력을 분산시켜 역동적이고 이질적인 자기 관리 팀으로 이동시킨다.

이 이질적인 자기 관리 팀은 지시는 있지만 계층 구조가 없는 조직 시스템을 일컫는다. 이 용어는 1970년대에 사회학적 및 인류학적 연구 분야에서 계층적 순위에 기반하지 않고 명확하게 질서를 유지하는 사회 구조를 설명하기 위해 처음 사용됐다. 인류학자 캐롤 크럼리Carole Crumley‡ 박사는 다음과

---

* 특정 소프트웨어 시스템, 응용 소프트웨어, 소프트웨어 구성 요소를 빌드하기 위해 사용되는 소스 코드의 모음이다. – 옮긴이

† 여러 명의 개발자가 자신의 컴퓨터에서 개발한 프로그램 소스 코드를 테스트 완료 후 깃(Git)과 같은 소스 코드 집합 저장소에 저장하는 행위를 말한다. – 옮긴이

‡ 역사 생태학자로서 2012년부터 스웨덴농업과학대학교 내 스웨덴생물다양성센터의 초빙 교수로 재직하고 있다. – 옮긴이

같이 설명한다.

생물학적으로나 사회적으로나 많은 구조가 계층적으로 조직돼 있지 않다. 오크나무나 교향곡에는 본질적으로 계층적인 것이 없지만, 각각은 부인할 수 없는 어떤 구조를 갖고 있으며 그 요소들 간의 관계는 질서 정연하게 구성돼 있다. 이 외에는 다른 종류의 질서를 식별해서 설명할 수 있는 용어가 없다. 종종 질서에 대한 환원주의적* 메타포로서 계층(hierarchy)은 사회 과학과 자연과학 모두에서 한쪽으로 치우친 이론을 만들도록 영향을 줬다. ……(중략)…… 이질적 위계 조직(heterarchy)은 요소 간에 순위가 매겨지지 않거나 여러 가지 방법으로 순위가 다양하게 다시 매겨질 가능성이 있는 상황에서 요소들 간의 관계라고 정의될 수 있다.[3]

따라서 자기 관리 팀은 파트너십과 평등의 개념에 기반을 두고 있으며, 리더십은 동료와의 신뢰에 의해 부여되고 당면한 상황에 한해 통합된다.

권한 위양된 조직에서 위임된 팀들 간의 네트워크는 총체적으로 조직을 자율적으로 관리한다. 예를 들어, 급진적 협업자들은 조언 프로세스나 임시 리더십 팀 혹은 홀라크라틱 거버넌스holacratic governance†와 같은 권한 이양 중심의 관리 관행을 통해 그때그때 상황에 맞게 의사결정 권한 책임을 갖는다. (이러한 관행은 3장에서 자세히 설명한다.)

또한 급진적 협업자들은 고용이나 해고 및 채용과 같은 전통적인 관리 책임을 스스로 관리한다. 그들은 심지어 성과 평가와 같은 강압적인 관행을 거부하고 프랙탈 조직 모델fractal organizational model, 데밍 페이 시스템Deming pay system, 자율 관리 급여self-managed pay와 같은 위임된 보상 방법으로 대체함으

---

* 환원주의(reductionism, 還元主義)는 복잡하고 추상적인 사상이나 개념을 단일 레벨의 더 기본적인 요소로부터 설명하려는 입장이다. 즉, 다양한 현상을 기본적인 하나의 원리나 요인으로 설명하려는 경향으로 이해하면 된다. - 옮긴이

† 모든 권한을 최고 책임자에게 집중하는 구조를 없애고 모든 구성원에게 명확한 권한과 책임을 줘서 자율적으로 경영하는 조직 시스템이다. - 옮긴이

로써 보상 프로세스를 자체 관리한다(이러한 보상 프로세스는 3장에서 자세히 설명한다).

필수 요소 #3 : 결핍에 대한 만족

첫 번째 필수 요소인 팀 자율성에서 언급한 바와 같이, 지배자 계층 구조는 체계적으로 우리에게서 자율성도 박탈하지만 안전, 공정성, 존중, 신뢰, 소속감과 같은 여러 가지 심리적 욕구도 박탈한다. 긍정 심리학에서는 이와 같은 환경을 '성장 억제growth-inhibiting' 구조라고 부르는데, 이런 환경이 우리 내면의 욕구 결핍 상태를 유발함으로써 개인적 성장과 실현을 구조적으로 억제하기 때문이다.[4]

이와 대조적으로 급진적 협업 조직은 '결핍에 대해 만족'하는 환경이라고 부르는데, 이는 높은 수준의 인간 욕구를 반복적이고 체계적으로 충족시키기 때문이다.[5] 이 책에 등장하는 급진적 협업 조직들은 파트너십과 평등이라는 전반적인 사회 문화적 패러다임을 균형 점수balance score, 홀라크라틱 체크인holacratic check-in, 피어 파드peer pod, 코인 세리머니coin ceremony와 같은 대인관계나 결핍 만족을 위한 관행들과 결합함으로써 인간 욕구를 충족시킨다(모두 4장에서 심도 있게 설명한다). 이러한 방식 덕분에 결핍의 환경에 있는 급진적 협업자들은 안전, 자율성, 공정성, 존중, 신뢰, 소속감에 대한 서로의 부족한 욕구를 반복적으로 충족시킬 수 있다.

결핍 충족의 원천은 개인의 행복과 성취를 위한 혜택일 뿐만 아니라 집단적 신뢰의 토대가 돼서 조직의 효율성을 위한 강력한 힘의 근원이 된다는 점에 주목해야 한다. 예를 들어, HOW 보고서에 따르면 높은 수준의 신뢰는 급진적 협업 조직들이 전통적인 계층 구조를 가진 경쟁자들보다 위험 감수 측면에서 32배, 혁신 측면에서 11배, 비즈니스 성과 측면에서 6배가 넘는

효율을 나타냈다고 분석했다.[6]

긍정 심리학자 에이브러햄 매슬로Abraham Maslow*와 인본주의 심리학자 칼 로저스Carl Rogers†를 비롯한 20세기의 수많은 심리학자들은 개인의 행복과 기업의 이윤 간의 관계를 이분법적으로 나눈 것이 틀렸다는 가설을 세웠다.[7]

예를 들어, 「적극적 경청Active Listening」이라는 논문에서 칼 로저스와 리처드 파슨Richard Farson‡은 다음과 같이 말했다.

> 개인에게 가장 좋은 것은 회사에게도 가장 좋은 것이다. 이는 인간의 심리
> 와 교육에 대한 경험을 바탕으로 한 우리의 신념이다. ……(중략)…… 우리
> 는 개인을 희생하고 조직을 우선시하면 개인의 불편한 경험뿐만 아니라 조
> 직 자체도 통합하지 못한다는 것을 알게 됐다. 사실, 그것은 조직을 조직 같
> 지 않게 만드는 경향도 있다. 조직원들은 불안해하며 의심하게 된다.[8]

또한 에이브러햄 매슬로는 자신의 저서 『The Farther Reaches of Human Nature』(Penguin/Arkana, 1993)§에서 다음과 같이 말했다.

> 심리적으로 건강한 작업 조건은 종종 개인적인 성취뿐만 아니라 조직의 건
> 강과 번영 그리고 조직이 생산하는 제품이나 서비스의 양과 질에도 좋은 영
> 향을 준다. 따라서 어떤 조직이나 사회에서 발생하는 개인의 목표가 조직의
> 목표와 합쳐지도록 사회적 조건을 설정해 경영의 문제 해결을 위한 새로운

---

* 에이브러햄 매슬로는 인본주의 심리학자로, 인간의 자기 잠재성 발현에 관심을 가졌다. 그가 주장한 이론
으로는 동기화 이론과 욕구 단계 이론이 있다. - 옮긴이

† 미국 역사상 가장 영향력 있는 심리학자로서 교육, 상담, 심리 치료, 갈등 해결 및 평화 분야 모두에 크게
공헌했고, 공감적인 삶, 실험적인 연구, 16권의 저서, 200편이 넘는 학술 논문을 통해 전 세계에 영향을 미
쳤다. - 옮긴이

‡ 미국의 심리학자이자 작가 및 교육자다. 1958년 설립된 서구행동과학연구소(WBSI, Western Behavioral
Sciences Institute)의 공동 창업자이자 대표를 역임했다. 국내에는 『실패의 성공학』(휘슬러, 2004년)이라는
번역서로 소개됐다. - 옮긴이

§ 매슬로의 사후인 1971년 출간된 책으로, 자기초월에 관한 글이 여러 편 수록돼 있고 자아실현과는 다른 자
기초월의 개념을 구체적으로 다룬 내용이 담겨 있다. - 옮긴이

방식으로 접근할 수 있다.[9]

How 보고서와 같은 실증적 연구 덕분에 이제 이 연구자들이 옳았다는 것을 알게 됐다. 우리는 개인의 행복과 조직의 성공 중 하나를 선택할 필요가 없다. 사실 전자는 후자의 승수 효과다.

필수 요소 #4: 취약함의 인정

지배자 계층 구조에서는 사람들이 일방적 통제를 유지하기 위해 자신의 기본 가정과 신념을 다른 사람들에게 숨기고 방어하는 반면, 급진적 협업 조직은 개방성과 투명성으로 생기가 넘친다. 그 이유는 급진적 협업 조직은 취약함을 인정하는 문화, 혹은 사회학에서 더 공식적으로 알려진 모델 II 생산적 추론Model II Productive Reasoning*에 의해 유지되기 때문이다.

급진적 협업자들은 자신의 사고 과정을 집단적으로 검사하고, 비판도 받으며, 심지어 생각한 모든 것을 무효화할 정도로 자신의 근본적인 생각, 감정, 신념, 가정들을 솔직하게 공유한다. 이는 결국 전반적인 학습과 협업적 혁신이라는 조직 문화로 이어진다. 사람들이 자신의 아이디어를 자아와 분리하도록 도움으로써 취약함의 인정은 아이디어의 집단적 진화를 가능하게 한다.

이 책에 소개된 급진적 협업의 선구자들은 자신의 구성원들이 취약함을 인정하는 문화를 공동으로 만들어낼 수 있도록 다양한 기술을 만들거나 채택했다. 방어적 추론을 드러내는 2단 '생각하기 대 말하기' 연습부터 심리적

---

* 하버드 비즈니스 스쿨의 교수였던 크리스 아지리스(Chris Argyris)가 주창한 학습 모델로, 모델 I은 단일 고리 학습(single loop learning)이고 모델 II는 이중 고리 학습(double loop learning)이다. 모델 II에서 경영자들은 정보에 따라 학습하고 이슈와 변화에 대해 대응하고 논쟁하며 학습한다. – 옮긴이

안정을 높이기 위한 균형 점수와 홀라크라틱 체크인 같은 훈련에 이르기까지(5장에서 설명한다), 우리의 선구자들은 조직 전체에 취약함의 인정이 자발적으로 출현할 수 있는 조건을 만들어냈다.

선구자들: 오늘날의 급진적 협업자에 대한 탐색

급진적 협업의 네 가지 필수 요소는 급진적 협업을 하는 여러 기업의 관행과 경험에서 나왔다. 여러 산업 분야의 일류 기업인 하이얼이나 모닝스타 혹은 뷔르트조르흐 같은 기업들은 이미 만나봤고, 나머지 기업들도 앞으로 만나보게 될 것이다. 그중 일부는 급진적 협업의 원칙과 구조로 시작할 수 있는 특권을 갖고 있었고, 그 외의 기업들은 경영권의 이양이나 급진적 협업으로 전환하는 과정을 거쳤다.

어느 지점에서 시작했고 혹은 얼마나 노력해왔든 간에 그들의 경험은 산업의 범위나 조직 규모를 따지지 않고, 우리가 탐구하고 분석할 수 있는 풍부한 사례를 제공한다. 이 기업들은 서로 다른 산업에서 비즈니스를 해왔고, 규모 면에서도 상당히 다양하며, 급진적 협업 기업으로의 전환을 위한 출발점도 서로 달랐다. 표 1은 이 책에 소개된 모든 기업의 목록으로, 직원 수 및 본사 위치와 함께 해당 기업의 차별화된 특징을 정리했다.

이 기업들은 이 책 전반에서 살펴볼 급진적 협업 관행들을 개척했는데, 다음 절에서 좀 더 자세히 살펴본다.

---

* 대체적으로 '일반 대중'을 뜻하는 용어다. 여기서는 '일반 직원들'로 해석한다. – 옮긴이

표 1 급진적 협업의 선구자들

기업명	설명	직원 수 및 위치	급진적 협업으로 시작 혹은 전환	차별점
뷔르트조르흐 (Buurtzorg)	네덜란드 최고의 홈 헬스케어 제공 기업	2006년에 네덜란드에서 시작했으며, 현재 약 1만 5000명의 직원을 고용 중이고 전 세계 25개국으로 기업 활동이 확대됐다.	급진적 협업으로 시작	간호사들로 수천 개의 작고 자기 관리 가능한 팀을 구성했다. 각 팀은 간호부터 채용 및 고객 확보나 시설 확보까지 모든 것을 자율적으로 관리 가능하다.
시빅액션즈 (CivicActions)	오프소스 기반의 정부 컨설팅 기업	2004년에 설립됐으며, 100여 명의 직원을 두고 있다.	급진적 협업으로 시작	완전히 분산된 최초의 기술 회사 중 하나로 탈중앙화된 풀뿌리* 조직 문화로 유명하다.
씨랩스 (CLabs/Celo)	전 세계 개발 도상국의 번영을 위한 환경 조성이 목적인 암호화폐 기업	2018년 설립 이후 현재 베를린, 부에노스 아이레스, 샌프란시스코에 위치하면서 150여 명의 직원을 두고 있다.	급진적 협업으로 시작	홀라크라시로 유명하다.
그랜트트리 (GrantTree)	정부의 R&D 자금을 확보하려는 기업에게 도움을 주는 기업	2010년 런던에서 설립됐고, 65여 명의 직원을 고용 중이다.	급진적 협업으로 전환 중	자율 관리 급여에 대한 개척자로 잘 알려져 있다.
하이얼 (Haier)	전 세계 1위의 가전제품 제조사	1920년에 설립됐고, 직원 규모는 8만여 명 수준이다.	급진적 협업으로 전환	자기 관리를 하는 마이크로 엔터프라이즈들의 급진적 협업으로 유명하다.
하우페우만티스 (Haufe-umantis)	협업 및 인적 자원 관리 소프트웨어 기업	2002년에 설립됐고, 스위스에 위치하며 200여 명의 직원을 두고 있다.	급진적 협업으로 전환 중	지배자 계층 구조에서 직장 민주주의나 자기 관리/급진적 협업으로 전환하고 있는 것으로 잘 알려져 있다.
매트 블랙 시스템즈 (Matt Black Systems)	항공 부품 제조사	1973년에 설립됐고, 30여 명의 직원을 고용 중이다.	급진적 협업으로 전환	프랙탈 조직 모델로 유명하다.
모닝스타 (Morning Star)	세계 최대 토마토 가공업체	1990년에 설립됐고, 4000여 명의 직원을 고용 중이다.	급진적 협업으로 시작	관리자도 없고 정해진 역할이나 책임도 없다. 클루(CLOU)를 통해 매년 재설계되는 100% 자체 관리 구조로 유명하다.
니어소프트 (Nearsoft, 현재는 엔코라 (Encora)의 일부)	'니어쇼어(nearshore)' 소프트웨어 컨설팅 기업	2006년 설립됐고, 이후 엔코라에 의해 합병됐다. 현재는 엔코라의 멕시코 지부로서 450여 명의 직원을 두고 있다.	급진적 협업으로 시작	규칙 없음: 직장상사도 없고, 직원도 없다. 직급도 없고, 비밀도 없다. 모토: '직장 내에서의 자유'

(이어짐)

기업명	설명	직원 수 및 위치	급진적 협업으로 시작 혹은 전환	차별점
파드 그룹 (Pod Group)	파드 그룹 전체의 사물인터넷 망 운영 기업	1999년에 설립됐고, 샌프란시스코에 위치하면서 약 25명의 직원을 두고 있다.	급진적 협업으로 전환	자기 관리와 자율 관리 급여로 유명하다.
TIM 그룹 (TIM Group)	무역 및 투자 자문 전문 핀테크 기업	런던에 위치하며, 2018년 합병됐다. 합병 당시 50여 명의 자기 관리 팀이 있었다.	급진적 협업으로 전환	경영 독서 그룹을 통한 급진적 협업을 추구하는 점진적이고 직원 주도적인 변화로 잘 알려져 있다.
비시 (Viisi)	대출 자문 전문 핀테크 기업	2010년에 네덜란드에서 설립됐고, 40여 명의 직원을 고용 중이다.	급진적 협업으로 시작	데밍 페이 시스템을 구축한 것으로 유명하다.
고어 (W. L. Gore)	화학 산업 및 화학 제품 혁신 전문 기업	1958년 델라웨어주에서 설립됐고 약 1만 1000명의 직원을 고용하면서 30억 달러 이상의 수익을 올리고 있다.	급진적 협업으로 시작	세계 최초의 급진적 협업을 하는 회사 중 하나로, 팀과 새로운 혁신 프로젝트를 위한 개방형 업무 할당 프로세스로 유명하다.

급진적 협업을 위한 실천 규범

급진적 협업을 위한 실천 규범은 조직이 급진적 협업의 상태를 달성하는 데 도움이 되는 모든 관행을 지칭한다. 팀은 자율적이고, 관계는 결핍에 대해 만족하고(사람들이 높은 수준의 인간 욕구를 상호 만족시키는), 집단적 학습collective learning은 취약함의 인정을 통해 가능하며, 관리는 더 이상 정적 지배자 계층 구조의 권한이 아니라 역동적인 비위계적 구조에 따른 공동 책임이다.

우리는 아직 급진적 협업의 초기 단계에 있다. 선구적 역할을 하는 조직들은 끊임없이 혁신하고 새로운 실천 규범과 구조들을 만들어내고 있다. 아래의 목록이나 실천 규범들은 확정적인 것이 아니다. 따라서 이러한 실천 규범들은 반드시 지켜야 할 원칙이 아니라 급진적 협업으로의 전환과 실험을 위한 초보자용 도구starter kit로 생각해야 한다.

급진적 협업을 위한 소프트웨어 개발 실천 규범들

- **결과 중심 팀 패러다임**outcome team paradigm: 결과 중심 팀은 교차 기능적cross-functional이고 근본적으로 소프트웨어 코드와 분리되며 사용자 가치 전달에 맞춰 조정된다. 사용자 가치를 전달하기 위해 결과 중심 팀은 일반적으로 누가 코드를 작성했고 유지 관리하는지에 관계없이 조직 내의 모든 소프트웨어 코드들을 직접 수정하고 배포할 수 있다.

- **버블**bubble: 특정한 이니셔티브initiative를 중심으로 임시적인 결과 팀을 유기적으로 생성하거나 '버블업bubbling up'하는 과정이다. 이 '버블'들은 일단 이니셔티브가 완성되면 자동으로 해체되거나 '팝pop'된다.

- **인간 중심 디자인**human-centered design: 소프트웨어 솔루션을 설계하고 테스트하기 위해 사용자를 소프트웨어 제작 프로세스에 직접 참여시키는 급진적 협업 방식이다.

- **짝 프로그래밍**pair programming: 두 명의 엔지니어가 동시에 동일한 컴퓨터를 공유하고 키보드를 번갈아 사용하면서 소프트웨어를 함께 개발하는 급진적 협업 실무 규범이다.

관리 권한의 위임을 위한 실천 규범들:

- **자문 프로세스**advice process: 의사결정권자가 자신의 사고 과정을 타인에게 드러냄으로써 의사결정에 영향을 받을 수 있는 사람의 검증이나 비판 및 반대 의견을 반영해 의사결정을 한다.

- **애드혹 리더십 팀**ad-hoc leadership team: 조직 내 누구나 조직 내의 뭔가를 변화시키기 위한 의지를 공표할 수 있고, 관심 있는 사람이라면 누구나 참여할 수 있다. 애드혹 팀은 자신들이 진행하는 과정이 투명하기만 하면 어떤 변화도 만들 수 있는 모든 권한을 갖고 있다.

- **홀라크라틱 거버넌스**holacratic governance: 조직의 구조와 역할이 집단적

으로 진화하기 위한 엄격하고 효율적인 프로세스다. 조직의 모든 사람이 언제든지 조직의 긴장을 고조시키게 하고, 바로 처리하고 해결할 수 있게도 한다.

- **피어 파드**peer pod: 즉석 코칭이나 멘토링 및 서로의 경력에 대한 지원을 제공하는 자율적 관리를 위한 동료들의 그룹이다.
- **동료나 임원의 온보딩 지원**onboarding buddies/sponsors: 급진적 협업자가 새로운 동료와 며칠 또는 몇 주 동안 짝을 이뤄, 새로운 동료가 비계층적 조직 환경에 익숙해지고 그 안에서 자신의 위치를 찾을 수 있도록 돕는다.
- **채용 설명회**job fair: 급진적 협업자가 자유롭게 참여할 수 있도록 조직에 새롭고 잠재적인 프로젝트를 설명한다.

보상 권한의 위임을 위한 실천 규범들

- **데밍 페이 시스템**Deming pay system: 미리 투명한 과정을 통해 결정된 연봉 인상 계산 방법으로, 연봉은 매년 자동적으로 인상되며 조직의 모든 사람은 그에 따라 미리 투명하게 정해진 급여를 받는다. 또한 이익을 공유할 때는 모든 구성원에게 균등하게 분배된다.
- **프랙탈 조직 모델**fractal organizational model: 조직의 모든 사람이 대차 대조표와 손익 계산서로 완성되는 가상 회사다. 급여는 가치 흐름과 그 결과로 인해 발생하는 개인의 잉여 결과와 연동되며, 사람들이 서로에게 하는 협상된 약속의 결과물이다.
- **자율 관리 급여**self-managed pay: 개인이 투명하게 자신의 급여를 책정하고 언제든지 자신의 급여 인상을 결정한다.

결핍에 대한 만족/취약함의 인정을 위한 실천 규범들

- **균형 점수**balance score: 급진적 협업자들은 직장 생활, 가정 생활, 영적

생활 간에 얼마나 균형 잡힌 느낌을 갖는지를 1점에서 10점 사이로 점수를 매겨 서로 공유함으로써 매일 하루를 시작한다. 투명성, 취약함의 인정, 공감을 높이는 동시에 참가자들이 공동 작업을 시작하는 과정에서 서로를 조율하는 데 도움이 되는 도구다.

- **체크인**check-in: 급진적 협업자들은 회의가 시작될 때 서로를 산만하게 하거나 회의에 몰입하지 못하게 만드는 것들을 이야기할 수 있는 신성한 공간을 만든다.

- **2단 '생각하기 대 말하기' 연습**two-column 'thinking versus saying' exercise: 힘겨웠던 대화를 마치고 나면 종이 한 장을 들고 앉은 후 가운데에 선을 그어서 2개의 열column(2단)로 나눈다. 오른쪽 열에 대화 내용을 기억해서 옮겨 적고, 왼쪽 열에는 자신이 마음속에 담아놨지만 입 밖으로 말하지 못한 생각을 기록한다. 이 두 열의 중간 영역에는 일반적으로 자신의 취약점을 타인에게 드러내는 것을 방해하는 자신이 갖고 있는 수많은 방어적 추론을 기록한다.

- **이번 주의 가장 큰 실패**biggest fail of the week: 팀원들은 번갈아가며 사고나 실수 또는 명백한 업무적 또는 개인적 실패를 서로 공유한다. 이 과정은 전체적인 지원 환경을 조성하고 불완전성을 정상화함으로써 개인의 성장을 독려한다.

- **코인 세리머니**coin ceremony: 급진적 협업자들은 일상적인 일이 아니라 서로의 '존재'를 인식하기 위해 자신들이 누구이며 주변 사람들과 세상을 위해 무엇을 기여할 수 있는지를 자유롭게 식별한다.

결론

종합하자면, 급진적 협업의 네 가지 필수 요소는 조직과 사람들의 열정과 관심 그리고 내재적 동기를 활용하는 동시에 동료 간의 자유롭게 생성된 약속에 대한 협업을 기반으로 한다. 아마도 당신의 조직에 필요한 것만 쏙 빼서 선택할 수 있겠지만, 조직이 급진적 협업을 통해 장기적인 성공을 누리려면 네 가지 요소를 모두 수용해야 한다는 점을 기억해야 한다.

예를 들어, 팀 자율성은 그것과 동시에 경영권 전환을 수용하지 않으면 혼란이나 좌절로 끝날 가능성이 있다. 마찬가지로 취약함의 인정은 대인 관계 결핍에 대한 충족의 패러다임을 통해 신뢰와 안전의 공동체를 먼저 구축하지 않은 조직에서는 결코 뿌리내리지 못할 것이다. 참여, 성장, 혁신과 성과는 어떤 특정한 필수 요소의 결과가 아니라 모든 필수 요소 간에 이뤄지는 복잡한 상호작용의 결과다. 따라서 다음 장에서는 각 필수 요소의 개념들을 차례로 살펴보고 그 뒤에 숨겨진 이론과 실천 규범들을 설명하며, 그 과정에서 나타나는 상호 의존성을 더욱 깊이 이해해볼 것이다.

다음으로 넘어가기 전에 잠시 멈추고, 급진적 협업에 대한 다음의 질문들을 생각해보자.

성찰을 위한 질문들

» 만약 당신이 단지 이 장에서 다룬 내용만을 바탕으로 다른 사람에게 급진적 협업을 요약해서 설명해야 한다면, 무엇이라 설명할 것인가?

» 급진적 협업에 대해 가장 흥미로웠던 점은 무엇인가?

» 급진적 협업에서 가장 두려운 점은 무엇인가?

» 이 장에서 살펴본 내용을 토대로 할 때, 급진적 협업을 업무에 도입하는 과정에서 예상되는 어려움은 무엇일까?

2장

필수 요소 #1: 팀 자율성

인간은 자율성에 대한 깊고 끊임없는 욕구를 갖고 있다. 우리는 다른 사람들의 간섭이나 지배 없이 자신을 관리하기 위해 자신의 삶과 살아온 경험을 통제해야 할 필요가 있다. 그리고 모든 일상의 순간순간마다 어떤 약속을 하고 그 약속을 존중하고 지키기 위해 어떻게 할 것인지를 결정해야 한다. 긍정심리학에 따르면, 자율성은 우리의 '기본적 또는 생물학적' 욕구이며[1] 존엄성과 자존감과 같이 타고난 인간의 욕구를 지탱한다.[2] 그래서 자율성의 상실은 개인과 조직 모두에게 심각한 결과를 초래할 수 있다.

이 책의 '들어가며'에서 봤듯이 지배자 계층 구조는 구조적으로 우리에게서 자율성을 빼앗았고, 이는 다시 조직의 심리적 이탈감, 불신, 무의미함과 같은 조직적 문제와 그에 수반되는 경제적 결과의 원인이 된다. 그러나 급진적 협업 조직들은 개인과 팀의 자율성에 대한 욕구를 구조적으로 충족시킴으로써 탁월한 경제적 성과를 달성한다. 그리고 하이얼만큼 이를 잘 보여준 조직은 없다.

하이얼은 자율적이고 자기 관리 가능한 급진적 협업 팀을 만들어 8만 명이 넘는 직원들이 이 팀들에 각각 소속되게 함으로써 개인의 성취와 조직의 성공이라는 이분법적 구분을 해결했다. 하이얼의 CEO는 '모두가 각 팀의 CEO가 될 수 있는' 조직을 만들었다고 했다.[3] 결과적으로 그들은 진정으로 놀라운 경제적 결과를 누렸지만, 그 이전에는 자율성의 부족으로 인해 조직이 거의 파멸의 위기에까지 내몰리기도 했다.

최악에서 급진적까지

1980년대 초반에 장 루이민^{Zhang Ruimin}*은 관리를 맡게 된 국영 냉장고 공장인 하이얼에 도착했다. 당시 그가 공장에서 맨 처음 보게 된 것은 '작업 현장 내에서 소변 및 대변 금지'[4]라고 적힌 표지판이었다. 당시 하이얼은 무자비한 명령과 통제의 지배자 계층 구조로 구성돼 있었고 파산 직전이었다. 기업은 빚더미에 올라앉았고, 공장 자체는 엉망진창이었다. 근로자들은 이미 오래전에 공장 내 모든 것에 대해 '자율'이라는 것 자체를 빼앗겨서 일에 대한 모든 관심이나 열정이 식어버렸고, 앞서 말한 표지판이 보여주듯 심리적 이탈감이 조직 내에 매우 팽배했다.

이러한 비인간적인 자율성의 상실은 결국 최악의 생산 품질로 이어졌다. 공장에서 생산하는 전체 냉장고 중 20%는 조립 라인에서 불량으로 검출됐다.[5] 근로자들은 불량의 원인이 무엇인지 알고 있었지만, 문제를 해결할 권한도, 열정도 없었다. 수십 년 동안 이어져온 비인간적인 지배자 계층 구조가 근로자들의 존엄성과 회사의 이익을 빼앗은 것이다.

하이얼을 맡을 당시에 장 루이민은 어리고 경험이 없었지만, 변화를 일으키는 데 타고난 재능이 있었다. 그는 회사에 도착한 직후 공장 한가운데에 새로 만들어진 불량 냉장고 76대를 늘어놨다. 그는 회사 직원들을 모두 불러내 냉장고 주위에 둘러 세운 뒤, 대형 해머로 첫 번째 냉장고를 산산조각

---

* 1949년에 태어난 장 루이민은 1968년 칭다오의 강철 공장 견습생으로 시작했다. 이후 1984년에 하이얼 그룹의 전신인 칭다오 냉장고의 공장장이 됐고, 1991년에는 하이얼 그룹을 설립한 후 회장으로 취임했다.
  − 옮긴이

냈다. 그리고 나서 바로 옆에 있던 직원에게 해머를 건네주고 똑같이 하도록 했다.[6]

장 루이민의 이 행동은 충격적이었다. 그에 따르면, 당시 냉장고 한 대의 가격은 중국의 일반 노동자들이 받는 2년치 급여와 맞먹었다.[7] 따라서 대부분의 직원 입장에서 불량품이라고 하더라도 냉장고 한 대를 부수는 것은 상상조차 할 수 없는 일이었지만, 그들은 그렇게 했다. 직원들은 서로 해머를 차례로 돌려가며 불량 냉장고를 부셨다. 이는 우선 그 냉장고들을 만들어낸 비인간적인 지배자 계층 구조를 파괴하는 상징적인 행위였다.

이 혁명적인 사건을 시작으로 장 루이민은 하이얼을 수십 년 동안 팽배했던 지배와 강압에서 벗어나 자율과 함께 급진적 협업을 하는 회사로 변화시켰다.

'들어가며'에서 봤듯이, 하이얼은 수천 개의 작고 자율적인 마이크로 엔터프라이즈로 구성된 회사 구조를 만들었다. 이 소규모 조직들은 일반적으로 10명에서 15명으로 구성된 자기 조직화된 팀으로, 각각은 자신들만의 목표, 제품, 서비스와 손익 계산서를 갖고 있다.

일부는 다양한 마케팅 및 제조 마이크로 엔터프라이즈와 마찬가지로 하이얼 내부의 다른 마이크로 엔터프라이즈에게만 서비스를 제공하기 위해 존재한다. 또 다른 마이크로 엔터프라이즈들은 외부를 지향하면서 새롭고 혁신적인 제품과 서비스를 통해 소비자나 최종 사용자의 삶을 향상시키는 데 중점을 둔다.

각 마이크로 엔터프라이즈들이 내부 서비스를 주로 하든, 외부 서비스를 주로 하든 상관없이 그들은 완전히 자체적으로 독립 경영을 한다. 하이얼에는 중간 관리자나 관료주의도 없고, 복잡하게 얽힌 미로와 같은 업무 프로세스도 없으며, 영혼을 짓누르는 불필요한 요식 행위도 없다. 대신, 각 마이크로 엔터프라이즈는 자신의 목표를 설정하고, 자신의 계획을 세우며, 원하는 대로 서로 자유롭게 상호 관계를 맺는다.

예를 들어 루 카이런$^{Lu Kailen}$은 하이얼에서 만날 수 있는 전형적인 직원이 지만, 기업가 정신을 핵심으로 하는 하이얼 문화[8] 덕분에 썬더로봇^{ThundeRobot*}으로 알려진 수백만 달러 규모의 게임용 노트북 제조 기업을 만든 공동 설립자이기도 하다. 2013년 당시 루 카이런은 대학을 갓 졸업했다. 대학에 있는 동안 그는 비디오 게임을 하면서 많은 시간을 보냈는데, 대부분의 상업용 노트북이 자신과 같은 게이머에게 제공하는 '파워 부족, 고르지 않은 화면 품질, 진부한 디자인'[9]이라는 특성에 좌절감을 느끼곤 했다.

하이얼에 입사한 후, 그는 '만약 내가 하이얼의 기업가 지원 시스템을 활용해 새로운 하드코어 게이밍 노트북을 만들고 판매한다면 어떨까?'라는 생각을 했다. 대부분의 기업에서는 경영자나 관리자들이 신규 사업에 대한 투자를 결정한다. 하지만 하이얼에서는 직원이 결정한다. 하이얼의 랩톱 마이크로 엔터프라이즈 내 핵심 퍼실리테이터^{facilitator}는 "우리는 결정을 내릴 때 관리자가 아니라 사용자와 기업가가 말할 수 있도록 한다."라고 설명했다.[10]

루 카이런은 하이얼이 직원들에게 '금융, 회사명, 브랜드 및 모든 인맥'에 접근할 수 있도록 제공한 내부 투자 플랫폼을 활용하기 시작했다.[11] 27만 달러의 초기 자본으로 루 카이런은 하이얼의 다른 게임 애호가들과 손잡고 '썬더로봇'이라는 마이크로 엔터프라이즈를 만들었다.[12] 그들은 하드코어 게이머들과 직접 협력해 제품을 만들기 시작했고, 그 결과 입소문이 크게 나서 지역 사회 내에 수요가 생겼다. 그들의 첫 노트북 500대는 1분도 안 돼 매진 됐다.[13] 몇 주 뒤 두 번째 제품을 내놨을 때는 21분 만에 1만 8000대의 주문을 받았다.[14]

썬더로봇의 급진적 협업자들은 그 이후 이러한 결과를 성공적이고 지속 가능한 사업으로 확장해 연간 1억 1700만 달러의 매출을 올렸다.[15] 하드웨

---

* 2014년에 설립된 게임 관련 전자 장치 제조회사다. 주로 게이밍 헤드셋부터 VR 헤드셋, 게임용 노트북 및 데스크톱 등의 하드웨어와 주변 장치들을 제조하고 판매한다. - 옮긴이

어 스타트업으로서는 나쁘지 않았다. 이렇게 빠른 성공을 이뤄낼 수 있었던 요인에 대해 질문하자, 루 카이런은 엄청난 금전적 보상이 아니라 개인적인 성장과 공동의 동기 유발에 대한 자신의 경험을 이야기했다. 루 카이런은 "나는 꿈에서도 이런 회사를 만들 수 있다고 생각해본 적이 없다."라고 말했다. 또한 "썬더로봇을 시작한 이래로, 여러 다양한 방식으로 나 자신을 개발할 수 있었다. 이전에 근무했던 기업에서는 이것을 하도록 결코 허락하지 않았을 것이다. 나는 팀 내 모든 사람의 자발적인 동기를 공유하는데, 모든 사람이 진취적이고 능동적으로 참여한다."[16]라고 덧붙였다.

모든 근로자가 기업가가 될 수 있는 급진적 협업의 문화를 창조함으로써 하이얼은 직원과 주주 모두에게 배당금을 지불하는 열정과 내재적 동기를 일으켰다. 하지만 그들만 그런 건 아니다. 급진적 협업 조직은 자율성을 활용해 조직을 구성하고 탁월한 경제적 성과를 달성한다.

자율성의 여섯 가지 핵심 원칙

1장에서 간략하게 살펴본 바와 같이 급진적으로 협업하는 조직은 여섯 가지 핵심 원칙, 즉 어떻게(실천 규범의 자율성), 언제/어디서(일정의 자율성), 무엇을/누가(할당의 자율성)와 역할(역할의 자율성)을 통해 개인과 팀의 자율성에 대한 욕구를 구조적으로 만족시킨다.

이후 내용에서는 이 원칙들을 차례로 살펴볼 것이다. 하지만 맨 먼저 우려되는 점을 이야기하자면, 팀에게 이러한 여섯 가지 자율성의 원칙 중 하나라도 부여하는 것은 거의 모든 핵심 비즈니스 이론과 원칙에 위배된다. 이러한 원칙은 근로자들의 동기와 행동에 깊이 내재된 문화적 가정에 도전하기 때문이다. (4장에서는 이러한 가정과 그에 대한 과학적 증거를 검토할 것이다.)

따라서 팀에 자율성을 부여하는 여러 원칙을 설명하면, 이것들을 이상주의적이고 유토피아적이며 심지어 무정부주의적인 것으로 치부하면서 그러한 원칙들을 반대하고 있는 자신을 발견할 수도 있다. 그리고 급진적으로 협업하는 선구자들의 이야기를 통해 이러한 원칙들을 설명하겠지만, 그중 일부는 수십 년 동안 급진적 협업을 성공적으로 수행했음에도 여전히 우연이나 예외로 치부하려는 충동을 일으킬 수 있다.

당신의 그러한 반응은 자연스럽고 정상적이다. 사실 이 책이 다른 세 가지 필수 요소 중 어느 것도 자세히 설명하지 않고 이번 장을 끝낸다면, 그런 반대 의견을 갖는 것도 충분히 이해된다. 이 장에서 배우게 될 실천 규범들이 다른 세 가지 필수 요소와 분리돼 존재하지 않기 때문이다.

급진적 협업을 위해서는 팀 자율성이 필요하지만, 그것만으로는 충분치 않다. 자율성만으로는 공유된 제약 사항들과 정책의 출현이나 책임의 생성 및 배분, 진화 같은 조직 관리의 더 큰 과제를 해결하지 못한다. 팀 자율성이 경영권 전환(3장과 4장의 주제)과 결합되지 않는다면, 혁신과 성공만큼이나 분열과 혼돈으로 이어질 가능성이 높다.

이 장 전체에서 구체적인 질문과 우려되는 사항들을 예상하려고 노력하겠지만, 그중 일부는 이후 장에서도 완벽히 다뤄지지 않을 수 있다. 왜냐하면 네 가지 필수 요소의 융합을 통해서만 그러한 반대 의견들이 완전히 해결될 것이기 때문이다.

실천 규범의 자율성: '어떻게'

우리의 선구자들이 만든 자율성의 가장 보편적인 원칙은 실천 규범의 자율성, 즉 방법에 관한 것이다. 회사 내의 급진적 협업자들은 개인 혹은 팀으로서 자신들의 일을 어떻게 할 것인지를 자유롭게 결정할 수 있다. 개발자들은 오늘날 점점 더 유행하고 있는 것처럼 개별적으로, '짝pair'으로, 또는 '무리mob'로 프로그래밍을 하는 것도 개인이나 팀이 결정한다. 개발자가 프로토타

입을 코드로 작성하기 전에 디자이너가 프로토타입으로 사용자 경험을 검증하는 것도 개인이나 팀이 결정한다. 또한 제품 관리자가 제품 로드맵을 작성하기 전에 경쟁 환경 분석 및 비즈니스 실행 가능성 분석에 참여해야 하는지 여부도 개인이나 팀이 결정한다.

이런 조직에서는 높은 자리에 앉아 다른 사람들에게 일을 어떻게 하라고 지시하는 사람이 아무도 없으며, 직원들은 스스로 그런 선택을 할 권한이 있다. 그리고 그 선택에 대한 책임은 그들 자신과 팀에 있다.

예를 들기에 앞서, 많은 사람이 개인과 팀이 일하는 방법을 자유롭게 결정할 수 있다는 것이 회사가 가진 우선순위나 보안 사항에 대한 모범 사례 혹은 자금에 대한 규제 등을 팀이 무시할 수 있다는 점을 의미하는 것인지 궁금할 것이다. 결론을 말하면 '아니오'다.

여기서 이야기하는 '기법craft'은 제품 관리자, 디자이너, 엔지니어와 같은 팀원들이 공통의 목표와 결과를 추구하기 위해 순간순간 일상적으로 활용하는 특정 기술과 실천 규범들을 말한다. 팀이 해결하고자 하는 문제나 그들이 성취하고자 하는 결과 등의 업무 자체는 물론, 업무를 둘러싼 재무 관련 규정이나 보안 요구 사항 등과 같은 제약 사항들은 팀을 넘어가는 절차들을 거칠 때 종종 나타나기도 한다.

즉, 급진적으로 협업하는 조직은 다음 장에서 살펴볼 것처럼 위임을 통한 관리라는 실천 규범을 활용해 지배자 계층 구조로 되돌아가지 않으며 공통의 제약 조건과 공유된 결과를 만들고 포용한다.

훑어보기

TIM 그룹(TIM Group): 2018년 인수된 무역 자문과 투자 추천에 초점을 맞춘 핀테크(fintech) 기업으로, 런던에 본사를 두고 있다. 인수 당시 50명의 자율 경영 그룹이 있었고, 경영 독서 그룹을 통해 점진적이지만 직원들이 주도하는 급진적 협업으로 유명하다.

'어떻게'에 대한 자율성autonomy of How을 살펴보기 위해 온라인 플랫폼을 통

해 무역에 대한 비즈니스 아이디어와 투자 자문을 제공하는 핀테크 기업인 TIM 그룹의 예를 들어보겠다. 2010년 한 해 동안 TIM 그룹은 급진적 협업과 자기 관리를 향한 점진적인 변화를 겪었다. (3장에서는 그들의 완전한 변화에 대해 자세히 설명할 것이다.) TIM 그룹은 관리자나 계층 구조가 없는 자율 관리 팀의 자율적인 관리 네트워크로 조직됐으며, 팀 자율성에 대한 필요와 팀 간 유동성의 균형을 맞춘 일련의 합의된 기술 제약 조건을 도입했다.

전 CTO인 제프리 프레드릭[Jeffrey Fredrick]은 나와의 인터뷰에서 다음과 같이 말했다.

> 변화 이전에 우리는 상대적으로 고정된 팀들을 운영하고 있었다. 하지만 변화를 시작하면서, 기본적으로 우리 모두는 하나의 부서라고 말할 수 있다. 한 팀이 내리는 몇몇 결정 중 일부는 다른 사람들에게 영향을 끼쳤다. 당신이 짝 프로그래밍을 하든 말든, 그런 실천 규범의 선택은 전적으로 팀이 갖고 있었다. 그래서 어떤 팀들은 매일 짝 프로그래밍을 했고, 다른 팀들은 가끔씩 했다. 그러나 몽고DB(MongoDB)[*]와 같은 새로운 기술이나 스칼라(Scala)[†]와 같은 새로운 언어를 도입하는 것은 특히 팀이 관련된 코드베이스에 관계없이 결과와 사용자 가치를 제공하는 데 집중하기 시작하면서 모든 사람에게 영향을 미쳤다.

이것은 팀 사이에 문화적 밈[meme][‡]을 탄생시켰는데, TIM 그룹의 개발자였던 그레이엄 앨런[Graham Allan]은 인터뷰에서 "기술의 장벽을 줄이고자 했던 아

---

[*] 몽고DB는 데이터 객체들이 컬렉션 내부에서 독립된 문서로 저장되는, 문서 모델을 기반으로 하는 NoSQL 데이터베이스다. - 옮긴이

[†] 2004년 마틴 오더스키(Martin Odersky)가 기존 자바 언어의 단점인 '지나친 복잡성'을 극복하고자 개발한 프로그래밍 언어로, Scalable Language를 줄인 이름이다. - 옮긴이

[‡] 1976년 리처드 도킨스의 저서 『The Selfish Gene』(한국어판은 『이기적 유전자』)에서 사용된 단어로, 그리스어로 '모방'을 뜻하는 미메시스(mimesis)와 유전자(gene)의 합성어다. 최근에는 온라인상에서 유행하는 여러 2차 창작물이나 패러디물 또는 특정 요인에 따른 유행 전반을 통칭하는 개념으로 더 많이 사용된다. - 옮긴이

이디어가 실제로 그룹 내에서 '문화적' 밈이 됐다. 우리가 그걸 어떻게 단순화하고 효율화했을까?"라고 내게 물었다.

제약 사항들로부터의 해방을 통한 팀 자율성은 인재 관리와 협업에 초점을 맞춘 급진적 협업 소프트웨어 회사인 하우페우만티스에서도 찾을 수 있다. 그들은 스크럼^{Scrum}이라는 대중적인 애자일 방법론을 급진적 협업 조직에 적용함으로써 실천 규범의 자율성$^{autonomy of practice}$을 실현했다. 조직 내 많은 소프트웨어 팀이 공유된 목적과 목표를 중심으로 뭉쳤지만, 개별적으로는 스크럼을 통해 권한을 위임받아 그 목표를 달성하는 최상의 방법을 스스로 결정했다.

하우페우만티스에서 프런트엔드 개발을 수행하는 세르게이 로드리게즈$^{Sergi Rodriguez}$는 인터뷰에서 이렇게 말했다.

> 그 누구도 우리에게 와서 "이봐, 이건 이런 식으로 하고, 저건 저런 식으로 해야 해."라고 말하지 않을 것이므로 우리는 팀으로서 독립적이라고 느낀다. 동시에 팀원들 간에 공유된 목표와 합의된 지침들이 있다. 하지만 이런 제약 사항들이 있다고 해서 그것들로 인해 뭔가 강요당하고 있다고 느끼지는 않는다. 모든 사람이 어느 정도 공통의 제약 조건을 갖는 것이 좋다. 왜냐하면 이러한 제약 사항들은 자율적이고 자기 조직적이 되도록 자유를 주기 때문이다.

스크럼에 관한 노트

스크럼에 대한 우려 사항들을 설명하기 위해 잠시 쉬었다 가자. 애자일 소프트웨어 개발 경험이 있다면 스크럼을 이미 경험했을 가능성이 높다. 불행하게도 엉망진창이고 제대로 된 것도 아닌 위계적 형태의 스크럼을 경험했을 가능성도 충분히 있다. 이는 진정한 의미의 스크럼을 채택한 기업이 거의 없기 때문이다.

스크럼은 공식 스크럼 가이드에서도 분명히 언급한 것처럼 파트너십과 평등을 기반으로 자율성과 자기 관리에 기반한 교차 기능 팀cross-functional team에 권한을 위임하려는 노력에서 태어났다. '스크럼 팀은 각 스프린트sprint에서 가치value를 창출하는 데 필요한 모든 기술을 모든 팀원이 갖추고 있다는 의미에서 교차 기능적이다. 또한 누가 무엇을, 언제, 어떻게 하는지를 팀 내부에서 결정한다는 의미에서 자기 관리적이기도 하다.'[17]

그러나 대부분의 조직은 팀에 권한을 위임하는 대신 계층적 폭포수 개발 프로세스 토대 위에 몇 가지 스크럼 실무 관행을 추가해서 운영하다가 중단했다. 이러한 방식들은 결국 수많은 애자일 운영 조직, 특히 독특한 형태인 익스트림 프로그래밍을 도입한 조직들의 평판을 좋지 않게 만들었다. 그러나 스크럼을 욕하는 사람들 중 진정한 스크럼 조직을 경험한 사람은 거의 없다. 만약 그들이 그랬다면, 그렇게 빨리 스크럼을 조직에서 없애지는 않았을 것이다.

진정한 스크럼 조직은 조직 과학organizational science의 실험실과 같다. 조직은 지속적으로 그것이 어떻게 작동하고 운영되는지 실험하고 있다. 두 팀 중 그 어떤 팀도 똑같은 방식으로 일하지 않으며, 심지어 어떤 팀은 이번 달부터 다음 달까지 자신들의 일하는 방식을 실험하기도 한다. '하나의 진정한 길'을 발견했다고 믿는 독단적인 애자일 추종자들에게 좌절감을 느낀 사람이라면 아마 진정한 스크럼 조직을 찾아나서는 편이 더 나을 것이다.

일정의 자율성: 언제 그리고 어디서

만약 우리의 선구자들 사이에서 일하는 방법을 결정하는 것이 가장 보편적인 형태의 자율성이라면, 그다음 순위는 언제 일할지를 결정하는 것이다. 조직 내에서 사람들이 일하는 방식에서 성취하는 것으로 초점을 점점 더 옮기면서, 언제 일을 해야 하는지에 대한 통제는 의미가 없어졌다.

이 책에 소개된 급진적 협업 조직의 대다수는 동료들이 일할 시간대와 장소를 결정하는 일정의 자율성을 실천한다. 9시부터 5시까지의 근무 시간도 없고, 출근 체크도 없고, 자기 자리에 앉아 있는지 혹은 열심히 키보드를 치고 있는지를 감시하는 관리자도 없다. 일찍 일어나는 새는 수탉이 울기 전에 하루를 시작할 수 있다. 밤 올빼미는 다른 사람들이 잠자리에 들고 나서야 모니터의 불빛으로 몸을 따뜻하게 데울 수 있다. 만약 일요일 오후에 프로그래밍 작업을 하고, 월요일 아침에는 암벽 등반을 하고 싶다면 그렇게 해도 좋다. 또한 해변에서 햇볕을 쬐면서 전화로 회의를 하고 싶다면 그렇게 해도 된다.

이런 것들을 실제로 실행에 옮기려 할 때, 곧바로 나올 만한 몇몇 반대 의견을 예상해보겠다. 사람들이 자신의 일정을 자유롭게 정할 수 있다면, 팀원과 동료 간의 필요한 업무나 일정 조정에 관련된 상호작용이 일어날 거라고 어떻게 보장할까? 어떤 팀원들이 일요일 저녁에 일하고 월요일 아침에는 암벽 등반을 하기로 결정했다면, 그들이 나머지 팀원들을 곤경에 빠뜨리지 않을 것이라는 점을 어떻게 장담할 수 있을까?

이러한 반대 의견은 만약 직원들에게 선택권이 주어지면 그들이 조직을 희생시키면서 이기적으로 자신의 이익을 추구할 것이라는 가정을 기반으로 한다. 4장에서 이 가정('X이론'으로 알려진)을 자세히 다루므로, 여기서는 몇 가지 기본적인 요점만 정리하겠다.

어떤 의미에서는 사람들이 지배자 계층 구조처럼 자신의 이익을 위해 서로 싸우기보다는 실제로는 자신의 이익을 추구한다고 말하는 것이 정확하다. 급진적 협업 조직에서는 이러한 인간 본성을 포용하고 활용하기까지 한다. 사람들이 자신의 일에 대한 통제력과 선택의 감각을 높임으로써 급진적 협업 조직에서는 직원들이 함께 일하고 싶은 동료들과 관심 있는 프로젝트를 할 수 있는 가능성을 높이고 있다.

사람들이 강제에 의해서가 아니라 자율적으로 공유된 목표와 내재적 동기에 기초해 함께 뭉치는 것을 선택했다면, 그들은 성공할 확률이 더 높으며 (1장에서 언급했듯이) 서로가 책임감 있게 일할 가능성도 더 높다. 팀과 팀의 업무에 신경을 쓰는 팀원은 일정의 자율성을 변덕스럽게 사용해 전체적인 그들의 노력이 심각한 위험에 빠지는 상황을 초래하지 않도록 유의한다.

다시 말해, 사람들에게 일정에 대한 자율성을 부여하는 것이 조정과 생산성에 대한 문제를 증폭시킬 것 같지만, 그 반대일 가능성이 더 높다. 일정의 자율성이 이 장에서 조사한 다른 원칙의 자율성과 결합될 때, 사람들이 자신의 내재적 동기에 부합하는 프로젝트나 팀에서 일할 가능성이 높아지고, 자신의 업무에 진정한 책임감을 갖게 될수록 조정과 생산성의 문제는 감소한다.

훑어보기

시빅액션즈(CivicActions): 2004년 설립됐고 100여 명이 오픈소스 관련 컨설팅을 정부에 제공한다. 완전히 분산된 기술 회사 중 하나이며, 탈중앙화 및 풀뿌리 조직 문화로 잘 알려져 있다.

정부를 위한 오픈소스 및 오픈데이터 솔루션을 만드는 데 주력하는 급진적 분산 컨설팅 회사인 시빅액션즈를 예로 들어보자. 초기 오픈소스 커뮤니티의 옹호자인 헨리 풀Henry Poole과 애런 파바Aaron Pava가 사람과 팀의 자기 조직적이고 분산된 네트워크에 중점을 두고 설립한 시빅액션즈는 동료가 언제 어디서 일하는지 알아낼 수 있다는 아이디어를 바탕으로 시작했다. 따라서 사무실도 없으며, 9시부터 5시까지로 정해진 근무 시간도 없다. 누군가

가 매일 늦잠을 자고 점심 식사 후에 일하길 원한다면, 이는 그들이 알아서 할 문제다. 누군가가 업무와 가정 생활의 균형을 위해 업무를 하루의 여기저기에 배분한다면, 업무와 가정 생활에 더 집중할 수 있을 것이다.

시빅액션즈의 공동 설립자인 애런 파바는 인터뷰에서 다음과 같이 말했다.

> 전원이 참석해야 하는 미팅이나 팀 스탠드업(standup)과 같은 몇몇 의무적인 참석 일정을 제외하면, 당신은 자신의 일정에 대한 완전한 자율성을 갖고 있다. 어떤 사람들은 9시부터 5시까지의 일정을 고수하고, 어떤 사람들은 그렇지 않다. 동부 해안에는 서부 해안의 밤 올빼미와 거의 또는 전혀 겹치지 않는 새벽형 조류들이 있다.

이러한 접근 방식은 시빅액션즈가 성장함에 따라 지리적으로 분산된 직장 동료의 재능을 활용하는 데 도움이 됐다. 또한 코로나19 팬데믹을 좀 더 쉽게 헤쳐나갈 수 있도록 한 것이기도 하다. 그들의 회사는 팬데믹과 그 이후의 락다운이 일어나기 전에 이미 완전히 분산돼 있었다. 그리고 동료들은 이미 자신들만의 시간을 만들어냈다.

일부는 자녀와 격리되는 현실에 대응하기 위해 개인 일정을 조정해야 했지만, 회사 자체는 사람들이 언제 일을 했는지에 대한 어떠한 가정도 미리 하지 않는다. 누군가 아침이나 저녁에 일하고 낮에는 자녀를 돌봐야 한다면, 조직에 영향을 주지 않고 그렇게 할 수 있다.

파바가 이러한 문화에서 목격한 유일하게 중요한 변화는 동료들이 그 장소에 함께할 수 없는 사람들을 위해 가장 동기화할 수 있는 상호작용을 기록하기 시작했다는 것이다.

우리는 기본적으로 팀의 모든 통화와 대부분의 그룹 통화를 녹음했고, 나중에 슬랙(Slack)* 채널에 녹음한 것을 게시하는 문화를 만들었다. 그래서 어떤 이유로 인해 회의에 참석하지 못한 사람도 비동기적으로 회의의 내용을 따라잡을 수 있었다. 어떤 사람들은 이메일만으로도 충분하다고 생각하겠지만, 때로는 어떤 결과나 결정을 진정으로 이해하려면 사람들 간의 전체적인 상호작용을 듣거나 볼 필요가 있다.

하우페우만티스는 인력 관리 및 팀 협업 도구를 구축하는 급진적 협업 회사로서 스위스에 위치하며, 그들 고유 일정의 자율성을 구축했다. 그들의 팀은 2주간 진행되는 스프린트의 초반에 목표를 설정하는데, 그 목표를 달성하는 방법과 시기에 대한 결정은 전적으로 자신들에게 달려 있다.

개발자 중 한 명인 세르게이 로드리게즈는 "팀은 원하는 시간과 장소에서 자유롭게 일할 수 있다. 목표는 스프린트를 달성하는 것이지 특정 시간 중 특정한 몇 시간을 업무에 쓰는 것이 아니다."라고 말했다.

개발자들이 밤에 프로그래밍을 하고 낮에는 야외에서 즐기는 것을 좋아한다면, 그들은 자유롭게 그렇게 할 수 있다. 그리고 일주일 먼저 스프린트를 마치고 팀원들로부터 양해를 구할 수 있다면, 남은 시간을 마음대로 쓸수도 있다. 이것이 오늘날 애자일과 유사한 개념으로 알려진 '성과 집중형 업무 환경(로우ROWE, Results-Only Work Environment)†이다.

로우에서 사람들은 일하는 방식이나 업무 시간이 아니라 성취한 것에 대해 책임이 있으며, 베스트 바이Best Buy와 갭GAP 같은 일부 대형 조직도 이를 실험하기 시작했다. 그러나 분명히 말하자면, 오늘날 존재하는 대부분의 로

---

* 스튜어트 버터필드(Stewart Butterfield)가 만든 클라우드 기반 팀 협업 도구다. 슬랙은 타이니 스펙(Tiny Speck)이 지금은 서비스를 중단한 온라인 게임 〈글리치(Glitch)〉를 개발하는 과정에서 내부적으로 사용한 도구로 시작했다. 'Slack'이란 이름은 '모든 대화와 지식을 위한 검색 가능한 로그(Searchable Log of All Conversation and Knowledge)'의 약어다. – 옮긴이

† 직원들이 근무 시간이 아닌 성과(생산)에 따라 급여를 받는 인사 관리 전략이다. 이와 관련해 캘리 레슬러와 조디 톰프슨이 쓴 책이 『로우』라는 한국어판으로 2010년 번역 출판됐다. – 옮긴이

우가 적용된 사무실은 여전히 계층적 조직이다. 이러한 작업 환경하에서 책임의 의미는 관리자가 업무를 할당하며 결과에 대한 평가도 관리자의 판단에 따라 결정된다는 것을 의미한다.

그러나 우리의 선구자들은 지배자 계층 구조가 아니어도 로우가 가능하다는 것을 증명하고 있다. 3장에서 살펴보겠지만, 예를 들어 니어소프트의 직원들은 상사가 아니라 동료들에게 직접적인 책임을 진다. 따라서 어떤 동료가 의도적이면서도 지속적으로 자신의 임무를 회피하고 있다고 믿는다면 함께 논의해 그 동료를 해고할 수 있다.

브라질에 본사를 두고 급진적 협업을 하는 대기업인 셈코 파트너스Semco Partners의 전 CEO 리카르도 세믈러Ricardo Semler는 일정의 자율성에 관한 책을 썼다. 그는 일정의 자율성이 제공할 수 있는 가능성을 확인하는 삶의 메타포로 '7일간의 주말The Seven-Day Weekend'이라는 표현을 선택했다. 세믈러는 사람들이 자신의 일정을 자유롭게 결정할 수 있어야 한다는 아이디어를 기반으로 회사를 설립했다. 그는 '만약 주중에 하는 업무를 주말에도 해야 한다면, 그리고 그런 일이 일어나는 것을 막을 희망이 없다면, 왜 주말이라고 하는 휴식 시간, 나의 시간 그리고 우리의 시간이라는 소중한 회복의 순간들을 주중으로 분산시키지 못할까?'[18]라고 책에 적었다.

세믈러가 재임한 기간 동안 셈코는 연간 매출 400만 달러에서 시작해 연간 40%의 성장과 2% 미만의 직원 이직률로 2억 1200만 달러에 달하는 매출을 기록했다.[19] 세믈러는 자신들의 성공이 '너무 많은 사람이 일의 본질적인 부분으로 받아들이는 반복, 지루함, 짜증을 기쁨과 영감inspiration 그리고 자유로 대체할 수 있다는 사실을 증명한 것'이라고 생각했다.[20] 무엇보다도 그는 사람들이 자유롭게 자신의 일정을 관리할 수 있을 때, 더 만족스러운 삶을 살 수 있도록 일하는 삶과 개인적인 삶 모두에서 균형을 찾을 수 있다고 믿었다.

이러한 믿음을 갖고 있는 사람은 세믈러 혼자가 아니며, 균형이라는 개념은 시빅액션즈의 핵심이기도 하다. 5장에서 살펴보겠지만, 그 믿음 덕분에 시빅액션즈의 직원들은 삶 속에서 균형을 찾으면서 그 균형을 유지하는 데 필요한 안전, 신뢰, 소속감을 줄 수 있는 다양한 실천 규범들을 만들어냈다.

주 4일 근무

엄밀히 따지면 '일정의 자율성'의 한 형태는 아니지만, 전 세계적으로 확산되고 있고 최근 아이슬란드에서 법으로 제정되기도 한 '주 4일 근무제' 운동은 적어도 이번 장에서 함께 살펴봐야 할 실천 규범과 아이디어라는 점에서 주목할 필요가 있다. 주 4일 근무제는 사람들에게서 일과 삶의 균형을 좀 더 공평하게 맞추려는 시도이자, 결과물이 단순히 시간이 지나면 나오는 것이 아니라는 사실을 인식시키려는 시도이기도 하다.

특히 지식과 관련된 많은 일은 시간뿐만 아니라 에너지, 동기, 영감, 창의성이 필요한데, 이런 종류의 일은 하루 혹은 매일 똑같은 양의 시간을 투자한다고 결과가 나오는 것이 아니다. 새로운 문제를 열정적으로 그리고 창의적으로 해결하며 빠르게 변하는 비즈니스 요구에 적응하는 우리의 능력은 적어도 직장에서 업무에 투자하는 시간뿐만 아니라 업무 외적인 개인 시간에도 영향을 받는데, 주 4일 근무는 그 현실을 인식하려는 확실한 시도다.

할당의 자율성: '무엇'과 '누구'

지금까지는 자기 관리의 영역에 정확하게 속하는 자율성의 원칙을 살펴봤다. 어떤 일을 언제 어떻게 할 것인지를 결정할 때, 우리는 자신의 업무를 스스로 관리하는 것이다. 그러나 자기 관리는 여전히 업무 자체가 관리자에 의해 할당될 가능성이 있다. 그렇다면 개인이 '어떻게how'나 '언제when'뿐만 아니라 '무엇을what'과 '누가who'를 통제한다면 어떨까?

관리자가 프로젝트를 배정하는 대신 직원들이 어떤 프로젝트를 진행하고 어떤 팀에 합류할지 스스로 선택한다면 어떨까? 할당의 자율성이라는 개념이 말도 안 되는 아이디어는 아니다. 직원이 새로운 문제를 지속적으로 발견하고, 이를 해결하기 위해 전문적인 기술을 결합한 학습을 통해 반복적으로 문제를 해결해나가는 지식 관련 작업에서는 프로젝트 및 업무에 대한 자유로운 선택이 할당을 통한 통제보다 효율적일 수 있다.

2021년에 캘리포니아대학교University of California, 베니스대학교University of Venice와 인시아드Institut Européen d'Administration des Affaires의 연구원들이 할당의 방법에 대해 연구한 결과는 다음과 같다.

> 우리는 직원들이 자신에게 가장 숙련된 업무를 선택하는 것이 유리하다는
> 점을 알게 됐다. ……(중략)…… 전문성이 강하고 상호 의존성이 낮은 프로
> 젝트 기반 조직에서 ……(중략)…… 자기 자신이 선택했을 때 개인 수준에서
> 나타나는 두 가지 이점은 권한 기반의 할당하에서 얻을 수 있는 것보다 높은
> 수준의 동기 부여가 이뤄지고 기술과 작업 간의 결합이 더 강해진다는 것이
> 다.[21]

대부분의 사람이 할당의 자율성에 대해 들었을 때 드는 우려 사항들은 다음과 같을 것이다. 만약 모든 사람이 자신의 업무를 스스로 결정한다면, "그거 괜찮기는 한데, 그러면 화장실 청소는 누가 하지?"라는 질문을 던질 수 있다. 다른 누구도 하고 싶지 않은 지루하고 힘들고 더러운 일은 누가할 것인가?

사람들이 자신의 일에서 심리적으로 이탈하고, 리더와 동료를 불신하며, 자신의 일에서 무의미함을 느끼는 매우 많은 수의 전통적인 조직들은 이에 관심을 갖는 것이 타당해 보인다. 더 큰 이익을 가져갈 수 없는 조직에서 더 많은 이익을 위해 개인을 희생할 확률은 거의 제로(0)에 가깝다. 그러나 직원의 98%가 진정으로 헌신적이고, 97%가 자신의 일에 진정으로 권한을 가지

며, 97%가 자신의 업무와 행동에 전적으로 책임을 지는[22] 급진적 협업 조직에서는 사람들이 거의 대부분의 업무에 대해 집단적으로 공유하고 부담을 떠안을 가능성이 크게 높아진다.

다음 장에서 자세히 살펴볼 급진적 협업 제조 조직인 GE의 더럼Durham* 제트 엔진 공장을 살펴보자. 이 공장의 근로자들은 팀을 스스로 선택하며, 자신의 내재적 동기에 따라 그 팀의 역할에 스스로 헌신한다. 또한 그들은 자신들의 작업 환경에 대해 책임진다.

비즈니스 저널리즘 분야에서 가장 권위 있는 제럴드 로브 상Gerald Loeb Award을 세 번이나 수상한 찰스 피시먼Charles Fishman은 "엔진을 만드는 것 외에도 모든 사람은 팀의 경계를 넘어가는 여러 업무 협의체 중 한 곳 혹은 여러 곳에 참여하고 있다. 협의체는 인사 문제, 공급업체 문제, 엔지니어링 문제, 컴퓨터 시스템, 규율 등을 협의하고, 청소 문제도 다룬다."[23]라고 말했다. 또한 "일부 업무들은 더 작아 보이지만 그렇다고 덜 중요한 것은 아니다. 공장의 청결함은 거의 수술실과도 같지만, 청소를 전담하는 담당자 없이 모든 직원이 깨끗이 청소한다."[24]라고 보도했다.

할당의 자율성이 실행되는 것을 보기 위해 다시 TIM 그룹으로 돌아가보자. TIM 그룹 내의 개발자 주도 독서 토론 그룹은 GE/더럼 공장과 같은 급진적 협업 조직의 사례를 통해 할당의 자율성에 대한 이론과 실제 경험에 대해 알게 됐고, 그 아이디어를 실험해보길 원했다. 그리고 그들의 경영진이 새로운 애플리케이션과 기능에 대한 요구 사항들을 전달했을 때는 실험할 바로 그 순간이라고 판단했으며, 해당 실험을 '채용 설명회job fair'라고 이름 지었다.

채용 설명회는 다음과 같은 절차로 진행된다. 먼저 임원진들이 새로운 애플리케이션이나 기존 애플리케이션의 새로운 기능에 대한 요구 사항을 차

---

* 노스캐롤라이나 더럼 카운티에 있는 엔진 조립 공장이다. – 옮긴이

례로 발표한다. 그럼 개발자들이 질문하고 자세한 설명을 요구하지만, 공개적으로 특정 요구 사항을 좋아한다는 표현은 자제한다. 프레젠테이션과 질의 응답이 끝나면 임원들은 자리를 뜬다. 이어서 개발자들은 프로젝트에 대해 논의하고 개인적으로 작업하고자 하는 프로젝트에 표시를 한다. 각자가 원하는 프로젝트를 선택한 후에는 임원들과 각각 다시 회의를 진행하고 할당된 결과를 그들에게 제시한다.

때로는 개발자가 임원들이 요청한 일부 프로젝트에는 지원하지 않기 때문에 할당 결과에 대한 대화가 다소 어색해질 수 있다. 제시된 프로젝트가 애매모호했거나 다른 프로젝트나 기존 작업과 관련성이 없어 보이는 등의 이유로 특정 프로젝트에는 지원하지 않는 경우가 그렇다.

프로젝트는 특정 임원이 의견을 내놓은 것이라 지원자가 없을 수 있다. 예를 들어, 개발자가 그 임원과 함께 일하는 것을 좋아하지 않으므로 프로젝트에 지원하지 않았다는 사실을 해당 임원에게 알려야 하는 경우도 있다.

즉, 채용 설명회를 통한 할당의 자율성은 개발자가 좋아하는 사람들과 일할 수 있고 내재적 동기 부여에 부합하는 프로젝트에 참여할 기회를 제공했을 뿐만 아니라, 비즈니스에 대한 아이디어와 사람들에 대한 귀중한 피드백도 제공했다.

지배자 계층 구조에서는 제대로 구성되지 않은 프로젝트나 지배적인 성향의 사람들이 일방적으로 직원들에게 강요될 수 있다. 그러나 할당의 자율성은 이러한 역기능을 제거한다. 사람들이 내재적 동기에 따라 자유롭게 행동할 때, 그들의 선택은 문제가 있는 프로젝트와 사람들을 밖으로 드러낸다. 그러나 시간이 지나면서 이러한 문제는 자체적으로 수정된다. 모호하거나 설득력이 없는 프로젝트는 문제가 되는 사람들이 협업하거나 떠나는 법을 배우는 동안 재구성된다.

훑어보기

씨랩스(CLabs): 2018년 설립된 암호화폐 기업으로, 전 세계 금융 서비스에서 소외된 계층이 없도록 손쉽게 금융 서비스를 이용할 수 있는 플랫폼을 개발하는 데 주력한다. 베를린, 부에노스 아이레스, 샌프란시스코에 본부를 두고 있으며 홀라크라시로 유명하다.

할당의 자율성에 대한 또 다른 사례는 모든 사람이 자신의 자산에 접근할 수 있는 기술에 강점을 두고 급진적 협업을 하는 암호화폐 기업 씨랩스다. 씨랩스의 소프트웨어 엔지니어인 프라나이 모한Pranay Mohan은 할당의 자율성에 대한 경험이 자신이 진정으로 열정적이었던 대상이 무엇인지 발견하는 데 어떤 도움을 줬는지 이야기했다.

씨랩스에 입사하고 나서 몇 달이 지났을 무렵, 세계적으로 유명한 NGO인 세계은행그룹World Bank Group에서 개념 증명proof-of-concept을 위한 블록 체인 애플리케이션을 개발할 수 있는 기회가 모한에게 찾아왔다. NGO에서 일한 경험은 없었지만, 모한은 세계은행그룹의 사명과 실적에 감명을 받았다. 그러나 프로젝트에 참여한 후, 그는 NGO의 정치적, 관료적 복잡성으로 인해 작업이 지지부진해지면서 결국 그 프로젝트에 대한 흥미를 거의 잃어버린 자신을 발견했다.

세계은행그룹에서 몇 달을 보낸 후, 모한은 암호 프로토콜에 대한 자신의 이전 연구로 복귀했다. 그는 인터뷰에서 다음과 같이 말했다.

경제적인 관점에서만 보면, 나의 관심과 세상의 목적의식에 부합하지 않는 분야의 업무라는 생각이 들면 바로 그 일을 그만두는 나 같은 사람을 조직 내에 그냥 내버려두는 것은 비효율적이다. 그러나 장기적으로 보면 본인이 직접 선택하는 과정이 더 효율적이다. 본인에게 맞는 업무를 탐색하는 초기의 비효율성을 용인하면 사람들은 결국 어딘가에 정착할 것이고, 그들은 장기적으로 봤을 때 밀접한 관련이 있고 잘 해낼 수 있는 일들을 하게 된다.

핵심 암호 기술 자체에 초점을 맞춘 역할을 다시 맡음으로써, 모한은 조직에 더 잘 기여할 수 있었다. 그러나 그에게 탐색할 기회가 주어지지 않았다면, 자신의 진정한 열정이 어디서 발현되는지 지금껏 깨닫지 못했을 것이다.

이것이 할당의 자율성이 가진 힘이다. 사람들에게 진정으로 영감을 주고 열정을 불어넣는 일을 찾을 기회를 제공함으로써 급진적 협업 조직은 내재적인 동기 부여의 힘을 활용해 우수한 경제적 성과를 달성할 수 있다.

법률 연구 네트워크의 연구자들은 다음과 같이 정리했다.

> 자기 관리(self-governing) 조직은 통제, 계층 구조, 마이크로 매니지먼트로부터 더 많은 자유를 창출하고 뭔가를 파괴하며 자신의 열망을 공개적으로 말하고 추구할 수 있는 자유를 만든다. ……(중략)…… 그들은 공동의 목적을 추구하기 위해 모든 역량과 창의력을 쏟아내는 데 동기 부여된 사람들을 끌어들이고, 그들의 잠재력을 완전히 실현할 수 있는 자유를 준다. 결과적으로 이런 조직들은 모든 의미 있는 정량적 수치들에서 초과 달성된 성과를 보여준다.[25]

실제로 법률 연구 네트워크는 이런 조직들의 94%가 계층적 구조를 가진 경쟁자들에 비해 높은 수준의 시장 점유율, 비즈니스 결과, 고객 만족도를 달성했다고 밝혔다.[26]

이제 사람들이 무엇을 위해 일하는지, 누구와 함께 일하는지, 언제 일하는지, 어디서 일하는지, 어떻게 일하는지를 선택할 수 있는 자율성의 상태에 도달했다. 그러나 우리는 관리자들에 대해서는 그들이 어떤 역할을 할지 스스로 결정할 가능성을 여전히 열어놓고 있다. 만약 사람들이 자신들의 역할을 자유롭게 선택한다면 어떻게 될까?

역할의 자율성

만약 당신이 프로그래밍 작업은 따분하지만 사용자 연구에 대한 열정이 싹 트고 있는 백엔드 개발자이거나 조용히 제품 관리를 하길 원하는 수동적인 테스터라면 어떨까?

대부분의 조직에서는 직장을 그만두고 학자금 대출을 받아 학교에 재입학하는 것 외에는 선택의 여지가 거의 없을 것이다. 그러나 급진적 협업 조직은 대부분의 조직과 다르다. 우리가 이미 봤던 다른 모든 형태의 자율성 외에도 대부분의 급진적 협업 조직들은 자신을 위해 어떤 역할도 선택할 수 있는 힘인 역할의 자율성을 특징으로 갖고 있다.

당신이 믿지 못해 이 책을 덮기 전에, 이미 역할의 자율성이 조직에게 제공하는 긍정적인 효과들에 대한 연구가 많다는 사실을 알아야 한다. 사람들이 자신의 업무와 책임을 스스로 만들어낼 때, 개인과 조직 모두에게 이익으로 돌아온다.

최근 연구자들이 정리한 것은 다음과 같다.

개인이 직무와 관련된 과업, 관계 및 인지적 경계를 변경하는 과정인 자발적 직무 설계(job crafting)* 과정을 통해 스스로 직무를 선택했을 때, 직업과 관련해 높은 동기 부여와 개인 능력 간의 더 나은 매칭 관계를 보였다. 자발적 직무 설계자들은 공식적이든 비공식적이든 자신의 업무를 변경함으로써 자기 스스로 선택한 요소를 자신의 책임 영역으로 통합한다. 주어진 업무를 스스로 변화시킴으로써 자발적 직무 설계자들은 자신들의 공식적인 업무에서는 기대하지 못했던 방법으로 조직에 기여하는 동시에 기술을 새롭게 배우거나 이미 보유하고 있지만 활용해보지 못했던 기술들을

---

* 자신에게 주어진 업무를 스스로 의미 있는 일로 만드는 일련의 활동들을 말한다. 미국의 조직 심리학자인 에이미 프제스니에프스키(Amy Wrzesniewski)가 처음 제시한 이후 학자들과 실무자들 사이에서 지속적으로 관심을 받고 있는 개념이다. - 옮긴이

조직 내에서 적용해볼 수 있다. 그 결과, 자발적 직무 설계는 긍정적인 직무 만족(job satisfaction, 직무에서 오는 개인적 성취감), 직무 유효성(job effectiveness, 직무의 목표와 기대를 충족시키는 개인의 능력), 조직 몰입(organizational commitment, 조직에 대한 개인의 심리적 애착), 직무 몰입(work engagement, 직무를 수행하는 동안의 긍정적인 마음 상태), 자아 존중감(self-worth)으로 이어졌다.[27]

> **훑어보기**
>
> **니어소프트**(Nearsoft): 2006년 멕시코를 기반으로 설립된 '니어쇼어(nearshore)' 소프트웨어 컨설팅 기업으로, 450여 명의 직원을 두고 있으며 엔코라(Encora)에 2002년 인수됐다. 상급자도 없고, 직원도 없고, 직함도 없고, 비밀도 없다는 '규칙 없음'으로 유명하다.

이것이 실제로 어떻게 동작하는지 보려면 니어소프트(현재는 엔코라의 일부)를 살펴보자. 니어소프트는 멕시코에 본사를 둔 컨설팅 조직이지만 미국 고객들을 위해 일한다. 니어소프트에서는 누구도 공식적인 직함이나 관리자가 제공하는 역할을 갖고 있지 않다. 직원들은 자신의 기술 역량이 프로젝트 요구와 일치하기 때문에 조직에 채용됐지만, 조직 내에서 하고 싶은 어떤 역할이나 그들에게 의미 있는 경력을 쌓을 수 있는 직무로 자유롭게 이동할 결정 권한이 있다.

예를 들어 에사우 바텐쿠루트Esau Batencourt는 고객을 위한 프로젝트에서 필요한 백엔드 자바 개발자로 니어소프트에 합류했다. 그러나 시간이 지남에 따라 자바 개발이 지루해졌고, 비즈니스 애플리케이션을 위한 백엔드를 구축하는 대신에 전문적으로 해본 경험은 없지만 개인적으로 추구하고자 하는 의욕을 느낀 데브옵스DevOps 조직을 위한 플랫폼과 서버 인프라를 구축하는 데 집중하고 싶었다.

조직은 먼저 바텐쿠루트를 이미 그런 종류의 일을 하고 있는 다른 사람들과 연결시킨 다음, 그런 종류의 컨설팅을 원하는 고객을 찾도록 도와주는 방식을 취했다. 그는 내게 "조직의 역할은 당신이 원하는 곳으로 갈 수 있도록 돕는 것이지, 당신이 그것을 할 수 있는지 없는지를 말하는 것이 아니다."라고 말했다.

또 다른 니어소프트 직원인 닉스 자모라Nyx Zamora는 한 역할에서 다른 역할로 전환하길 원할 때는 "그 전환을 지원할 수 있는 고객이 생겨 기회가 올 때까지 기다릴 수도 있고, 그냥 '저는 이 업무는 여기까지만 하겠습니다. 학습을 해서 역할을 바꾸고 싶고, 스스로 그 역할에 적합한 역량을 쌓을 3개월간의 계획이 있습니다'라고 말할 수도 있다."라고 했다.

처음에 자모라는 자율성의 정도에 매우 놀랐다. 그녀는 "이건 매우 큰 결정이었지만, 창업자들이 계속해서 '우리는 당신이 책임감 있는 성인이기 때문에 채용했습니다. 당신이 하고 싶은 것을 하세요'라는 말로 격려해줬다."라고 덧붙였다.

니어소프트에서 동료들은 책임감 있게 자율성을 행사하고 업무 도중에 벌어진 어떤 실수에서도 배울 수 있다고 서로 믿고 있다.

역할의 자율성에 대한 또 다른 사례인 씨랩스를 살펴보자. 씨랩스는 이 장 초반에 만났던 급진적 협업을 하는 암호화폐 회사다. 씨랩스는 '홀라크라시'로 알려진 급진적 협업을 위한 프레임워크를 통해 조직을 키우기로 결정했다.

홀라크라시에 대해 들어본 적이 없다면, 기본적으로 홀라크라시를 조직의 급진적 협업을 위한 시작 도구로 생각할 수 있다. 홀라크라시는 급진적 협업을 어떻게 구조화하고 집단적으로 통치할 것인가에 대한 엄격하게 정의된 규칙을 그들에게 제공하는데, 이 모든 것이 홀라크라시 헌장에 명시돼 있다.[28]

이 규칙들은 동료들이 일을 완수할 수 있게 해준다. 이 규칙들은 또한 개인적인 안건들과 자존심을 한쪽으로 밀어 놓음으로써 조직의 역할과 구조를 전체적으로 발전시킬 수 있다.

홀라크라시의 창시자 브라이언 로버트슨Brian J. Robertson*은 이렇게 말한다.

홀라크라시의 시스템과 프로세스는 조직이 자신을 인간에 대한 논의 주제들, 자아(ego), 정치로부터 보호하면서 세계에서 자신의 고유한 정체성과 구조를 찾도록 지속적으로 돕는다. 홀라크라시는 아이가 부모의 정체성과 목표를 뛰어넘어 자신만의 정체성과 목표를 만들어가는 것처럼, 조직이 자신만의 독특한 삶의 목적에 더 충실하도록 한다.[29]

홀라크라시 내에서 역할role은 독점적으로 통제할 수 있는 도메인 또는 속성들의 집합인 목적purpose과 수행할 역할이 갖는 명시적인 일련의 책임accountability들로 구성된다. 예를 들어, 마케팅 역할에는 '회사에 대한 긍정적인 입소문 높이기'와 같은 목적이 부여될 수 있다.

이를 달성하기 위해 마케팅 업무에는 회사의 메일링 리스트와 소셜 미디어 계정이 포함될 수 있다. 그리고 그 책임에는 '메일링 리스트와 소셜 미디어 채널을 통해 잠재 고객에게 조직의 서비스를 홍보하고 강조하는 것'이 포함될 수 있다.[30]

조직 내에서 마케팅 역할을 받아들이는 사람은 누구나 목적을 달성하고, 마케팅 영역을 관리하며, 역할 정의에 명시된 책임을 존중해야 할 의무가 있다. 중요한 것은 조직의 그 누구도 다른 사람에 의해 역할을 강요받지 않는다는 점이다. 홀라크라시에서 개인은 역할을 수락, 거부하거나 사임할 권한이 있다. 그리고 리드 링크lead link†라고 불리는 홀라크라시가 이끄는 특정 역할이 사람들에게 역할을 조정하는 책임을 갖고 있지만, 누군가에게 역할을

---

* 2010년 자신의 경험과 생각을 정립해 '홀라크라시 헌장'을 발표했다. 이 헌장은 지금도 홀라크라시를 채택한 수많은 조직과 사람의 집단지성으로 수정, 보완되며 진화하고 있다. 현재는 홀라크라시원(HolacracyOne)을 이끌며 전 세계에 홀라크라시 시스템을 소개하고 있다. 한국에는 2017년 『홀라크라시』(흐름출판, 2017)라는 번역서로 소개됐다. - 옮긴이

† 하위 서클에서 슈퍼 서클의 니즈를 대변하는 역할을 한다. 리드 링크는 슈퍼 서클에서 임명한다. 따라서 하위 서클이 슈퍼 서클의 목적과 전략에 부합하도록 만드는 역할을 한다. - 옮긴이

받아들이도록 강요할 힘은 없다.

실제로 이것은 사람들이 서류상으로 그 역할을 할 자격이 있는지 여부에 관계없이 실제로 실행할 동기가 있는 역할을 추구한다는 것을 의미한다.

브라이언 로버트슨은 다음과 같이 설명한다.

홀라크라시는 사람들이 아니라 일을 조직하는 것이므로 사람들이 스스로 자신이 채워야 할 역할을 조직할 수 있는 자유도가 매우 높다. 사람들은 기업의 계층 구조에서 하나의 노드(node)로 조직화되는 대신 프리 에이전트(free agent)처럼 행동하고, 조직의 여러 부분에서 동시에 여러 역할을 수행하는 것을 포함해 조직 구조의 어느 곳이든 가서 역할을 할당받을 수 있다.[31]

교차 기능 팀에 대한 조직의 실천 규범들

자율성의 여섯 가지 핵심 차원, 즉 어떻게, 언제, 무엇을, 어디서, 누가 그리고 역할에 대해 우리 선구자들의 사례에서는 교차 기능 팀에 대한 조직의 실천 규범들이 거의 나타나지 않았다고 생각할 수 있다. 하지만 그 생각은 틀렸다. 이에 대한 두 가지 독특한 경향은 급진적 협업 기술 조직, 즉 결과 중심 패러다임과 인간 중심 디자인에서 주로 나타난다. 각각의 사례를 차례로 살펴보자.

결과 중심 팀 패러다임

이 장의 앞부분에서는 TIM 그룹의 개발자 주도 독서 클럽이 급진적 협업 조직의 실천 규범들을 배운 후 할당의 자율성으로 전환하는 데 어떤 영감을 받았는지 확인했다. 하지만 그들의 연구 결과는 또 다른 조직 패러다임의 변화에도 영감을 줬다. 이 장 앞부분에서 잠깐 만났던 급진적으로 협업하는 제트 엔진 공장인 GE/더럼에 대한 연구 덕분이다.

전통적인 공장과 달리, 이 특별한 GE/더럼 공장에는 조립 라인이 없다. 그 대신에 공장 근로자들은 그룹 조립group assembly이라는 것을 적용했다. 그들은 서로를 다른 기술이 혼합된 여러 개의 자치 그룹 또는 팀으로 나눴다. 그런 다음, 각 팀은 처음부터 끝까지 각 팀의 팀원들과 전체 제트 엔진을 함께 조립하며 결과물을 내놓는다.

일반적인 조립 라인에서는 특정 기술을 가진 각 작업자를 특정 기술을 필요로 하는 작업에 배정한다. 그러나 그룹 조립하의 근로자들은 처음부터 전체 엔진을 만드는 방법을 배우면서 점점 더 광범위한 기술을 익혔다. 이는 고도로 숙련된 노동력을 창출했을 뿐만 아니라 매우 탄력적인 조직을 만들었다. 한 직원은 "멀티스킬링Multiskilling은 작업하는 그 장소를 함께 유지하는 방법이다. 당신은 기술을 쌓아두지 않아도 된다. 그렇게 하면 휴가 등의 이유로 내가 출근하지 못할 때도 저압 터빈을 만들 수 있다."[32]라고 말했다.

비록 조립 라인을 포기하는 것이 생산 속도를 늦추는 방법처럼 보일지 모르지만, GE/더럼에서는 실제로 그 반대임이 사실로 입증됐다. 예를 들어 '1온스 미만의 너트조차도 매우 세부적으로 단단하게 설치'[33]해야 하는 제트 엔진 생산 용역을 수주해서 1만 개 이상의 부품을 조립하는 법을 새롭게 학습해야 했는데, 단일 그룹 조립 팀이 9주도 안 돼 첫 번째 엔진을 출시했다. 이는 GE에서 이전까지 들어본 적이 없는 일정이었고,[34] 게다가 그들은 출시 이후 8주 만에 몇 년 동안 같은 엔진을 생산해온 인근 GE 공장보다 엔진을 13% 저렴하게 생산하는 방법까지도 알아냈다.[35]

제트 엔진 제조업체는 두 가지 중요한 사항인 속도와 비용을 모두 고려해야 하지만, 품질은 무엇보다 중요하다. 이에 대해 찰스 피시먼*은 "불량 제트

---

* 비즈니스 저널리스트로, 「워싱턴 포스트」를 거쳐 「패스트 컴퍼니」에서 수석 기자로 활약 중이며, UCLA의 제럴드 로브 상을 세 번이나 수상했다. - 옮긴이

엔진은 수백 명의 생명을 앗아갈 수 있다."[36]라고 말했다. 이런 점에서 집단 조립 과정은 우리를 실망시키지 않았다. 그룹 조립을 실시한 후, 결함률이 75%나 떨어졌다.[37]

피시먼은 "이 공장에서 일하는 170명 이상의 사람들은 완벽한 제트 엔진을 만들려고 노력한다. 그리고 그들은 거의 완벽했다. 평균적으로 GE/더럼이 보잉사에 보내는 엔진의 4분의 1은 단 하나의 결함, 즉 케이블이 제대로 정렬되지 않았거나 팬 케이스에 흠집이 난 것과 같은 외관상의 결함만을 갖고 있다. 나머지 4분의 3은 사실 완벽하다."[38]라고 말했다.

제트 엔진 제조와 같은 경쟁이 치열한 산업에서 품질은 이와 같이 매우 중요하다. 이 놀라운 수준의 품질 덕분에 보잉은 GE의 경쟁 업체가 생산한 엔진을 버리고 777 점보 제트 라인에 동력을 공급하는 GE90 엔진을 생산하는 GE/더럼 공장을 단일 제조 공급사로 선택했다.[39]

이 '그룹 조립' 정신에서 영감을 얻은 TIM 그룹의 개발자들은 특정 코드베이스를 소유한 전문 팀에서 벗어나 개발 절차상에서 수정이 필요한 코드베이스에 관계없이 사용자를 위한 최종 가치를 창출하는 데 중점을 둔 교차 기능 팀으로 변화했다.

제프리 프레드릭 TIM 그룹 CTO는 인터뷰에서 다음과 같이 말했다.

우리가 변화하기 전에는 여러 개의 팀이 있었는데, 각 팀은 서로 다른 코드베이스를 소유하고 긴밀하게 결합돼 있었다. 하지만 이것은 빠른 혁신을 가능하게 하지는 못했다. 그래서 팀을 코드베이스에 맞추는 대신 결과에 맞추도록 했다. 우리는 하나의 부서로서 "이 결과를 달성하기 위해 노력할 것이다."라고 선언한다. 그러면 새로운 팀이 그 결과를 중심으로 스스로 조직하고 어떤 코드베이스라도 필요한 변화를 만들 것이다. 이를 통해 비즈니스 파트너가 제공하는 새로운 혁신 및 제품 아이디어에 신속하게 대응할 수 있었다. 이질적인 요소를 중심으로 조직된 정적인 팀 대신에 프로젝트가 필요로 하는 것을 바탕으로 우리 자신을 다르게 조직할 수 있었다. 그래서 다른 팀들은 다르게 행동할 것이다. 그들은 해야 할 일과 성취해야 할 결과와 관련된 다른 실천 규범과 기술을 갖고 있을 것이다.

소프트웨어 개발을 구성하는 이 두 가지 반대되는 방법의 이름은 공식적으로 컴포넌트 팀^{component team} 패러다임과 결과 중심 팀^{outcome team} 패러다임으로 알려져 있으며, 각각 조립 라인 및 그룹 조립 제조 패러다임과 유사하다.

컴포넌트 팀 패러다임과 결과 중심 팀 패러다임은 크레이그 라만^{Craig Larman}과 바스 보드^{Bas Vodde}가 두 권으로 구성한 『대규모 조직에 적용하는 린과 애자일 개발』(케이앤피북스, 2012)에서 처음 소개됐다. 이제 이 용어들을 살펴보자.

전통적인 기업의 조직 내에서 소프트웨어를 개발한 적이 있다면 의심할 여지없이 컴포넌트 팀 패러다임을 경험해봤을 것이다. 전통적인 기업들은 거의 예외 없이 소프트웨어를 수십 개 혹은 수백 개의 작은 컴포넌트, 예를 들어 라이브러리나 서비스로 분해한 다음 특정 팀을 지정해서 특정 컴포넌트를 배정하기 때문이다.

이 모델에서 새로운 기능을 구축할 때 프로젝트 관리자는 먼저 코드베이스를 수정해야 하는 모든 팀을 파악해야 한다. 이어서 다양한 컴포넌트 간의 종속성을 충족시키는 방식으로 작업을 지시하는 데 주의를 기울여 모든 작업의 일정 계획을 수립해야 한다. 그런 다음, 이러한 모든 변경이 이뤄지면 모든 변경 사항을 함께 모으고 기능이 작동하는지 확인하기 위해 테스트 팀을 준비시켜야 한다.

이 과정, 즉 컴포넌트 팀 패러다임은 현대사에서 가장 비용이 많이 든 실패의 근원이다.

로버트 글래스^{Robert Glass}의 훌륭한 책 『Software Runaways』(Prentice

Hall, 1997)[*]는 컴포넌트 팀 패러다임이 얼마나 비참해질 수 있는지를 잘 보여준다. 예를 들어, 1980년대에 미국 정부는 IBM과 항공 교통 관제 소프트웨어를 구축하기로 계약을 맺었다. IBM은 먼저 업무를 계획했다. 작업을 컴포넌트 단위로 나누고 팀에 할당했으며, 의존성을 매핑하고 정교한 일정, 로드맵, 간트 차트^{Gantt chart}를 만들었다. 문서상으로는 훌륭해 보였다.[40]

실제로 그 프로젝트는 10억 달러짜리 '대실패'였다. 프로젝트 수행에서는 훌륭했던 그 계획이 온통 결함 투성이였다. 소프트웨어 개발자들은 수백 가지의 예상치 못한 문제에 부딪혔다. 각각의 문제는 팀 간의 기능과 업무 이관을 재계획하고 재협상하도록 만들었다. 결국 수백, 수천 명의 개발자들이 이 과정에 참여했으므로, 의사소통을 위한 오버헤드가 헤아릴 수 없을 정도로 커졌다. 또한 예산 초과와 일정 미준수는 일상화됐다.[41]

이 상황은 10년 동안 지속됐고, 미국 정부가 프로젝트를 포기하고 자금을 조달할 때까지 계속됐다. 이러한 행위들이 지속된 10년 동안 아무도 항공 교통 관제사 앞에 작동하는 소프트웨어를 내놓지 못했다. 라만과 보드는 자신들의 연구를 통해 "컴포넌트 팀을 구성하는 대규모 그룹에서 나타나는 일정 지연, 의사소통의 오버헤드, 불필요한 관리, 불필요한 이관, 불량 코드, 복잡성에 대한 복제와 조정의 양은 실로 엄청나다."[42]라고 한탄했다.

그렇다면 대안은 무엇인가? 바로 '결과 중심 팀'이다.

급진적 협업을 하는 제트 엔진 공장에서 이미 살펴봤지만, 결과 중심 팀 패러다임은 본질적으로 소프트웨어 개발로 볼 수 있다. 결과 중심 팀은 모든 것을 조금씩 알고 있거나 배우길 원하는 제너럴리스트^{generalist}들의 팀이다. 그들의 작업 단위는 사용자를 위한 가치를 가진 기능 단위다. 이 기능을 구현하기 위해 결과 중심 팀은 자신의 조직에 있는 코드를 직접 업데이트할 수

---

* 로버트 글래스가 1997년 출간한 책으로, 소프트웨어로 인해 발생한 실패 사례 16개를 소개하고 있다.
  - 옮긴이

있다.

결과 중심 팀 패러다임은 코드 소유권을 시작으로 조직에 몇 가지 급진적인 결과를 가져온다. 컴포넌트 팀 패러다임에서는 팀이 코드를 소유한다. 그들은 컴포넌트에 대한 접근을 제어한다. 따라서 다른 팀은 코드를 직접 편집할 수 없다. 그러나 결과 중심 팀 패러다임은 코드를 공유한다. 누구나 코드를 추가, 편집, 삭제, 배포할 수 있다. 어떤 코드인지, 어떤 컴포넌트에 속하는지, 어떤 팀이 만들었는지는 중요하지 않다.

전체 소프트웨어 스택에서 작동하는 이러한 자율성은 컴포넌트 팀 패러다임이 만들어내는 복잡성으로 인한 조정을 제거한다. 앞서 살펴본 바와 같이, 컴포넌트 팀은 중요한 사전 계획 및 조정이 필요하다. 반면에 빌드 단계에서 발견된 것으로 인해 미리 세워둔 계획에 혼란을 야기하기 때문에 학습을 방해하기도 한다.

그러나 결과 중심 팀 패러다임하에서는 그 모든 조정이 사라지며, 계획과 조정 대신에 학습을 강조한다. 기능을 구현하기 위해 팀은 전에 겪어보지 못한 코드와 시스템을 배울 필요가 있다. 처음에는 놀라고 압도되긴 하겠지만, 시간이 지남에 따라 프로그래머는 그룹 조립하에 있는 제트 엔진 공장 직원처럼 모든 것에 능숙해진다.

이러한 기술 역량의 확대로 인해 제트 엔진 기술자와 같은 소프트웨어 개발자는 누가 휴가 중이거나 조직을 떠나고 있는지에 관계없이 작업을 계속할 수 있다. 모두가 지식을 공유하고 있으므로 결과 창출을 특정한 한 사람에게 의존하지 않는다. 라만과 보드가 요약한 바와 같이, 결과 중심 팀의 장점은 가치를 가진 기능의 처리량 증가, 학습의 증가, 계획의 단순화, 업무 인수인계의 낭비 감소, 코드/디자인의 품질 개선, 동기 부여 개선 등이다.[43]

우리의 선구자 씨랩스는 자율적이고 교차 기능적인 팀을 운영함으로써 계획과 조정의 감소를 보여줬다. 엔지니어링 수준에서 수명이 긴 결과 중심 팀 외에도 씨랩스는 홀라크라시 기반의 거버넌스 프로세스를 사용해 버블

bubble이라고 하는 수명이 짧은 결과 중심 팀을 만들기 시작했다.

이 아이디어는 씨랩스가 광범위한 셀로 오픈소스 커뮤니티^{Celo open-source} community 간의 대회를 통해 암호화폐에 대한 트랜잭션 검증자^{transaction validator} 를 개발할 때 처음 소개됐다. 대회를 진행하려면 엔지니어링, 제품, 마케팅 조직 간 협업이 필요했다. 이들 모두는 이미 관리하고 있던 자체 작업들과 우선순위를 갖고 있었다.

서로 다른 부서 간에 모든 업무를 분할하고 관리하기 위해 프로젝트 관리 자를 지정하는 대신 단일 팀이 전체 대회를 효과적이고 자율적으로 진행할 수 있도록 각 부서의 전담 역할을 담당하는 임시 교차 기능 팀을 만들었고, 대회가 끝나자 팀을 해체했다.

그러나 그 과정에서 그들은 조직 내에서 수명이 짧고 조직 간 팀을 쉽게 구성할 수 있는 능력이 매우 중요하다는 사실을 알게 됐다. 경쟁 우선순위가 있는 고립된 부서 대신에 작업이 필요한 만큼 역동적인 교차 기능 조직 팀을 만들 수 있다.

씨랩스는 버블이라 불리는 조직 간의 자율성을 신속하게 창출하고 권한 을 부여하기 위해 거버넌스 프로세스를 개선했다. 그들은 버블을 곧바로 만 들어서, 그 목적을 달성하면 곧바로 해체했다. 그 이후 씨랩스는 버블이 조 직 전체의 스프린트 계획 프로세스에 필요할 경우, 직접 만들어서 필요한 순 간에 즉시 적용했다.

TIM 그룹의 결과 중심 팀과 씨랩스의 버블은 결과 중심 팀 패러다임의 또 다른 중요한 결과를 보여준다. 사용자 가치를 자율적으로 제공하는 교차 기능 팀으로 작업을 구성함으로써 조직 내에 있는 모든 사람의 이목을 내부 문제와 이슈에서 조직 내에 존재하는 인간으로 이동시켰다.

예를 들어, 소프트웨어 결과 중심 팀에 대한 논의는 '우리가 만든 컴포넌 트에서 어떤 기능이 좋은가?'에서 '우리가 최종 사용자에게 이 가치를 전달 하기 위해 어떤 컴포넌트가 필요한가?'로 바뀐다. 이러한 변화는 팀들로 하여금 우선순위를 조직의 목적에 맞추게 한다. 또한 급진적 협업 조직들 사이에서 또 다른 주요 트렌드인 인간 중심 디자인을 설명하는 데도 도움이 된다.

인간 중심 디자인

계층 중심의 조직에서 소프트웨어 개발은 엄청난 양의 계획, 조정, 예산 책정, 기술 구현을 포함하는 경향이 있지만, 사용자는 거의 배제된다. 그러나 급진적 협업을 하는 소프트웨어 조직에서는 그렇지 않다. 이는 개발자와 사용자 사이에 공감대를 형성하고 소프트웨어를 사용자에게 전달할 뿐만 아니라, 실제로 소프트웨어 제작 과정에 사용자를 직접 참여시키는 관행인 인간 중심 디자인이라는 학문을 포용했기 때문이다.

예를 들어 씨랩스는 셀로^{Celo*}의 화폐 시스템을 개발하기 위해 아프리카와 아르헨티나에서 소비자 및 상공인과 직접 협력하면서 광범위한 사용자 연구를 수행했다. 개발도상국들과 협력함으로써 씨랩스는 자신들의 암호화폐 지갑 애플리케이션인 벨로라^{Velora} 같은 암호화폐 플랫폼과 여러 제품의 사용성 및 유용성을 한층 강화하는 데 도움을 받았다.

당신이 암호화폐 지갑에 익숙하지 않다면, 이 지갑을 돈을 저장하고 보내고 받을 수 있는 자신만의 미니 뱅크로 생각해도 좋다. 이런 종류의 지갑이 다수 존재하지만, 대부분은 사람이 지갑에 접근하는 데 사용하는 키를 중앙집중식으로 관리하는 수탁형 지갑^{custodial wallet†}이다.

---

* 미국 노스캐롤라이나주의 서부 산맥에 있는 공동 정착지를 말한다. 이 공동체는 회원들에게 어떤 종교나 이념을 받아들일 것을 요구하지 않으며, 주민들 간의 협력과 자연 환경 보호라는 이상을 기반으로 한다. – 옮긴이

† 제3자가 사용자를 대신해 암호화폐를 통제하는 지갑이다. 대부분의 거래소 지갑이 여기에 속하며, 거래소는 사용자에게 개인 키를 제공하지 않고 개인 키를 자체 서버에 저장한다. 그 반대로 비수탁형은 사용자가 개인 키를 갖고 있어 모든 암호화폐에 대한 권한을 사용자가 갖고 있다. – 옮긴이

벨로라는 사람들이 지갑을 열기 위해 필요한 개인 키를 저장하고 기억할 책임이 있다는 것을 의미하는 비수탁형 지갑이라는 점에서 다른 것과 차별화된다. 씨랩스는 개별 정부가 통제할 수 없는 화폐 시스템을 만들려고 시도하고 있다. 중앙집중식 키 저장소를 사용하면 부패한 정부와 권위주의 정권이 시민들의 암호화폐 지갑에 대한 액세스를 조작이나 차단 혹은 제어하기가 더 쉽다. 씨랩스는 지갑을 비수탁형으로 만듦으로써 개인과 지역 사회가 독립적인 화폐 시스템의 경제적 잠재력을 활용할 수 있는 힘을 증가시킨다.

그러나 비수탁형 지갑은 위험 또한 내재하고 있다. 개인이 '열쇠'를 잃어버리면 지갑과 그 안에 있는 암호화폐에 영원히 접근할 수 없게 된다. 이는 많은 사용자가 자신들의 돈을 영원히 잃어버릴 수 있다는 우려를 낳음으로써 비수탁형 지갑을 채택하는 데 장벽이 되고 있는 것으로 밝혀졌다.

이러한 장벽을 제거하고자 씨랩스는 인간 중심 설계를 통해 소프트웨어 프로세스에 사용자를 직접 참여시켰다. 그들은 결국 정부 통제의 위험을 증가시키지 않고 지갑 손실의 위험을 줄인 해결책을 내놨다. 씨랩스의 파트너인 바네사 슬라비치Vanessa Slavich는 다음과 같이 설명했다.

> 탄자니아의 난민 캠프에 인간 중심 디자인을 적용하면서 우리는 저축의 선순환 개념을 배웠다. 사람들은 자신들의 돈을 함께 모으고, 누군가는 자신들이 공동으로 저축한 돈에서 대출을 받을 수 있다.
>
> 예를 들어 공동체 안에 있는 모든 사람은 100달러를 저축할 수 있다. 이후 특정 회원이 집에 새로운 지붕을 만들기 위해 1000달러의 대출을 받을 수 있다. 그럼 돈은 어떻게 인출할까? 그게 정말 흥미로운 점이다. 그들은 돈을 특별한 금고에 넣은 후, 다른 회원들에게 열쇠를 분배한다. 금고를 열려면 열쇠가 1개가 아니라 3개가 필요한 것이다.
>
> 이 경험은 '이 방법을 벨로라에도 비슷하게 사용한다면 어떨까?'라는 아이디어로 이어졌다. 개인 키의 유일한 관리인이 되는 대신에 안전한 보관을 위해

다른 친구들에게 키의 일부를 배포하면 어떨까? 그렇게 하면, 키를 잊어버렸더라도 친구들로부터 키 조각을 모아 키를 다시 조립할 수 있다. 이 모델은 지금 우리 앱에 내장돼 있으며, 개인 키의 일부를 신뢰할 수 있는 네트워크에 공유할 수 있다. 이것은 지갑의 손실률을 크게 줄이면서 비수탁형 지갑의 채택을 크게 증가시켰다.

또한 씨빅액션즈는 정부 컨설팅 업무에 인간 중심 디자인을 적용한다. 예를 들어 그들은 외상 후 스트레스 장애PTSD*와 자살 충동으로 고생하는 참전 용사들을 돕기 위해 인간 중심 디자인을 사용했다. 재향군인국Veterans Affairs administration은 힘겹게 생활하고 있는 참전 용사를 돕기 위한 자원과 프로그램을 갖고 있었지만, 재향군인국의 잘못 설계된 시스템 내에서는 그러한 자원을 찾아낼 수 있는 참전 용사가 거의 없었다.

참전 용사들과 협력해 재향군인국의 웹 사이트와 콘텐츠를 재설계한 후 씨빅액션즈는 퇴역 군인이 실제로 찾을 수 있는 장소에 PTSD 및 자살 예방에 대한 정보를 제공할 수 있었다. 이러한 노력을 기울이고 있는 씨빅액션즈 엔지니어 중 한 명인 앤디 호크스Andy Hawks가 내게 설명했듯이, 이 재설계는 퇴역 군인의 자살률을 크게 낮췄다. 이는 인간 중심 설계의 힘을 그대로 보여주는 것이었다.[44]

이와 같은 이야기들은 급진적 협업과 인간 중심 디자인 사이의 자연스러운 시너지를 보여준다. 앞에서 봤듯이, 급진적 협업자들은 협업과 평등을 바탕으로 함께 일한다. 조직 내 자율성의 여섯 가지 원칙은 내재적 동기를 극대화하는 동시에 모든 사람이 평등한 시민으로서 서로 자유롭게 약속하고 자유롭게 그 약속을 존중할 권리를 존중한다.

---

* 전쟁, 고문, 자연재해, 사고 등의 심각한 사건을 경험한 후 그 사건에 공포감을 느끼고 사건 후에도 계속적인 재경험을 통해 고통을 느끼며 그로부터 벗어나기 위해 에너지를 소비하게 되는 질환으로, 정상적인 사회 생활에 부정적인 영향을 끼치게 된다. – 옮긴이

인간 중심 디자인은 조직의 경계를 뛰어넘어 조직이 개발하는 소프트웨어의 사용자들을 포함하는 급진적 협업의 자연스러운 확장이다. 파트너십과 평등의 동일한 기반 위에서 사용자와 직접 협업함으로써, 이러한 기술 조직은 자신들이 목표로 하는 인간의 삶을 반영하고 향상시키는 솔루션을 만든다.

결론

급진적 협업 조직은 근본적으로 자율적이다. 이러한 조직 내의 협업자들은 작업 방법, 작업 시간, 작업 위치를 스스로 결정한다. 그들은 어떤 일을 하는지, 누구와 함께 일하는지, 심지어 역할까지도 결정한다. 많은 사람이 이러한 정도의 자율성이 혼란과 분열로 이어질 것을 두려워하지만, 우리의 선구자들 내에서는 결과 중심 팀 패러다임과 인간 중심 디자인 같은 분명한 트렌드가 나타났다.

다음 장에서 살펴보겠지만, 자율성과 밀접하게 관련 있는 것은 경영권 전환이다. 조직이 개인과 팀의 자율성을 높임에 따라 관리 책임과 권한은 정적 지배 계층 구조에서 자율적인 개인과 팀의 자체 조직 네트워크인 역동적인 비위계적 계층 구조로 전환된다.

성찰을 위한 질문들

» 당신에게 자율성은 어떤 의미인가?

» 당신의 삶에서 자율성을 강화하는 경험을 언제 해봤는가? 당신의 자율성이 심각하게 제한됐던 때는 어땠는가?

» 당신의 조직은 어떻게, 무엇을, 어디서, 언제, 누가 또는 역할이라는 자율성의 여섯 가지 원칙 중 어느 하나라도 실천하고 있는가?

» 자율성의 원칙 중 어느 것이 당신의 조직에 도입하기가 가장 쉬울 것 같은가? 또한 어느 것이 가장 어려울 것 같으며, 그 이유는 무엇인가?

3장

필수 요소 #2 : 경영권 전환

'경영권 전환managerial devolution'이라는 말은 분명 이상하게 들리는 문구다. (내 게서 이 용어를 처음 들은 한 친구는 정장에 넥타이를 맨 휴머노이드 관리자들이 직원들을 향해 고래고래 소리 지르는 이미지가 떠올랐다고 말했다.) 구어적 함축에도 불구하고, '전환devolution'은 실제로 권력의 분산을 위한 기술 용어다. 고용, 해고, 임금 책정, 우선순위 결정, 조직의 정책 및 구조 변경 등과 같은 관리 권한이 관리자의 손을 떠나 조직 전체로 분산될 때, 이 과정을 경영권 전환이라 한다. 그리고 조직이 이 과정을 실행해 논리적 결론에 도달함으로써 정적인 지배자 계층 구조의 강압적 흔적을 모두 제거할 때, 이 조직을 '완전히 권한 위임된' 조직이라고 한다.

관리자에서 자기 관리로

2장에서 소개한 런던에 기반을 둔 핀테크 조직인 TIM 그룹의 역사는 경영권 전환을 보여주는 좋은 사례다. 2011년 말의 TIM 그룹은 전통적인 위계적 계층 구조를 가진 조직이었다. 개발자들은 개인이 특정 코드베이스를 소유하고 각각의 라인 관리자가 운영하는 소프트웨어 팀으로 나뉘었다. 이 모든 것이 '효과'가 있었지만, 아무도 특별히 그것에 만족하진 않았다.

그들의 CTO이자 경험 많은 애자일 실무자이며 계층 구조에 대한 회의론자인 제프리 프레드릭이 경영 토론 그룹을 시작할 것을 제안했을 때, 모두가 그의 말에 귀를 기울였다. 역할에 관계없이 모두에게 개방된 이 그룹은 조직을 관리하고 구성하는 새로운 방법을 알기 위해 학습을 시작했다. 그들은 매달 읽을 기사나 논문을 선택하곤 했다. 그러고 나서 해당 내용에 대해 한두 시간 동안 토론했다. 겉으로 보면 그 그룹은 온화해 보였지만, 최종적으로는 회사 내에 급진적인 변화를 가져왔다.

이 스터디 그룹은 존슨빌 소시지Johnsonville Sausage에 관한 기사를 읽는 것으로 시작했다. 미국 중서부에 있는 이 가족 소유의 소시지 제조업체는 원래 지배자 계층 구조로 구성돼 있었고 직장 내 사고, 직원들의 부상, 고객 불만 등에 시달렸다. 그러나 근로자들이 스스로 일정을 정하고, 장비를 구입하고, 심지어 고용과 해고까지 하는 자기 관리 구조로 전환한 후에는 직장 내 사고가 감소하고 품질이 향상됐으며 이윤도 증가했다.[1]

TIM 그룹의 개발자들은 존슨빌 소시지의 사례에 감명을 받았지만 자신들에게 적용하는 부분에 대해서는 회의적이었다. "매우 흥미롭게 들리기는 하지만 그들의 일은 너무 단순하죠. 우리는 소시지가 아니라 소프트웨어를 만들잖아요."라는 반응이 일반적인 정서였다. 그래서 스터디 그룹은 제트 엔진을 만드는 것이 기본적으로 로켓 과학을 기본으로 한다는 누군가의 언급이 있은 후, 앞 장에서 언급한 급진적 협업을 하는 GE의 제트 엔진 공장으로 눈을 돌렸다.

비록 대부분의 GE 공장들은 우리가 예상했던 전형적인 지배자 계층 구조를 보여줬지만, 이 공장은 급진적 협업을 보여주는 특이한 공장이었다. 이 공장에는 조립 라인도, 근무 시간을 알리는 시계도, 정해진 일정도 없었다. 직원들은 9개의 팀으로 구성됐고, 각 팀은 처음부터 끝까지 제트 엔진 전체를 함께 만들었으며, 팀원들은 자신들이 어떤 일을 하고 싶은지, 언제 하고 싶은지를 스스로 결정했다. 급여는 기술자의 자격 수준에 따라 개방적이고 자동적으로 책정됐다. 그리고 팀은 예산, 고용, 해고와 같은 일반적으로 특화된 전문 부서에만 부여된 모든 종류의 책임을 처리했다.

이 공장의 결과는 그들이 옳았다는 것을 스스로 입증했다. 조립 라인에서 만들어진 전체 엔진의 75%는 단 하나의 흠집도 없이 문자 그대로 완벽했으며, 나머지 25%는 팬 케이스에 약간의 흠집이 있거나 얼룩이 묻은 것과 같은 사소한 외관상의 결함만 있었다. 전 세계의 어떤 엔진 제조업체도 지금껏 이 수준의 품질을 달성하지는 못했다.[2]

만약 급진적 협업을 위한 자기 관리가 제트 엔진처럼 복잡한 것에 효과가 있다면, 소프트웨어 개발에도 효과가 있지 않을까? 이런 생각은 논리적으로 타당했고, TIM 그룹은 이와 관련해 더욱 활기찬 토론을 진행했다. 그러나 대부분의 개발자는 여전히 회의적이었다.

제트 엔진의 조립은 하루가 끝나기 전에 모든 것이 완전히 구체화된다. 그 안에 들어가는 1만 개의 부품을 조립하고 시험하는 것이 과학적인 정밀도를 요구한다고 해도, 여전히 소프트웨어를 만드는 것과 유사하지는 않았다. 소프트웨어는 너무 골치 아프고, 너무 개방적이고, 너무 창의적이어서 제조 업무와 같을 수 없다. 따라서 개발자들은 혁신과 창의성이 넘쳐나는 지식 조직에서 업무를 위해 자기 관리를 할 필요가 있었다. 이러한 조직의 업무는 본질적으로 골치가 아프고 개방적이며 불확실성으로 가득 차 있다.

그들은 악명이 높을 정도로 비가 자주 오는 런던 날씨에 필요한 우비에서 예상치 못한 것을 발견했다.

만약 여러분이 우비를 구입한 적이 있다면, 고어텍스[GoreTex]에 대해 들어본 적이 있을 것이다. 고어텍스는 수백 개의 의류 제조업체가 생산하는 옷을 방수 처리하기 위해 사용하는 직물이다. 또한 기타를 연주한다면, 의심할 여지없이 나노 웹 코팅으로 유명한 엘릭서 기타 줄[Elixir Strings]*에 익숙할 것이다.

---

* 고어텍스로 유명한 고어가 만든 기타 줄이다. – 옮긴이

그리고 당신은 아마도 치과 의사와 약속을 잡은 후 어느 서랍 안에 넣어둔 글라이드 치실^{Glide dental floss}* 한두 팩을 찾느라 고생했을 것이고, 잠자리에 들기 전에 매일 밤 그것을 사용했을 것이다. 미처 모를 수도 있지만, 이러한 모든 제품 뒤에는 한 기업이 있다. 바로 고어다. 이 기업은 현시대의 급진적 협업과 자율 경영을 가장 오랫동안 실험하고 있는 기업 중 하나다.

> **훑어보기**
>
> **고어**(W.L. Gore): 1958년 델라웨어주에 기반을 두고 설립된 산업 및 화학 혁신을 위한 소재과학 기업으로, 1만 1000명이 넘는 직원들이 있으며 30억 달러 이상의 매출을 올리고 있다. 세계 최초의 급진적 협업 회사 중 하나로 꼽히며 팀과 새로운 혁신 프로젝트를 위한 개방형 할당 프로세스(open allocation process)로 유명하다.

1950년대에 위계질서와 관료주의에 좌절한 화학 공학자가 설립한 고어는 누구나 자유롭게 협업할 수 있는 일터가 되기 위해 노력한다. 고어에 몸담은 동료들은 흥미와 내재적 동기를 바탕으로 소규모 연구 팀을 조직한다. 그들은 명백한 역할과 직함 혹은 상사나 관습에 의해 업무를 배정받는 대신에 서로가 자신의 개인적인 약속을 하고 그것을 지킨다. 그들의 은유적 표현을 빌리면, '수면 아래에서' 일어난 실수가 배를 침몰시킬 수 있듯이 회사 전체에 무심코 해를 끼칠 수 있는 결정, 즉 '수면 아래에서'를 결정하고 싶을 때마다 팀 외부의 사람들과 상의한다.

이러한 자율 경영 및 급진적 협업 문화는 수년간 이어진 개방적 연구를 통해 고어텍스, 엘릭서 기타 줄, 글라이드 치실과 같은 기술을 탄생시켰다. 또한 그 문화는 창업자의 지하실에서 일했던 소수의 사람으로부터 시작해 전 세계에 퍼져 있는 1만 1000명 규모의 강력한 혁신 조직으로 확산됐다.

고어는 급진적 협업과 자율 경영의 관행이 지식 기반 작업의 영역에서도 가능할 뿐만 아니라 매우 소중하다는 것을 보여주는 살아 있는 증거다. 고어

---

* 오랄비(Oral-B)에서 나온 치실 제품이다. – 옮긴이

내부의 노력에 대한 문서를 읽은 후, TIM 그룹의 대화는 "그런 것은 여기서는 결코 할 수 없어."에서 "어디서부터 시작하면 좋을까?"로 바뀌었다. 그리고 개발자들이 이 새로운 관점으로 그들 자신의 조직을 바라봤을 때 한 가지 전환을 해야 할 구체적인 시작점이 나타났는데, 그건 바로 '직속 상사들*'이었다.

전환을 실행하기 전에 TIM 그룹 소속의 개발 팀은 직속 상사들이 관리했다. 각 관리자는 팀에 대해 세 가지 권한을 갖고 있었는데, 팀에서 각 개인의 성과, 일상 업무, 팀의 기술적 방향과 구조를 관리했다. 간단히 말해, 직속 상사들은 팀 관리자, 엔지니어링 관리자, 성과 관리자의 역할을 하나로 통합한 것이었다.

급진적 협업 조직에 대해 읽은 후, 이러한 힘의 집중이 매우 눈에 거슬리기 시작했다. 제프리 프레드릭은 "우리는 그 역할을 파악하고 나서 '이건 말도 안 된다. 모든 기능이 하나로 묶여 있는데, 이걸 어떻게 분해하지?'라는 생각이 들었다."라고 내게 말했다.

그 당시에는 몰랐지만, 그들은 급진적 협업을 위한 자율 경영의 과정으로 이끄는 권한 이양을 시작하고 있었다.

그들은 팀에게 단순한 책임들을 위임하는 것부터 시작했다. 예를 들어, 직속 상사가 휴가 일정을 조정하고 승인하는 대신 팀과 개인에게 권한을 이양했다. 언제 휴가를 갈지, 얼마나 오래 갈지는 개인 스스로 결정할 일이다. 또한 휴가를 책임감 있게 보내는 방법을 결정하는 것도 개인의 몫이다. 팀원들과 협업해 아무도 자신의 부재로 인해 불필요하게 영향을 받지 않도록 하는 것이다. 개인과 팀은 기꺼이 이러한 권한을 수용했고, 이것을 효과적으로 관리하는 데 어려움이 없음을 빠르게 입증했다.

---

* 원서상의 표현인 line manager는 일선 관리자로서 최고 경영자로부터 위임받은 인사 정책 및 인사 방침에 따라 인사 관리 활동을 직접 담당하는 현장 감독자를 의미하는데, 여기서는 '직속 상사', '상사', '관리자'로 다양하게 번역했다. – 옮긴이

이와 같은 기초 단계는 TIM 그룹의 개발 팀에게 자기 관리를 향한 더 큰 단계로 옮길 수 있는 자신감을 심어줬다. 다음으로는 인사 관리와 조직 관리를 분리했다. 직속 상사는 더 이상 팀의 개인 성과에 대한 책임을 지지 않았다. 대신 개발자는 일대일로 성과를 체크하고, 연간 성과 평가를 행하는 팀 외부의 인사 관리자에게 보고한다.

TIM 그룹의 개발자들은 한동안 이 새로운 계획을 시도한 후, "이 인사 관리자의 역할이 존재할 필요가 있을까? 혹은 우리 스스로 그 역할의 책임을 감당할 수 있지는 않을까?"라고 묻기 시작했다.

프레드릭의 격려로 그들은 인사 관리자의 역할을 완전히 해체했다. 그러기 위해서는 인사 관리자의 권한을 각각의 개인에게 이양해야 했다. 인사 관리자는 연간 성과 평가와 지속적인 멘토링 및 지원을 담당해왔다. 지금부터는 그들이 피어 파드peer pod*라고 부르는 소규모 그룹을 조직함으로써 어떻게 지속적인 멘토링과 지원을 했는지 살펴보자.

멘토링이나 업무 지원을 지정된 관리자에게 의존하는 대신 TIM 그룹의 개발자는 서로가 서로를 의존하기 시작했다. 그들은 자발적으로 다섯 명씩 무리를 지었고, 이 무리 안에는 다른 팀의 사람들이 잘 섞이도록 신경을 썼다. 그들은 일주일에 한 번, 보통 한 시간씩 만나곤 했는데, 그 시간에 무엇을 할지는 전적으로 그들에게 달려 있었다.

개발자 중 한 명인 파테마 다매니Fatema Damani는 그녀가 속한 모임을 대인 관계 지원을 위한 시간으로 활용했다. 개발자들은 자신의 감정을 되돌아보고, 각각의 도전에 대해 토론하고, 관리자와 달리 "현재의 조직에서 받은 기득권이 없는 다른 사람들로부터 피드백을 받는다. ……(중략)…… 그 모임은 어떤 종류의 판단도 내리지 않고 그저 당신의 느낌을 들어주고 편견이 들어

---

* pod는 소규모 모임이라는 뜻을 갖고 있다. 따라서 peer pod는 직원 소모임이라는 뜻으로 해석될 수 있지만, 이 책에서는 음차 표현인 '피어 파드'라는 용어를 사용한다. - 옮긴이

가 있지 않은 피드백을 줄 수 있는 사람들로 구성된 폐쇄적 모임이다."[3]라고 말한다.

그들은 교대로 다른 사람들과 멘토링을 주고받았으며, 서로의 문제에 대한 창의적인 해결책을 내놓는 데 만족했다. 인사 관리를 조직 전체로 이양하는 것은 성과 평가와 같은 부정적인 차원을 분리하면서 멘토링 및 업무 지원과 같은 인사 관리의 긍정적인 차원을 강화하고 확산시킨다.*

만약 자신이 '상호 간에 지원을 해주는 구조는 그럴듯하게 들리지만, 자기 관리 문화에 적응하지 못하는 사람들은 어떨까? 너무 통제적이거나 너무 권위적이거나 너무나도 아무렇지 않게 남을 이용하는 사람들이 있다면?'이라는 의문이 계속 든다면, 이 책을 끝까지 읽어보길 바란다. 이 장의 뒷부분에서는 사람들을 급진적 협업에 참여시킬 필요성을 살펴보고 자율 경영 조직이 최선의 노력에도 불구하고 자율 경영 조직에 적합하지 않은 사람들을 어떻게 퇴출하는지를 설명한다.

TIM 그룹은 작으면서 세밀하게 기획된 단계를 통해 직속 상사의 집중된 힘을 분산시킴으로써 자율 경영 문화를 확산시켰다. 그러나 나는 그들이 개방적인 학습을 통해 어떻게 시작했는지를 강조하고 싶다. 그들의 변화는 경영 스터디 그룹에서 배운 아이디어에서 영감을 얻었다. 그들은 정적인 지배적 계층 문화에서 벗어나 자율 경영의 비위계적 문화로 관리적 권한을 이양했다. 그들이 누구로부터 그렇게 하도록 명령을 받은 것이 아니라, 그들 자신이 원했기 때문이다. 급진적 협업의 전환이라는 변화를 일으키는 데 관심이 있는 독자라면 누구나 그들의 뒤를 따르는 편이 좋을 것이다.

학습 조직에 대한 베스트셀러 『제5경영』(세종서적, 1996)의 저자 피터 센게 Peter Senge는 "사람들은 변화에 저항하지 않는다. 그들은 변화되는 것을 거부

---

* 5장, '필수 요소 #3: 결핍에 대한 만족'에서 피어 파드를 다시 언급하면서 그들이 결핍에 대한 만족을 받아들인 사회 구조의 사례를 살펴본다. - 옮긴이

한다."[4]라는 유명한 말을 했다. 사람들에게 변하라고 말하거나 강요하는 대신, 자신의 삶에 그 생각을 받아들여 변화할 때까지 그 생각이 스며들게 하라.

경영권 전환에 대해 귀가 따갑게 들은 꽤 많은 사람이 그것이 합의에 기초한 의사결정으로 이어져야 한다고 생각하므로 대놓고 경영권 전환을 거부한다. 만약 상사들이 더 이상 의사결정을 내리는 것을 허락하지 않는다면, 그들은 모든 사람이 어떤 일이 일어나기 전에 모든 것에 동의해야 한다고 생각할 것이다.

만약 그것이 사실이라면, 그들이 권력 이양을 거부하는 것이 옳다고 생각한다. 때때로 소규모 그룹에서는 합의에 기반한 의사결정이 효과적이지만, 큰 그룹에서는 재앙이다. 단순히 모든 사람이 모든 것에 동의해야 한다는 생각은 실용적이지 않다. 항상 의견 차이가 있을 것이고, 모든 사람에게 어떤 결정에 대해 자의적인 거부권을 주는 것은 교착 상태를 초래할 뿐이다.

하지만 권력 이양이 무조건 전체 합의에 의해 이뤄질 필요는 없다. 이 책에 등장하는 선구적 기업 중에서 아주 작지만 유기적으로 움직이는 그룹들을 제외하면 합의를 실천하는 기업은 어디에도 없다. 더 큰 규모의 기업들은 합의를 필요로 하지 않는 의사결정과 조직의 진화를 위한 메커니즘을 개발했다.

니어소프트의 단기적이고 임시적인 리더십 팀에서부터 하우페우만티스의 조언 프로세스, 씨랩스의 홀라크라시 기반 거버넌스에 이르기까지 이 책에 등장하는 급진적 협업의 선구자들은 합의의 혼란을 피하면서 조직 내 협업 정신을 향상시키는 의사결정 관행의 개척자들이다.

권력 이양 모델로서의 프랙탈 조직

30명 규모의 영국 소재 제조업체인 매트 블랙 시스템즈는 내가 아는 한, 지구상에서 가장 고도로 권한 이양된 기업이다. 이 책에서 소개한 다른 선구자들과 마찬가지로, 그들은 한때 명령과 통제의 지배자 계층 구조로 구성돼 있었고 파산 직전까지 내몰렸다. 모든 것을 포기하는 대신 매트 블랙 시스템즈는 회사 규모를 반으로 줄였고, 10년 동안 반복적으로 전체 근로자들에게 권력과 권위를 분배하는 독특한 모델을 만들어왔다.

> **훑어보기**
>
> **매트 블랙 시스템즈**(Matt Black Systems): 1973년 영국에서 설립된 비행기 계기판 제조업체로, 약 30명이 근무하고 있으며 프랙탈 조직 모델로 유명하다.

그들이 어떻게 수십 년에 걸쳐 권위적인 조직 문화를 벗어났는지는 세세히 설명하지 않을 것이다. 그 상세한 내용은 앤드류 홈[Andrew Holm], 줄리안 윌슨[Julian Wilson], 피터 톰슨[Peter Thomson]이 함께 쓴 『500%: How Two Pioneers Transformed Productivity』(Magic Sieve Books, 2020)[*]에서 직접 확인할 수 있다. 대신 여기서는 그들이 해결하고자 했던 조직 내 문제점들과 프랙탈 조직[fractal organization]이라는 독특한 탈중심적 모델에 대한 기본적인 모습만 설명한다.

매트 블랙 시스템즈는 비행기 조종석에서 볼 수 있는 각종 계기판과 같은 장치들을 설계하고 제조하는 회사다. 예들 들면, 비행기 제조업체는 대기 속도계를 제작하기 위해 그들과 계약을 맺는다. 비행기 제조업체는 매트 블랙 시스템즈에게 조종석 안에서 장비는 어떻게 배열돼야 하고 공간은 얼마나 차지해야 하는지 등의 일반적인 사항들을 설계해 제공한다. 매트 블랙 시스

---

[*] 국내에는 아직 번역 출간되지 않았다. – 옮긴이

템즈는 이러한 사양을 접수한 다음, 장치들을 설계 및 제조해 고객과 계약한 수량만큼 생산한다.

매트 블랙 시스템즈의 오래된 이전 시스템하에서라면 이 작업은 관리자들에 의해 관리되고 총무 팀의 지원을 받았을 것이다. 관리자는 계약을 확정하고, 제품 설계 및 작업 할당을 담당했다. 총무 팀은 부품 확보, 송장 처리, 세금 납부와 모든 규제 요구 사항에 대한 처리를 담당했다. 제조 자체는 직원들이 맡았고, 직원들은 관리자들로부터 명령을 받아 일을 진행한다. 이는 그들이 총무 팀에게 업무 진행에 대해 도움을 받는 것과 같았다.

이 모델은 처음에는 효과가 있었지만, 수십 년 동안 생산성과 사기는 떨어졌고 관리자와 총무 팀 관리자의 비율을 증가시켰다. 납품 일자는 미뤄지고, 결함은 늘어났으며, 화가 난 고객들은 폭발했다. 결국 매트 블랙 시스템즈는 수익을 얻기 위해 온갖 애를 써야만 했다.

회사의 대표들은 처음에는 자사의 작업 방식을 린 제조^{Lean Manufacturing}와 같은 최신의 가장 훌륭한 프로세스로 바꾸기 위해 컨설턴트를 데려왔다. 그러나 조직을 변화시키려는 반복적인 시도에도 불구하고 작업 방식에 중대한 변화를 가져오거나 오래 지속되는 변화를 일으키지 못했다. 그러자 대표들은 컨설턴트들을 내보내고, 기존의 '방법'을 모두 폐기하고, 몇 년 동안 수십 번의 실험을 통해 조직의 자율 관리를 위한 완전히 새로운 접근법을 탄생시켰다.

시간당 임금을 없애고, 중앙집중식 부품 창고를 파괴하고, 전체 부서를 없애는 등의 모든 노력을 통해 매트 블랙 시스템즈는 조직 전체에서 관리 및 총무 업무를 느리지만 체계적으로 이양했다.

그들의 새로운 모델이 조직 내에 안착했을 때, 회사 내에는 더 이상 관리자나 행정 책임자가 존재하지 않았다. 경영진, 인사 팀, 회계 팀, 재무 팀, 구매 팀, 재고 관리 팀이 하나둘 사라졌고, 이들의 책임은 조직 전체로 넘어갔다.

더 이상 공장으로 출근하지 않는 두 명의 대표자들을 제외하고, 회사에는 오직 직원들만 남았다. 이 근로자들은 고객을 위한 제품을 실제로 설계하고 제조하는 것 외에도 계약을 요청해 확정하고, 부품을 구입하고, 작업을 분류하고, 송장 대금을 지불하고, 고객에게 대금을 청구하고, 세금 및 회계를 관리하고, 항공우주 장비 공급업체가 지켜야 할 다양한 규제 사항을 모두 충족시켰다. 즉, 회사는 관리 및 행정 업무의 100%를 정적 지배자 계층 구조에서 동적이고 자기 조직적인 수평적 의사결정 구조로 전환했다.

이 새로운 작업 방식의 핵심은 이 회사의 대표들이 '프랙탈 조직 모델'이라고 부르는 것으로, 직원 한 명 한 명이 회사이자 '프랙탈fractal'인 것이다.

프랙탈 모델은 다음과 같이 작동한다. 매트 블랙 시스템즈에서는 각각의 동료 직원이 가상의 회사다. 그들은 각각 자신이 창출하는 가치(총수익), 지출(비용)과 이 둘 사이의 차이(이익 또는 손실)를 명확하게 기록하는 개인별 손익 계정P&L, Profit and Loss account을 갖고 있다. 예를 들어 직원이 내부 또는 외부일 수 있는 공급자로부터 부품을 구입하고 장비를 사용해 해당 부품을 제품으로 전환한 다음, 해당 제품을 고객에게 판매하는 것을 반복적으로 할 수 있다. 그들의 개인별 손익 계정은 자산인 자본(예: 장비류)의 소비와 같이 발생하는 비용뿐만 아니라 창출하는 가치도 명확히 기록한다.

개인별 손익 계정 외에도, 그들은 진정한 1인 기업처럼 자신의 업무를 규율하는 법률 사항 및 규정을 준수할 책임이 있다. 이는 세금부터 대출금 지불, 구매, 감사를 위한 서류 요건에 이르기까지 모든 것을 의미한다!

매트 블랙 시스템즈는 설립자가 '레시피recipe'라고 부르는 간단하면서도 감사를 진행할 수 있는 일련의 지침을 작성해 각 개인이 1인 기업처럼 관리할 수 있도록 행정에 대한 권한을 이양했다. 행정에 대한 권한 이양과 그 혜택에 대해 설명한 내용은 다음과 같다.

전체 모델의 복잡성을 단일 개인 수준으로 분류한다. ……(중략)…… 모든 요구 사항을 가장 단순한 형태로 압축했다. ……(중략)…… 개인에 대한 관리 및 행정을 제한하면 수행되는 작업에 따라 비용이 달라질 수 있다. 간단한 작업에는 관리자가 거의 필요하지 않았지만 복잡한 프로젝트에는 더 많은 관리자가 필요했다. ……(중략)…… 전통적인 접근 방식과 비교해보면, 이 방식은 행정과 관리를 가장 복잡한 작업을 처리할 수 있는 많은 전문 분야로 나눈다. 덜 복잡한 작업의 경우, 이러한 비용 부담은 분업의 이익을 능가한다.[5]

그 레시피는 감사가 가능한 것이고, 독립적인 감사인을 고용해 행정 업무에 대한 '중간 검토gateway review'를 수행함으로써 제조 조직의 행정 및 수탁 업무에 대한 적합성이 중앙 관리 기능에 의해 이전에 달성된 수준을 일관되게 초과한다는 것을 발견했다.[6] 그리고 '비용도 상당히 낮았고, 관리 방법들은 지속적인 개선 주기에 들어가게 됐다. ……(중략)…… 중간 검토에서 확인된 문제들 위주로 진행된다. 비용은 지속적으로 감소하고 요청에 의한 대응은 지속적으로 향상됐다'고 덧붙였다.[7]

아마도 직원들은 '그 작업들의 뒤에 있는 그 모든 행정 처리 업무를 함께 하면서 어떻게 일을 진행시킬 수 있을까?', '이런 식으로 일하는 것은 생산성 향상에 엄청난 지장을 줄 것 같은데?'와 같은 생각들을 할 것이다.

전체 조직의 행정 및 관리 업무를 모아보면 실제로 광범위하겠지만, 그럼에도 불구하고 개인에게 위임됐을 때도 관리 가능하다. 만약 그렇지 않다면, 오늘날 존재하는 수백만 개의 1인 기업을 설명하기 힘들 것이다. 또한 모든 행정 처리에 대한 책임과 관리 권한을 개인에게 양도한다는 것이 직관적이지 않게 들리겠지만, 회사는 생산성이 500% 증가했다. 이는 제조업의 세계에서는 독보적인 성과인데, 무엇이 그것을 가능하게 했는지 잠시 생각해보자.

우선, 이 새로운 모델은 모든 사람이 자신들의 업무에서 느끼는 소유감을 극대화함으로써 개인의 기업가 정신에 영감을 줬다. 그들은 오래된 자신들의 명령과 통제 모델하에서는 주인 의식을 느끼지 못했다. 그리고 아주 당연하게도, 그 시스템은 그들이 느낀 감정을 부정했다. 예를 들어, 그들은 관리자들에 의해, 언제까지 무엇을 해야 하는지를 말하고 나서 자신들의 시간에 대한 임금을 받았다. 따라서 일하는 시간이 많을수록 더 많은 돈을 받았다. 만약 초과 근무를 한다면, 그들의 급여율은 증가하고 이는 인센티브 체계를 왜곡했다. 그들은 최소한의 생산성에 대한 보상을 받았던 것이다.

그러나 새로운 모델에서는 각 개인의 급여, 즉 각 가상 회사의 이익은 생산성의 함수였다. 따라서 더 효율적으로 일하고 더 많은 가치를 창출할수록 더 많은 급여를 받았다.

이것은 그들의 작업에 대한 전체적인 관점을 바꿔놨다. 그들이 내린 결정은 개인의 수익에 직접적인 영향을 미쳤다. 그들은 품질과 생산성에 대한 기득권을 갖고 있었고, 그들이 협업하거나 의존하는 모든 사람이 동일한 기득권을 갖도록 보장했다. 그들의 개인적인 성공은 이제 그들의 전반적이고 집단적인 성공에 매우 직접적이고 가시적인 의미에서 서로 연관돼 있다.

새로운 모델은 개인의 소유권을 증가시키는 것 외에도 개인의 관리 책임을 증가시켰다. 이전 모델하에서 그들은 그 환경을 수호할 책임이 없었다. 그래서 기계가 새것이든 오래된 것이든, 싼 것이든 비싼 것이든 상관하지 않았다. 또한 작업 중에 부품이 떨어져 바닥에 흩어져도 신경 쓰지 않았으며, 회사가 불리한 조건으로 대출을 받아도 상관하지 않았다.

새로운 시스템하에서는 그들 자신이 회사의 재정에 직접적인 책임을 갖고 있다. 회사의 수익에 영향을 미치는 기계, 임대료, 대출 조건 등은 하나의 가상 회사가 회사 전체의 재정적 부담을 일부 감당하기 때문이다. 그러한 부담은 그들의 개별적인 수익에 반영됐다. 기업의 자산을 효과적이고 효율적으로 관리할수록 고객과 자신을 위해 더 많은 가치를 창출할 수 있었다.

매트 블랙 시스템즈의 소유주가 처음에 자산과 부채를 각 개인의 손익 계정으로 위임했을 때, 공장에서 사용하는 기계류가 즉시 50% 가까이 감소했다. 근로자들은 너무 비싸거나 활용도가 낮거나 불필요한 자산을 빠르게 매각했다. 그들은 또한 회사의 부채 관리 업무를 인계받아 이전 관리자보다 훨씬 나은 조건과 가격으로 협상했다. 서류상으로 가치가 떨어지고 감가상각이 다 끝난 기존 장비들도 열심히 잘 관리하기 시작했으며, 이는 효과가 있었다. 요약하면, 그들은 적은 돈으로 더 많은 일을 했고 자신들이 성취했다는 것에 자부심을 느꼈다.

마지막으로, 새로운 모델에서 생산성이 크게 증가한 것은 근로자가 경험한 권한이 똑같이 크게 증가했기 때문이다. 이전 장에서 언급한 자율성의 힘은 관리와 행정에 대한 위임이 결합해 강력한 주체 의식으로 발현됨으로써 생산성을 향상시킨 것이다.

매트 블랙 시스템즈의 CEO는 전통적인 명령 및 통제 모델에서는 볼 수 없었던 권한과 업무 수행 주체의 증가를 확인할 수 있는 메타포를 만들었다. 그들은 정지 신호stoplight와 회전교차로roundabout의 차이로 비유해 설명한다.[8] 그들은 명령과 통제 체계에 속한 근로자들은 정지 신호를 받은 운전자들과 별반 다르지 않다고 주장한다. 이런 체계하에서 운전자들은 자신의 판단에 의하지 않고 신호등의 신호에 따라 멈추고 출발한다.

반면에 회전교차로는 프랙탈 조직 모델과 같으며 교통의 흐름을 운전자들에게 위임한다. 회전교차로에 있는 운전자들은 이런 의미에서 '자기 주도적'이다. 그들은 회전교차로에 있는 다른 운전자와 동적으로 협력해 차량의 흐름을 공동으로 관리한다. 이 두 시스템 간의 효능 차이는 극명하다. 회전교차로는 치명적인 차량 간 충돌은 90%, CO_2 배출량은 46%, 대기 시간은 65%까지 줄인다.[9]

이는 매트 블랙 시스템즈가 프랙탈 모델과 전통적인 명령 및 제어 모델 사이에서 경험했던 차이와 다르지 않았다. 매트 블랙 시스템즈는 이미 살펴봤듯이 생산성은 500% 향상됐고 품질은 99% 향상됐으며, 정시 배송은 98% 증가했고 법규 및 규정 준수도 97% 증가했다.[10]

모든 직원을 하나의 가상 회사로 만들고 권한과 책임을 위임함으로써 매트 블랙 시스템즈의 직장 동료가 전체적으로 도전과 기회를 실시간으로 탐색하는 '자기 주도적인' 조직을 만들었다.

매트 블랙 시스템즈와 마찬가지로 이 책에서 소개한 많은 선구자는 관리 권한과 책임을 조직 전체로 이양했다. 각 개인에게 자신의 개인적인 이익과 손실을 기록하기 위한 계정을 부여하는 것까지는 아직 도달하지 못했지만, 조직원 개개인 간의 소유권, 스튜어드십stewardship*, 권한에 대한 감각을 극적으로 증가시켰다.

리더십 팀

니어소프트는 진정한 급진적 조직으로, 리더십 팀의 실천 규범을 포함해 이 책 전반에 걸쳐 만나게 될 급진적 협업에 대한 풍부한 실천 규범을 개발했다. 니어소프트에서 리더십 팀이 어떻게 작동하는지 더 잘 이해하려면, 한 걸음 뒤로 물러나서 이 조직이 어떻게 창업을 했는지 어느 정도 알아야 한다. 그렇게 하려면, 왜 그들의 설립자 중 한 명인 매트 페레즈Matt Perez가 성공적으로 쌓은 경력을 포기하면서까지 낯설고 위험한 여행을 떠나기로 결정했는지 이해해야 한다.

1990년대 후반, 매트 페레즈는 갈림길에 서 있었다. 서류상으로 그의 경력은 이미 나무랄 데가 없었다. 다수의 성공적인 하드웨어 및 소프트웨어 스타트업에서 근무했을 뿐 아니라 화려한 직함과 함께 높은 급여를 받았으며 많은 주식도 갖고 있었다. 또한 솔라리스Solaris가 전 세계 기업을 위한 최고의 유닉스Unix 운영체제였던 시기에 썬 마이크로시스템즈Sun Microsystems†의 솔

---

* 직원들이 지켜야 할 의무들을 문서화한 것으로 이해하면 된다. – 옮긴이

† 스탠퍼드대학교 출신들이 1982년 설립한 미국의 IT 기업으로, 2010년 오라클에 인수 합병됐다. 서버 운영 체제인 썬OS(SunOS)나 솔라리스로 잘 알려져 있지만, 컴퓨터 프로그래밍 언어인 자바(Java)를 출시한 기업으로도 유명하다. – 옮긴이

라리스 운영체제 부문을 담당하기도 했다.

페레즈는 이 모든 명백한 성공에도 불구하고 뭔가 잘못됐다고 느꼈고, 더 높은 곳으로 올라갈수록 그런 기분은 더 심해졌다. 그때의 기분을 그는 "나는 상사로서, 그리고 한 인간으로서 점점 더 나빠졌다. 나는 더 이상 사람들의 보호자가 아니라 내 영역의 수호자가 됐다. 1위를 차지하기 위해 더 많은 시간과 노력을 들였지만, 결국은 내 자신을 그다지 좋아하지 않게 됐다."[11]라고 말했다.

2000년대 초 닷컴 거품이 꺼질 무렵, 그는 이미 모든 것을 충분히 가졌다. 자신의 경험과 연줄을 활용해 기업의 사다리를 계속 올라가는 선택을 하는 대신에 계층 구조의 게임에서 완전히 벗어나겠다고 다짐했으며, 그 출구로 아웃소싱outsourcing이라는 사업 기회를 잡았다.

2000년대 초까지 아웃소싱은 미국에서 큰 인기를 끌었다. Y2K 버그 수정 프로그램을 인도에 성공적으로 아웃소싱한 후 미국 경영진들은 아웃소싱이 소프트웨어 버그 수정에 효과가 있다면 그 어떤 종류의 소프트웨어 프로젝트에서도 잘 적용될 것이라고 생각했다. 물론 새로운 소프트웨어 제품을 만들거나 기존 제품을 개발하는 것은 버그를 수정하는 것과 다르다. 결국 개발자들을 비즈니스와는 거리가 먼 지구 반대편에 두는 것은 재앙의 씨앗이 됐다.

이에 대해 페레즈는 "서로 직접 대화할 수 없다는 것이 제일 큰 패착이었다. 간단한 질문도 실시간으로 해결할 수 없었다. 그 대신 일련의 이메일들이 서로에게 날아갔고, 각각의 이메일 내용들은 이전보다 점점 더 길어졌다. 좌절감은 양쪽에 쌓여갔고, 작고 단순한 질문으로 시작된 것이 중대하고 복잡한 문제가 됐다."[12]라고 지적했다.

의사소통에 대한 부하와 긴 사이클 타임은 인건비를 절약해 번 돈을 무의미하게 했다. 일부 선두 기업은 아웃소싱에 대한 생각을 완전히 버리기도 했다. 그러나 페레즈는 아웃소싱 자체의 문제가 아니라 바다 저 너머에서 아웃소싱을 한 것이 문제라고 생각했다. 페레즈는 지구 반대편 끝에 있는 개발자들과 일하는 대신 "멕시코에 있는 개발자들과는 왜 일하지 않을까?"라는 질문을 던졌다.

대부분의 미국 경영진은 몰랐지만, 2000년대 초에 멕시코는 소프트웨어 개발 산업을 키웠고 관련 기업들은 미국 기업과의 협력을 열망하고 있었다. 멕시코는 미국과 동일 시간대이므로 멕시코 소프트웨어 개발자는 팀에서 본격적이고 역동적인 참가자로 활동할 수 있었다. 쿠바에서 멕시코로 이민을 왔던 페레즈는 모국어가 스페인어였고, 대부분의 멕시코 개발자는 영어에 능통했다.

그러나 페레즈는 두 가지 언어를 사용할 수 있음에도 불구하고, "나는 멕시코에 대해 거의 알지 못했고, 알고 있는 것조차도 거의 잘못 알고 있었다." 라고 인정했다.[13] 페레즈가 로베르토 마르티네즈Roberto Martinez를 만나지 않았다면, 그의 아이디어는 결코 실행되지 않았을지도 모른다. 당시 마르티네즈는 멕시코에서 소규모 이중 언어bilingual 소프트웨어 컨설팅 회사를 운영했고 미국 기업들을 고객으로 두고 있었는데, 무엇보다 지배자 계층 게임에서 벗어나고자 하는 페레즈의 열망에 공감했다는 점이 중요했다. 결국 두 사람은 함께 일해보기로 하고 공동 창립자로 참여했다.

페레즈와 마르티네즈는 미국과 멕시코 간의 새로운 아웃소싱 회사를 구상하면서, 하지 말아야 할 금지 규칙들을 작성했다.

상사 없음 No bosses: 이 두 사람은 모든 사람이 모든 업무에 대해 공손히 부탁해야 하는 직장 상사가 있는 직장이 아니라 모든 사람이 서로를 '어른처럼 대하는' 직장을 원했다.[14] 그래서 그들은 관리자, 지도자, 감독자 등 모든 완곡한 표현으로 대변되는 직장 상사를 없앴다.

직원 없음 No employees: 직장 상사들을 제거함과 동시에 새로운 회사가 갖길 원치 않는 다른 것, 즉 직원도 없앴다. 더그 커크패트릭은 『The No-Limits Enterprise』(Forbes Books, 2019)에서 "직원을 '돈을 받고 다른 사람을 위해 일하는 사람'으로 정의하는 것은 시대에 뒤떨어진 개념이다. ……(중략)…… 인생에서 자신의 일에 대한 목적과 의미가 무엇인지를 물었을 때, 그 어떤 밀레니얼 세대도 다른 사람을 위해 일하는 것이라고 말하지는 않을 것이다."[15]라고 했다. 페레즈와 마르티네즈는 직원들이 아닌 동료들로 구성된 조직을 만들었다.

직급 없음 No titles: 그다음으로 없애야 할 목록은 직급이었다. 페레즈는 "피아트FIAT는 피아트에 의해 직급을 받은 사람들로 계층 구조를 형성하고 이를 통해 비즈니스를 관리한다."[16]라고 말했다(여기서 피아트는 '독단적인 명령을 내리는 힘'을 의미하며, 정적인 지배자 계층 구조로 구성된 비즈니스를 설명하는 페레즈만의 독특한 방법이다). 그들은 직급이 위계, 명성, 권력과 너무 얽혀 있어서 직급과 관련된 문제는 해결할 수 없다고 생각했다. 만약 사람들이 자신에게 스스로 직급을 부여하면 모르겠지만, 그 누구도 다른 사람들에게 직급을 부여할 권리는 갖지 못한다. 직급도 버려버리자!

비밀 없음 No secrets: 위계적인 조직에서 관리자의 힘은 상당 부분 비밀 유지에 의해 작동된다. 결정을 내리는 능력은 정보에 달려 있는데, 만약 그 정보가 널리 알려지면 관리자들의 결정에 의문이 제기될 수 있고 그들의 의사결정권이 위협받을 수 있다. 그래서 페레즈와 마르티네즈는 자신들의 새로운 회사에는 비밀이 없어야 한다고 결정했다. 이에 대해 페레즈는 "의사결정에 필요한 정보가 투명하지 않은 상태에서 의사결정을 분산시키는 것은 불가능하다. 그리고 분권화가 없는 투명성은 유리 뒤에 있는 사탕을 보는 것처럼 당신이 손으로 움켜쥘 수 없다는 좌절감을 줄 뿐이다."[17]라고 말했다.

이제 그들은 자신들이 원하지 않는 것이 무엇인지 알았기에 앞으로 자신들이 원하는 것이 무엇인지 알아내야 했다. 결과적으로 그것은 어렵지 않았다. '모두가 일을 즐기고 부를 공유하는' 회사를 만들고 싶었다.[18] 그래서 니어소프트가 탄생했다.

위에서 설명한 '없음No'의 규칙 외에도 니어소프트의 직원은 자유롭게 회사의 문화를 공동으로 만들 수 있다. 이를 위해 그들은 분산된 조직의 거버넌스를 위해 리더십 팀leadership team으로 알려진 간단하면서도 강력한 실천규범을 만들어냈다. 이제 맨 먼저 리더십 팀이 자신들의 대담한 용기를 어떻게 만들어내고 입증했는지 알아보기 위해 가장 까다로운 주제인 이익 공유profit sharing에 대해 살펴보자.

니어소프트의 초기에 마르티네즈는 회사의 배당금을 모든 동료에게 공정하게 분배하는 공식을 개발했다. 이를 위해 근속 기간과 이전 회계 년도 동안 직원의 상대적 기여도 등을 고려하려고 했다. 니어소프트가 작은 규모였을 때 이 공식은 충분히 간단했고 가장 만족스러웠다. 그러나 니어소프트가 성장함에 따라 이익 배분에 대한 공식도 그에 걸맞게 커졌다. 몇 년 동안그 공식은 직장 동료들이 그것에 대해 회의적일 때까지 계속해서 더욱 복잡해졌다.

일반적인 조직에서 이것은 그다지 중요하지 않다. 직원들은 이익 분배가어떻게 작동하는지에 대한 통찰력이 없거나(만약 통찰력이 있다 하더라도 거의 그럴 것 같지 않지만) 그것에 영향을 미칠 능력이 없을 것이다. 그러나 알다시피 니어소프트는 평범하지 않았다.

이 공식에 질린 니어소프트의 직원들은 이에 대한 조치를 취하기로 결정했다. 그들은 대안을 마련하기 위한 단기 리더십 팀을 구성한다고 발표했고, 주제에 관심이 있는 모든 사람을 초대했다. 정확히 말 그대로다. 니어소프트의 직원들은 그렇게 하겠다고 단지 선언함으로써 이전에 CEO가 갖고 있던 이익 배분 정책의 소유권을 가져갔다.

이 임시 팀은 몇 주에 걸쳐 다양한 접근 방식을 탐색하고, 토론하고, 서로 논쟁했다. 또한 조직 안팎의 사람들에게 조언도 구했다. 페레즈에 따르면, 이미 고어의 사례처럼 직원들은 그것을 '수면 아래에서' 진행되는 결정으로 취급했다.[19] 따라서 그 결정은 조직의 모든 사람에게 영향을 미쳤고, 잘못된 결정을 내리면 재앙이 될 수 있었다. 결국 그들은 모든 니어소프트 직원에게 배당금을 균등하게 분배한다는 가장 단순한 접근 방식이 최선이라고 판단했다.

누군가 니어소프트에서 바꾸고 싶은 뭔가가 있을 때는 그렇게 하고자 하는 사람이 그냥 그렇게 하고 싶다고 발표하고 문제나 해결책에 관심이 있는 다른 사람들을 임시 리더십 팀에 초대하면 된다는 선례를 남겼다. 팀 자체에는 회사의 '없음' 규칙을 준수해야 하는 것 외에는 운영 방법에 대한 명시적인 규칙이 없다. 이 경우 '비밀 없음' 규칙을 준수해야 한다. 그들이 누구에게나 마음을 열면서 무엇에 대해 토론하고 결정하고 왜 결정해야 하는지를 투명하게 공개하는 한, 자신들이 고쳐야 한다고 생각하는 것을 자유롭게 바꿀 수 있다.

리더십 팀은 합의에 대한 교착 상태를 회피하면서 협업 정신을 향상시키는 의사결정 부분에서 권리 이양을 한 사례다. 이익 분배 리더십 팀이 배당금을 균등하게 분배하겠다는 결정을 발표했을 때 조직의 모든 사람이 행복해하지 않았다는 것이 좋은 예다. 일부 사람은 자신들이 다른 사람들보다 기여도가 더 높았다고 생각했다. 그러나 만장일치가 되지 않았음에도 불구하고 그 결정은 진행됐다.

완벽한 결정이 선한 결정의 적이 되게 하기보다는 새로운 계획이 잘 실행되지 않으면 새로운 리더십 팀이 다시 모여 또다시 결정해야 한다는 것을 알았기 때문에 그대로 진행시켰다. 게다가 그 당시 그들의 동료 중 한 명은 "우리는 모든 사람을 위한 최선의 결정을 했다. 누군가의 특정한 기여에 대한 의견을 나누려고 하는 것은 역효과를 낳을 수 있는데, 누가 그것을 판단할 수 있을까?"라고 말했다.[20]

반대자들을 설득할 필요는 없었지만, 이 논리는 사실 논쟁하기 어려웠다. 니어소프트는 컨설팅 회사다. 모든 사람이 기여하는 규모와 정도는 클 수도 있고 작을 수도 있으며, 때로는 개인이 통제할 수 없는 요인으로부터 영향을 받기도 한다. 회사의 전반적인 성패를 좌우하는 것은 그들의 집단적인 노력이다. 따라서 모든 사람이 최선을 다하고 있다고 믿는 한, 균등한 분배는 이치에 맞았다.

채용(그리고 해고)의 권한 이양

조직에서 누군가를 채용하거나 해고하는 결정을 내리는 데 가장 적합한 사람은 누구일까? 지배자 계층 구조는 이러한 결정 권한을 관리자나 이사 또는 심지어 부사장에게 준다. 급진적 협업 조직은 다른 해결책을 갖는 경향이 있으며, 채용하고 해고할 수 있는 힘을 그들 조직 구성원이 갖고 있다. 급진적 협업 조직은 그 일을 하고 있는 사람들이 누가 그들과 함께 일할 능력이 있는지를 가장 잘 판단할 수 있다고 믿기 때문이다.

예를 들어 하우페우만티스에서는 개발 팀이 규모를 늘리고자 할 때, 인사 부서가 후보자를 물색할 수 있지만 팀 자체가 후보자의 이력서를 보고 인터뷰 대상자를 결정한다. 또한 문화적 적합성부터 기술적 평가에 이르기까지 인터뷰를 진행하고 채용 결정을 내리는 것은 팀에 달려 있다. 팀이 채용 여부에 대한 최종 결정권을 갖고 있지만, 해당 팀이 채용을 거부하면 다른 팀은 자유롭게 그 후보자를 인터뷰할 수 있다.

하우페의 개발자인 세르게이 로드리게즈는 "어떤 팀에서 기술적으로는 꽤 훌륭했지만 개인적인 특성을 고려해 채용하지 않기로 결정한 사람을 봤는데, 결국 다른 팀이 나중에 그 사람을 채용했다. 팀 입장에서 봤을 때는 팀에 합류할 누군가를 채용하는 최종 결정 권한을 팀이 갖고 있는 것이 좋다. 만약 우리가 후보자를 선택하지 않는다면, 다른 팀이 그 후보자를 인터뷰해서 채용하는 것이 훨씬 좋다고 생각한다."라고 밝혔다.

채용 권한을 팀으로 이양하는 것은 신입 직원들을 팀에 제대로 적응시키는 방법이다. 그리고 누군가가 그 팀에 맞지 않는다고 해서 다른 팀에 맞지 않는다는 의미도 아니다. 다른 팀들이 거부하는 후보들을 인터뷰할 수 있는 권한을 또 다른 팀에게 주는 것은 누군가가 지나치게 거부될 가능성을 완화할 수 있다.

팀에 채용 권한을 분산한 후 발생한 부작용 중 하나는 추천에 의한 채용이 급격히 증가한다는 것이다. 하우페우만티스의 전 CEO인 마크 스토펠Mark Stoffel은 "매우 관대했던 추천 정책이 있던 이전 상황에서는 신입 직원의 5%만이 추천을 통해 채용되는데, 지금은 신규 채용의 60%가 추천을 통해 이뤄진다!"[21]라고 팀에 채용 권한을 양도한 이후의 경험을 설명했다.

팀들이 채용 과정에 대해 더 많은 권한을 갖기 시작하면, 스스로 후보자들을 찾기 시작한다. 나는 이 과정이 진행되는 것을 직접 봤다. 애자일 컨설팅 회사인 피보탈 랩스는 내가 그곳에서 8년을 근무하는 동안 점점 더 위계적인 조직이 됐지만, 일선 직원들은 채용 과정에 대해 상당한 통제력을 유지했다. 내가 엔지니어링 책임자가 됐을 때는 추천에 관한 통계를 나와 공유하는 내부 채용 팀들을 만나기 시작했는데, 그 수치가 놀라웠다.

전 세계의 몇몇 사무실에서 피벗(이미 말한 것처럼 피보탈 랩스의 직원들을 의미함)들은 업계 평균보다 훨씬 높은 비율로 후보자를 추천했다. 그 이유를 파악하긴 어렵지 않았다. 빠르게 커가는 지배자 계층 구조에도 불구하고 피벗들은 여전히 가능한 한 급진적 협업을 추구했다. 짝 프로그래밍과 테스트 주도 개발test-driven development 같은 익스트림 프로그래밍 관행을 통해 작업 방식이 구조화되고 관리됐지만, 이러한 관행은 본질적으로 협업적이고 친밀했으며 파트너십과 평등의 패러다임을 기반으로 한다. 그래서 팀과 부서가 성장해야 할 때 컨설턴트들은 자연스럽게 전직 동료나 친구, 심지어 가족과 같이 급진적으로 협력할 사람들을 추천하기 시작했다. 그들은 자신들이 하는 일을 사랑했고, 자신들이 아끼는 다른 사람들도 그것을 경험하길 원했다.

물론 어떤 채용 과정도 완벽하지 않으며, 때로는 어떤 조직에 채용된 사람들이 그 조직에 단순히 적합하지 않을 수도 있다. 혹은 단지 잘못된 역할이 주어졌기 때문일 수 있다. 이런 상황에서 역할의 자율성과 같은 관행이 문제 해결에 도움이 되기도 한다. 또한 때로는 그들이 업무 수행에 영향을 미치는 개인적인 요인들을 업무 외적인 요소에서 찾고 있을 수 있다. 5장에서 다루게 될 결핍을 만족시키는 업무 장소는 이 상황을 바로잡을 수 있다.

그러나 역할이나 개인적인 상황에 변화를 주고자 하는 모든 사람이 최선의 노력을 기울였음에도 불구하고 누군가는 제대로 적응하지 못할 수도 있다. 그때는 해고를 해야 한다. 하지만 누가 그런 해고 통보를 할 수 있을까? 니어소프트는 이에 대한 간단한 답을 갖고 있는데, 바로 '팀'이다.

니어소프트의 팀은 팀원이 회복할 수 없을 정도로 실적이 저조하거나 용서할 수 없을 정도로 잘못된 행동을 하고 있다고 판단될 경우 팀원을 해고할 수 있는 권한을 갖고 있다. 가능하다고 생각되는 다른 모든 접근 방식을 다 써버린 후에도 회복할 기미가 보이지 않는다면, 팀 구성원은 함께 모여 조직에서 누군가를 완전히 내보내기로 결정할 수 있다. 이런 경우를 대비해, 니어소프트는 해고에 따른 여파가 있을 때 무엇을 해야 하는지에 대한 특별한 문화를 개발했다.

팀은 동료 중 한 명을 해고한 후 이 사실을 회사 전체에 공표하고 이 상황에 대해 궁금해하는 사람이 있는지 확인한다. 니어소프트의 한 동료인 닉스 자모라는 내게 다음과 같이 설명했다.

팀은 동료들 앞에 서서 자신들의 결정을 밝히고 그를 해고하지 않기 위해 무엇을 했는지 설명해야 한다. 이어지는 질문은 정말 강렬할 수 있다. 하지만 내가 본 것 중 가장 공정한 과정이었으며, 한 개인이나 관리자가 결정을 내리는 것이 아니다. 해고는 당신의 동료들이 하며, 절차가 있고 의사소통이 필요하며 책임이 따른다.

페레즈에 따르면 이것은 니어소프트의 역사에서 딱 세 번만 발생했는데, 니어소프트의 직원 채용 프로세스와 보살핌, 협업 문화를 잘 나타내는 증거인 셈이다.

직장 민주주의부터 자기 관리까지

회사가 직원을 채용하고 관리하는 데 사용하는 소프트웨어를 변경할 수 있다면 비즈니스가 작동하는 방식을 변경할 수 있을까? 이는 헤르만 아놀드Hermann Arnold가 소프트웨어 회사인 우만티스umantis를 2001년 설립했을 때 내기bet를 걸었던 주제였다. 그는 '전통적인 업무 방식을 고치는' 임무를 수행 중이었고[22] 그 임무를 인재 관리 소프트웨어talent management software로 시작했다.

처음에는 아놀드가 내기에서 승리한 것 같았다. 짧은 시간 내에 점점 더 많은 기업이 우만티스의 인재 관리 시스템을 사용하기 시작했고, 수익과 더불어 우만티스의 직원들도 빠르게 증가했다. 그러나 그러한 성장은 의사소통과 조정의 복잡성을 초래했다. 그래서 우만티스는 그들과 동일한 상황에서 다른 회사들이 했던 일을 했다. 그들은 관리자를 고용했다. 그리고 그것이 작동하지 않을 때, 우만티스는 다른 회사가 그다음에 했던 일을 반복했다. 그들은 고위 관리자를 고용했다. 하지만 물론 그것도 효과가 없었다. 결국 혁신과 기업가 정신은 곤두박질쳤다.[23]

그들의 '이상ideal'에도 불구하고, 우만티스는 자신들이 그렇게 벗어나고자 했던 전통적인 회사로 돌아갈 위험에 처한 것처럼 보였다. 그래서 그들은 예상치 못한 일을 했고 그에 대한 투표를 했다.

그 투표는 위기 중에 이뤄졌다. 2008년 미국 경제는 주춤했고, 이는 세계적인 불황을 촉발시켰다. 전 세계 기업들은 채용을 중단했고, 우만티스의 사업도 급락했다. 아놀드와 경영진도 전 세계의 다른 관료적 관리 팀이 이미 하고 있는 대량 해고를 고려했다. 그러나 이것은 아놀드에게 최후의 보루였다.

대량 해고를 하는 대신에 그는 직원 전체를 모아서 상황이 얼마나 심각한지 설명하고, 인력을 대량으로 해고하거나 경제가 회복될 때까지 모두가 상당한 정도의 임금 삭감을 단행할 것인지 묻는 전체 투표를 실시해줄 것을 요청했다. 투표 결과, 직원들은 압도적으로 후자를 선택했고 회사는 일자리를 그대로 유지한 채 불황에서 살아남았다.[24]

이 투표는 수년간의 변화 과정을 거쳐 오늘날까지 계속되고 있다. 변화의 첫 단계는 민주화democratization였다. 회사 내에서 중요한 사항은 더 이상 관리자가 혼자 결정하는 것이 아니라 투표로 결정됐다.

예를 들어 우만티스의 직원들은 기업 문화가 자신들과 상반되는 규모가 큰 경쟁 기업과의 합병에 반대했지만, 자신들의 사명이나 문화와 유사한 다소 작은 경쟁자와의 합병에는 찬성표를 던짐으로써 현재 이름인 '하우페우만티스Haufe-umantis'가 됐다.[25]

또한 그들은 CEO를 시작으로 리더들을 선출하기 시작했으며, 결국 매년 리더십을 필요로 하는 자리로 확대됐다. 리더들은 회사의 전략 방향에 대한 새로운 비전이 담긴 캠페인을 구성했다. 그런 다음, 직원들은 리더들이 내세운 비전과 계획의 강점을 바탕으로 리더를 선정했다.

이 과정에서 민주주의는 제대로 작동했다. 민주적 의사결정은 직원들에게 매우 필요한 명확성을 줬으며, 전 CEO인 마크 스토펠은 "직원들은 판단을 내리기 전에 상황을 살피고 질문을 던졌다."[26]라고 설명했다.

관리자들이 밀실에서 결정을 내리는 대신, 회사 전체가 그날의 중요한 문제를 탐구하고, 토론하고, 결정할 수 있었다. 스토펠은 또한 선거에 의해 만들어진 새로운 동기 부여에 대해 설명했다. "직원들이 적극적으로 참여하고 있기 때문에 대개 결과를 받아들일 수 있다. 우리는 특정한 방향을 정하기 위해 투표하고, 그 방향이 맞음을 확인하기 위해 자연스럽게 동기 부여된다."[27] 직원들이 리더가 가진 비전의 힘을 바탕으로 리더를 선출할 때는 그 비전이 실현되는 것을 보는 데 우선권을 갖는다. 이런 방식으로 선거는 회사 내에서 동기 부여를 이끌어내는 힘이 됐다.

하지만 영원한 건 없다. 직장 민주주의는 잠시 동안은 효과가 있었지만, 결국 회사와 함께 규모가 확장되진 못했다. 우선, 그것은 논리적으로 실패했다. 선거에는 의사소통과 계획 그리고 조정이 필요하다. 한 사무실에 한 팀이 배치돼 있을 때는 관리가 가능했다. 그러나 그들이 유럽 전역에 여러 개의 사무실을 열기 시작하면서 선거 과정은 걷잡을 수 없이 커졌다. 한 지역의 직원들은 다른 지역의 후보자를 이해하기 위해 애썼다. 그 후보자와의 대면 상호작용이 거의 없었기 때문이다.

게다가 수년간의 선거는 의도하지 않은 부작용을 낳았다. 예를 들어 직원들은 리더십과 관련된 문제가 발생하면 이를 해결하는 것이 아니라 회피하기 시작했고, 다음 선거가 문제를 바로잡아줄 것이라 기대했다. 아놀드가 지적했듯이, 이 의도치 않은 결과는 선거의 중요한 이점인 리더십의 품질 하락으로 이어졌다.[28]

결국 직장 민주주의는 기대했던 만큼 급진적이지 않았다. 투표 마지막 날에 투표 용지가 집계되고 새 지도자들이 선출됐지만, 그 결과는 여전히 지배자 계층 구조였다. 아놀드는 "선출된 관리자들은 더욱 공고해진 계층 구조의 일부가 됐고, 이는 오늘날 애자일 기업에 대한 요구와 점점 모순됐다."[29]라고 한탄했다.

하우페우만티스의 오랜 직원인 악셀 싱글러Axel Singler는 인터뷰에서 "선거는 권력을 위해 무기가 아닌 말과 규정을 갖고 싸우는 것이다. 그러나 기업은 권력을 위해 싸워서는 안 된다. 회사는 명확한 이해관계자, 소유주, 목적을 갖고 있으며, 모든 조직원이 그것에 조화롭게 일치돼 있어야 한다."라고 말했다.

민주주의는 하우페우만티스에서 제 갈 길을 간 것 같았다. 그래서 그들은 무엇을 했을까? 그들은 민주적인 직장이 할 수 있는 일을 했다. 민주주의의 대안을 민주적으로 결정하기 위해 9인 직원 협의회를 선출했다.

6개월 동안 그 협의회는 대체 조직 모델을 연구했다. 네 명의 외부 컨설턴트의 도움을 받아서 다른 급진적 조직들이 일하는 방식과 의사결정을 하기 위해 어떤 종류의 관행을 사용하는지 살펴봤다. 그 컨설턴트들 중 한 명이 2014년에 『조직의 재창조』(생각사랑, 2016)를 출판한 프레데릭 라루Frederic Laloux다.

라루는 그 책을 쓰기 위한 조사를 하면서 수많은 비계층적 조직에서 조언 프로세스advice process를 사용한다는 것을 발견했다. 조언 프로세스는 그 결정에 의해 영향을 받는 사람들에게 맨 처음 조언을 받음으로써 조직 내 모든 사람이 효과적인 의사결정을 하도록 하는 데 더욱 효과적이다. 협의회가 고려한 모든 대안 중에서 이것은 나머지 대안들에 우선했다.

아놀드는 "우리가 이 방법을 특히 좋아했던 것은 의사결정의 품질이 크게 향상됐고 직원들의 참여도 크게 늘어났기 때문이다."[30]라고 설명했다.

그래서 2019년 6월, 회사는 조언 프로세스를 채택하고 민주주의에서 자기 관리로, '투표자'로서의 직원에서 '결정권자'로서의 직원으로 진화의 다음 단계를 시작했다.

오늘날, 하우페우만티스는 변화를 계속하고 있는 회사다. 싱글러는 'AI가 곧 많은 면에서 인간보다 나을지 모르지만, 협업은 인간의 독특한 능력이다' 라는 생각에 영감을 받았다고 내게 설명했다. 그들은 직원들과 팀이 협업의 질과 영향을 향상시키도록 돕는 임무를 수행하고 있다. 이를 위해, 소프트웨어를 만들면서 도그푸딩^{dogfooding}*을 통해 협업 소프트웨어를 만들고 있다. 하우페우만티스의 새로운 목적은 자율성과 자기 관리를 향한 변화와 함께 이 책을 통해 탐구하는 그들의 밝은 미래로 수렴된다.

조언 프로세스

하우페우만티스는 조언 프로세스라고 알려진 자기 관리 조직 관행이 본 궤도에 올랐을 때 직장 민주주의가 조직에서 진행됐다고 결정했다. 이 과정은 급진적이고 근본적으로 간단했는데, 의사결정에 영향을 줄 수 있는 조언을 구하는 모든 사람이 의사결정을 내릴 수 있도록 한 것이다. 더 많은 사람이 영향을 받을수록 더 많은 조언을 구해야 한다. 그러나 그들은 의사결정을 내리기 위해 누군가의 조언을 받을 의무는 없다.

조언을 구하는 방법에 대한 구체적인 규칙은 없다. 즉흥적인 대화나 일대일 대화와 같이 비공식적일 수 있고, 또는 많은 사람에게 어떤 설문조사 결과에 대한 피드백을 받기 위한 프레젠테이션과 같을 수도 있다. 이 책에 소개된 여러 조직에서 이 프로세스는 팀 관행의 단순한 변경에서부터 수백만 달러가 필요한 복잡한 투자에 이르기까지 다양한 결정을 위해 조직 내의 모

---

* 자사의 신제품이나 서비스를 내부에서 가장 먼저 사용하는 것을 뜻하는 미국 IT 업계 용어다. – 옮긴이

든 사람이 참여할 수 있다. 이 관행이 큰 규모에서 어떻게 작동하는지 살펴보기 전에 우선 어디서 처음으로 시작했는지 알아보자.

조언 프로세스는 급진적인 직장 문화로 1990년대에 큰 관심을 받은 글로벌 에너지 기업인 어플라이드 에너지 서비스Applied Energy Services, Inc.(현재는 AES 코퍼레이션AES Corporation으로 알려짐)로 거슬러 올라간다. 창립자인 데니스 바케Dennis Bakke와 로저 산트Roger Sant는 특별한 목표를 염두에 두고 회사를 설립했다. 그들은 돈을 많이 벌거나 시장을 완전히 지배하는 것에 집착하는 대신, 모든 사람이 일상생활에서 기쁨을 경험할 수 있는 직장을 만들고 싶었다. 바케와 산트는 영감을 주지 않고 사기를 꺾는 직장에 신물이 나 있었고, 기업이 인간의 경험을 풍부하게 하는 작업 방법을 찾는 것이 가능할 뿐만 아니라 필수적이라고 확신했다. 다만 한 가지 문제가 있었는데, 그것을 어떻게 만들어낼지 모른다는 점이었다.

최근 모던 서번트 리더Modern Servant Leader*와의 인터뷰에서 바케는 AES의 창업 초기에 있었던 중요한 순간을 이야기했다.[31] 그와 그의 발전소는 미국에 있었지만, 그의 이사진들은 스위스 제네바에 있었다. 그는 한밤중에 이사회와 전화 통화를 하고자 발전소에 출근했다. 이 심야 전화 통화를 마치고, 바케는 새벽 시간에 발전소 운영을 담당하는 몇몇 인원과 잡담을 나누면서 이곳저곳을 걸어 다녔다. 이런 대화는 소수 인원이 참여하기 때문에 분위기는 편안하고 친밀했다.

그러던 중에 직원 한 명이 벽에 걸린 달력을 바케에게 보여줬다. 달력의 각 페이지가 1년 전체를 담아 보여주는 특이한 달력이었다. 그리고 직원이 30년 후의 미래에 해당하는 페이지로 달력을 넘겼을 때, 그곳에 작게 그려진 빨간 동그라미들이 눈에 들어왔다.

---

* 서번트 리더십을 전 세계에 알리고 적용시키는 것을 목표로 하고 있다. 웹 사이트(https://www.modernservantleader.com/)를 방문하면 좀 더 자세한 사항을 알 수 있다. − 옮긴이

"이 빨간 동그라미들은 뭔가요?"라고 바케가 물었다.

그러자 직원은 신입 직원들이 몇 달 동안 여기서 일한 후 공장의 상황이 너무 좋지 않자 자신들이 30년 후에 은퇴해 연금을 받는 날짜까지 얼마나 남았는지 따져보고 해당 날짜에 동그라미를 그려 넣은 것이라고 답했다.

바케는 충격을 받았다. 그와 산트는 새롭게 시작한 발전 사업에서 직원들이 즐겁게 일하는 기업을 만들고자 노력했지만, 직장은 기쁨 대신 두려움이 있는 곳이었고 직원들의 꿈은 거기서 탈출하는 것뿐이었다. 바케는 그때 직장을 괴롭히는 근본적인 '질병'을 찾아내서 제거하겠다고 결심했다. 그는 결국 근본적인 원인을 발견했다. 바로 전통적인 명령과 통제 조직 구조였고, 우리가 지금 지배자 계층 구조로 알고 있는 것이었다.

바케는 명령과 통제 조직이 의사결정 권한을 전적으로 갖고 있기 때문에 직장에서의 즐거움을 억제한다고 판단했다. 그는 "우리가 동물과 구별되는 주된 특징은 생각하고, 추론하고, 결정을 내리고, 책임을 지는 능력이다."[32]라고 강조하면서, "환경이 인간의 가장 큰 능력을 빼앗아간다면 사람들이 어떻게 삶에서 기쁨을 누릴 수 있을까?"라고 말했다.

그는 CEO로서 자신의 임무는 '직원들이 직장에서 일하는 기쁨을 갖도록 하기 위해 직장에 있는 사람들이 결정을 내리고 스스로 책임질 수 있는 기회를 극대화하는 것'[33]이라고 다짐했다. 수년에 걸쳐 바케와 산트 그리고 그 외의 직원들은 결국 위에서 설명한 바와 같은 조언 프로세스에 도달할 때까지 다양한 형태의 탈중앙화된decentralized 의사결정 과정을 실험했다. 회사 전체의 발전소 직원들은 업무와 작업장을 자신들이 직접 통제하기 시작했고, 재무적인 의사결정 같은 비즈니스의 여러 의사결정 기능에 참여하기 시작했다. 그리고 당시의 학술 기관과 신문사들은 이 기업에 관심을 갖기 시작했다.

프레데릭 라루는 「월 스트리트 저널」에서 AES의 경영권 이양에 대한 인상적인 기사를 접했다. 기사에는 '바지선에서 방금 내린 석탄으로 손이 아직도 검게 그을린 제프 해치Jeff Hatch는 수화기를 들고 자신이 가장 신뢰하는 브

로커에게 '1000만 달러를 30일 정도 융자해주면 이자율은 어떻게 되나요?', '고작 6.09요? 좀 전에 체이스^{Chase}로부터는 6.13으로 견적을 받았는데?'라면서 통화를 한다'[34]는 내용이 있었다.

석탄을 나르던 바로 그 직원이 수백만 달러의 투자 또한 관리하고 있던 것이다. 그 이유는 AES가 조언 프로세스를 활용해 조직 전반에 걸쳐 관리 및 행정적인 책임을 서서히 그렇지만 체계적으로 직원들에게 위임했기 때문이다. 다른 회사들이 직원들을 단순히 '숙련되지 않은' 노동자라고 치부했던 것과 달리, AES의 직원들은 실제로 자산을 관리하고 큰 결정을 내릴 수 있는 기회를 즐겼다는 사실을 발견했던 것이다. 그리고 직원들은 그 일을 놀라울 정도로 효과적으로 해냈고, 재정적 통찰력을 높이는 것도 주저하지 않았다. 게다가 추가된 책임 덕분에 직장에서의 즐거움을 느낄 수 있는 진정한 조건을 만들어낸 조직에 대한 주인 의식을 갖게 됐다.

AES의 사례가 소개된 이래로 급진적 협력의 개척자인 뷔르트조르흐, 존슨빌 소시지, 고어 외에도 유명한 프랑스 자동차 부품 제조업체인 파비^{FAVI}와 고성능 유체 시스템의 선도적인 설계자이자 제조업체인 썬 하이드로릭스^{Sun Hydraulics} 등 전 세계의 많은 조직이 조언 프로세스를 실행하기 시작했다.

다른 조직들은 조언 프로세스 전체를 모두 채택하지 않았지만, 여전히 자신들의 상황에 맞게 잘 적용해가고 있다. 예를 들어, 니어소프트의 리더십 팀은 조언 프로세스를 수정해서 적용한 사례로 볼 수 있다. 해결할 문제를 발표하고 관심 있는 사람을 모아 솔루션을 만들어낼 팀의 일부로 받아들임으로써 조언 프로세스에 동참하게 만드는 것이다.

하우페우만티스는 지난 몇 년 동안 조언 프로세스를 조직에 통합하기 시작하면서 리더십 부분에서 가장 큰 변화를 보였다. 다시 떠올려보면, 하우페우만티스의 지도부는 선출직이었다. 그리고 비록 조직이 회사의 민주적 단계에서 가장 중요한 결정을 표결에 부쳤지만, 그곳의 리더들은 다소 작은 사항에 대해서는 여전히 명령에 의한 결정을 내리곤 했다.

그러나 이 조언 프로세스는 하우페우만티스의 리더들 사이에서 사고방식의 변화를 가져왔다. 악셀 싱글러는 다음과 같이 설명한다.

조언 프로세스를 통해 모든 직원은 원칙적으로 모든 것을 결정할 수 있다. 다만, 그들은 그 결정으로 인해 영향을 받을 사람들과 그 분야에 대해 가장 많은 지식을 가진 사람들에게 반드시 조언을 구해야 한다. 실제로 조언 프로세스의 90%는 리더가 수행한다. 이것은 리더가 리더십 역할을 넘어 결정해서는 안 되며 리더의 결정에 영향을 받는 사람들과 전문가에게 질문을 함으로써 의사결정을 해야 한다는 우리의 사고방식을 강화하는 과정이었다.

싱글러는 지금까지 하우페우만티스에서 조언 프로세스를 정착시키기 위해 뭔가를 바꿀 수 있었다면, 그는 관료주의에 의해 더럽혀진 '프로세스 process'라는 단어를 다른 이름으로 바꿨을 것이라고 말했다.

그는 계속 말을 이어갔다.

일부 직원이 '조언 프로세스'라는 단어를 듣게 될 때, 실제로 그들에게 들리는 것은 '프로세스'라는 단어뿐이다. 만일 내가 시간을 되돌릴 수 있다면, 그것을 조언에 대한 마음가짐(advice mindset)이라고 부를 것이다. 왜냐하면 그 핵심에 있는 조언 프로세스는 조직의 목적에 깊이 부합하는 사고방식이기 때문이다. 그것은 우리 모두가 더 나은 결정을 내릴 수 있도록 협업과 의사소통을 촉진한다. 이야말로 조언 프로세스가 지닌 가치의 핵심이다.

홀라크라시 기반의 전환

씨랩스는 조직 전체로 관리 권한과 권위를 양도하기 위해 홀라크라시를 실행하기로 결정했다. 홀라크라시는 급진적 협업을 위한 거버넌스 프레임워크이기 때문이다.

홀라크라시에는 높은 자리에 앉아 부하 직원을 지휘하거나, 급여를 통제하거나, 성과 검토를 수행하거나, 조직 구조를 설계하는 관리자가 없다. 대신 관리자들은 역할을 총체적으로 정의하고 역할을 반복시키면서 그 역할의 자율성과 자기 관리에 투자하고, 조직의 모든 사람에게 조직의 구조를 변경하고 적응하고 혁신할 수 있는 권한을 주도록 규칙 기반 시스템을 변경한다. 청소부의 역할을 수행하는 사람이 청소부의 역할과 청소 용품을 구매하는 역할 간의 갈등을 감지하든, 제품 관리자 역할을 수행하는 사람이 판매와 연구 개발 사이의 불일치를 감지하든 상관없이 홀라크라시는 모든 사람에게 조직의 긴장을 높이면서 합의에 의존하지 않고 신속하게 해결할 수 있는 권한을 부여한다.

이 과정이 어떻게 작동하는지 살펴보기 전에, 홀라크라시의 창안자인 브라이언 로버트슨이 전통적인 조직의 위계 체계에서 일하면서 경험한 좌절을 통해 조직의 긴장을 분산시킴으로써 문제를 해결하는 것이 중요하다는 사실을 깨우쳤다는 점을 반드시 이해해야 한다. 로버트슨은 자신의 위계 조직 내에서 『홀라크라시』(흐름출판, 2017)라는 책을 집필하면서 다음과 같은 것을 깨달았다.

> 개인이 느끼는 대부분의 '조직적' 긴장은 ……(중략)…… 그저 갈 곳이 없다. 긴장은 조직의 가장 큰 자원 중 하나로 인식되지 않는다. 상사가 나의 인간적인 감각과 반응 능력을 활용할 수 없다는 것을 깨달았을 때, 나는 논리적으로 그다음 일을 했다. 즉, 나 스스로 상사가 됐다. 그 이후 내가 감지한 게

뭐든 처리할 수 있었다. 그런데 병목 현상으로 작용할 더 높은 상사가 있었고, 또 다른 상사가 있었으며, 그 위에 또 다른 상사가 있었다.[35]

로버트슨이 아무리 높은 곳에 올라간다고 하더라도 문제는 여전히 남아 있었다. 심지어 그가 한탄했듯이, 자신의 회사를 설립하기 위해 그 조직들을 떠났을 때도 말이다.

내 책상 위에 해결해야 할 조직 내의 복잡한 문제가 너무 많이 있었기 때문에 CEO로서 나 자신에게 온전히 빠져들어야 할 시간이 전혀 없는 것이 제한 요인이 됐다. 심지어 더 최악인 사실은 따로 있었다. 내가 빠져나오기 위해 그렇게 오랫동안 노력했던 그런 종류의 시스템을 구축했다는 점이 나를 더욱 괴롭게 했다. 나를 위해 일하는 모든 사람은 내가 있었던 그 자리에 있었다.[36]

이 시점에서 그는 우리 모두가 계층 게임이라는 것에서 완전히 벗어날 때가 됐다는 사실을 알게 됐다. 동료 선구자들과 함께한 수년간의 실험 끝에 그는 급진적 협업 조직의 프레임워크를 결정하고 이를 '홀라크라시Holacracy'라고 명명했다.

이 용어의 어근은 '홀론holon'으로 '더 큰 전체 안에 있는 전체'를 의미한다. 로버트슨은 "몸의 각 세포는 홀론이다. 각 기관은 그 자체로 독립적인 전체이지만 더 큰 전체의 일부이기도 하다."[37]라고 말했다. 다시 말해, 우리의 몸은 자기 조직적이고 자율적인 시스템의 중첩된 집합임에도 불구하고 육체적인 존재를 구성하기 위해 함께 일하는 일종의 홀라크라시다. 그리고 당신의 조직도 이와 같은 구성 원칙에 따라 기능할 수 있다.

홀라크라시에 기반한 조직은 중첩된 일련의 서클circle 형태를 띤 세트로 구성된다. 각 서클은 역할role, 수퍼 서클, 서브 서클로 구성된다. 예를 들어, 소규모 SaaSSoftware-as-a-Service 개발 회사는 소프트웨어 개발자와 소셜 미디어 인플루언서 같은 역할을 하는 개발 및 마케팅 등의 서클로 구성될 수 있다. 각 역할은 높은 수준의 목표로 구성된다. 소셜 미디어 인플루언서들은 '참여율이 높은 소셜 미디어 커뮤니티를 만들고 유지하라'는 목표를 가질 수 있다.

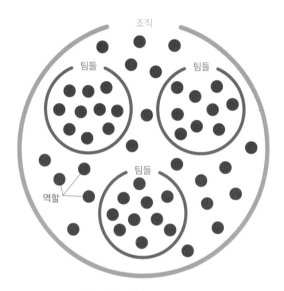

그림 3 홀라크라시 기반의 조직 구조

이것은 홀라크라시 측면에서 보면 역할은 자기 관리적이고 써클은 자기 조직적이라는 점만 제외하고는 다른 조직 구조와 크게 다르지 않을 수 있다. 이 요소들을 차례로 살펴보자.

마지막 장에서 봤듯이, 홀라크라시 내에서 역할은 자기 관리로 정의할 수 있다. 누군가 홀라크라시 기반의 조직 내에서 어떤 역할을 맡았고 그 역할에 대해 고차원적인 목표를 완수하겠다고 약속했다면, 그 목표를 달성하는 방법은 전적으로 그에게 달려 있다. 누군가에게 역할의 목표를 어떻게 달성해야 하는지, 언제까지 완료해야 하는지 알려줄 수 있는 관리자나 상사는 없다.

대신, 각각의 역할을 맡은 사람들은 자신들이 무엇을 어떻게 언제까지 해야 할지 선택할 수 있도록 자율권을 보장받는다. 홀라크라시 기반의 조직에서는 역할을 수락하면 조직 내의 모든 사람에게 자신의 역할 및 그와 관련된 목표를 달성하기 위해 최선을 다할 것을 약속하게 된다. 이 약속은 일상생활에서 경험하는 약속 및 책임과 유사한 개인과 개인 간의 책임감을 만들어 낸다.

직장 밖에서는 가족, 이웃, 친구와 같은 다른 사람들에게 자유롭게 약속을 하고, 약속을 지키지 않으면 당신과 당신에게 의존하는 사람들 모두에게 가시적인 결과를 초래하기 때문에 자연스럽게 책임을 진다. 홀라크라시 기반 조직에서의 책임과 일상생활에서의 책임 간의 진정한 차이점은 일상생활에서는 사회 생활과는 다르게 자신이 한 약속을 지키기 위한 노력에 영향을 미치는 구조적 장애를 변경하기가 어렵다는 것이다.

예를 들어 가족을 부양하기 위해 헌신하고 있지만 시스템적인 차별로 인해 역할을 거절당하면, 이 상황을 바로잡기 위해 오랫동안 열심히 노력해야할 것이다. 그러나 홀라크라시 기반의 조직에서는 조직 내에서 당신이 하는 약속을 존중하는 능력을 제한하는 구조적 장애를 다루기 쉽다. 왜냐하면 당신은 조직의 다른 모든 구성원과 함께 더 나은 결과를 얻기 위해 조직의 구조를 빠르게 받아들이고, 변경하고, 진화시키기 위한 기본적인 프레임워크를 갖고 있기 때문이다. 이것은 홀라크라시의 자기 조직적 성격이며, 거버넌스라 불리는 홀라크라시 기반의 특정 프로세스 때문이다.

거버넌스 회의는 홀라크라시 기반 조직에서 비계층적 특징을 가진 구성요소다. 이 회의들은 조직의 모든 서클 내에서 발생하며 서클 내의 모든 사람이 긴장감을 높이고 신속하게 처리할 수 있도록 한다. 긴장감을 처리함으로써 역할에 대한 책임을 새롭게 하거나 재분배하기도 하고, 새로운 정책, 혹은 새로운 역할, 심지어 새로운 서클까지 모두 새롭게 정의하거나 재분배될 수 있다. 긴장을 처리하면 전체적으로 목표나 역할, 정책 및 서클을 완전히 해체할 수 있다.

거버넌스 회의를 수행하는 규칙은 엄격하며 하룻밤 사이에 학습되지 않는다. 그러나 계층적 조직 내에서 아무리 작은 변화라도 효과를 내기 위해 길고 힘든 투쟁을 해온 사람이라면, 홀라크라시 기반의 거버넌스 회의가 마법처럼 보일 수 있다.

로버트슨은 다음과 같이 말한다.

> 소프트웨어 회사에서 일하던 시절의 기억을 더듬어보면, 제너럴 컴퍼니(General Company)의 서클 거버넌스 회의가 떠오른다. 그 회의는 두 시간 동안 진행될 예정이었다. 이 회의에서는 급여 체계를 상당히 파격적으로 바꾸고 조직의 일부를 대대적으로 개편하면서 조직 전체에 영향을 미치는 몇 가지 새로운 정책을 채택했다. 이 주제들 중 어느 것도 회의 전에 논의되거나 '공론화'되지 않았다. 우리는 그 회의를 30분 일찍 끝냈고, 관련된 모든 사람은 회사가 앞으로 발전할 것이라 믿었다. ……(중략)……
>
> 회의가 끝나갈 무렵, 회의 주관자는 그 회의가 자신의 예상에서 조금 벗어난 것에 대해 사과했다. 그는 회의가 필요 이상으로 오래 진행됐다고 느꼈고 다른 사람들도 그 의견에 동의했다. 회의실을 나선 이후에야 나는 '이 일이 대부분의 조직과 비교하면 얼마나 이례적인가'라는 생각이 들었다. 그러나 홀라크라시를 몸에 익힌 조직에서는 이런 신속한 구조 조정과 통합이 일반적이다.[38]

이는 조직의 긴장을 총체적으로 감지하고 대응하며 그 긴장 속에서 에너지를 신속하게 활용해 조직을 발전시키는 조직인 홀라크라시의 자기 조직화가 보여주는 미래다.

조언 프로세스와 같은 단순한 관행이나 홀라크라시 기반의 거버넌스 프로세스와 같은 규칙 기반 절차를 통해 조직 전체에 걸쳐 총체적이면서 지속적으로 권한을 양도할 수 있는 권한에도 불구하고 여전히 극복해야 할 과제는 자기 관리 사고방식을 배양하는 것이다.

조직 내 급진적 협업 뿌리내리기

운 좋게도 급진적 협업 조직에 합류할 수 있는 기회가 생긴다면 대부분의 사람은 그렇게 할 것이다. 과거 지배자 계층 구조에서의 경험은 우리를 짓누르고, 상호작용을 왜곡하고, 가능한 것에 대한 우리의 인식을 제한한다. 사실, 많은 사람이 이러한 과거의 경험에 의해 정서적으로나 심리적으로 내상을 입어 급진적 협업 조직에 참여하는 것을 매우 힘들어하기도 한다. 그런데 고맙게도, 이 책에 등장하는 급진적으로 협력하는 선도 기업들 중 일부는 이 상황을 인지했고, 새로운 사람들을 적응시키기 위한 패턴을 제공하고 있다.

예를 들어, 니어소프트의 신입 직원은 조직에 처음 합류하는 기간 동안 '자유'가 무엇을 의미하는지 탐구함으로써 자기 관리 및 급진적 협업에 대한 여정을 시작한다. 니어소프트의 모토는 '직장 내에서의 자유freedom in the workplace'이며, 그들의 경험은 니어소프트의 '급진적'이라는 모토가 가진 뜻 이상이다. 그러나 니어소프트의 신입 직원 중 자유를 기반으로 한 직장 경험을 실제로 한 사람은 거의 없으므로 이를 체득하려면 도움이 필요하다.

지난 5년간 직원들을 위한 지원 프로그램을 주도해온 니어소프트의 아이리스 에르난데스Iris Hernandez는 내게 "우리는 동료들이 자유 기반의 문화가 무엇인지, 어떻게 작동하는지, 그 안에서 잘 지내기 위해 자신의 내부에서 무엇을 식별해야 하는지를 이해할 수 있도록 여러 가지 교육 프로그램을 제공한다. 그것은 자유라는 단어 자체에서 시작되며, 내가 결정을 내리고 그 결정을 책임질 자유를 의미한다."라고 설명했다.

즉, 니어소프트는 행동이나 관행으로부터 시작하는 것이 아니라 개인의 마음가짐으로부터 시작한다.

니어소프트의 자유에 대한 정의는 신입 직원에게 권한을 부여하기 위한 것이지만, 그들에게는 두려운 것이 될 수도 있다. 대부분의 사람이 지배자 계층 구조에서 하는 것처럼 명령을 받아 일함으로써 책임을 회피하는 것으로 일종의 편안함을 얻는데, 니어소프트는 그것이 아무런 가치도 없다고 보고 있다. 에르난데스에게 사람들이 두려움을 극복하도록 돕는 방법을 물었을 때, 그녀는 "자유는 두려움 없이 작동하는 것이 아니라 두려움에도 불구하고 작동하는 것이다. 그러기 위해서는 사람들이 그들 자신을 이해할 필요가 있다."라는 놀라운 답변을 했다.

니어소프트가 실행하는 지원 프로그램 중 일부는 사람들이 자신이 가진 두려움의 근원을 찾도록 돕는 데 중점을 둔다. 에르난데스는 그 두려움의 원인을 "책임은 지지만 결정은 내리지 못하게 하는 것"이라고 말했다. 이미 알려진 바와 같이 직장 내에서의 자유는 조직에 관한 것만큼이나 개인에 관한 것이다. 개인이 직장에서 자유를 실천하려면 먼저 자신이 자유로워야 한다.

많은 기업에서 실행하는 신입 직원 온보딩 프로그램은 회사의 실제 업무와 거리가 먼 인사 부서에서 운영하는 경향이 있으며, 직원의 일상 업무에 거의 영향을 미치지 않으므로 빠르게 잊혀진다. 그러나 니어소프트에서는 한번 시작된 온보딩 프로그램은 동료가 조직을 완전히 떠날 때까지 끝나지 않는다. 에르난데스는 "우리는 당신의 첫날부터 마지막 날까지를 함께한다."라고 말한다.

에르난데스의 팀은 사람들이 자유에 기반을 둔 사고방식을 함양하도록 돕는 훈련 외에도 동료들의 관점, 개인적인 커리어패스를 계획하는 방법, 심지어 역할 변화와 경력 변화 계획을 만드는 방법까지 배우도록 돕는 훈련을 프로그램화했다. 지원에 대한 니어소프트의 접근 방식은 전체적이며 니어소프트 문화의 나머지 부분과 분리할 수 없다.

니어소프트가 새로운 사람들을 급진적으로 탈중앙화된 문화로 신속하게 융합시킬 필요성을 인식한 유일한 기업은 아니다. TIM 그룹이 위계적 계층 구조에서 비위계적 구조로 전환했을 때, 그들 역시 이러한 필요성을 인식했다. 이를 위해 TIM 그룹은 자기 관리의 선구적 기업 중 하나인 고어에서 실천법을 따왔다.

고어의 신입 직원들은 처음에는 자기 조직화된 혁신 조직 내에서 자신의 길을 찾기 위해 애썼다. 한 신입 직원은 "나는 누가 무엇을 하는지 전혀 알지 못했고, 고어에서 일을 어떻게 해야 하는지 너무 궁금해서 미칠 것 같았어요."[39]라고 털어놓기도 했다.

그래서 고어의 동료들은 '스폰서sponsor'가 돼 신입 직원들을 위해 자원봉사를 하기 시작했다. 이 스폰서들은 신입 직원들에게 조직의 구석구석을 소개해줌으로써 개인이나 팀 그리고 여러 기업 문화를 알게 하고, 신입 직원들의 질문에 답해줬다.

신입 직원: "저쪽에 계신 분들이 상사 분들인가 보네요. 맞나요?"
스폰서: "상사라는 말은 금지어예요. 그런 단어를 쓰면 안 돼요!"[40]

오래된 습관은 정말 없애기 힘들다.

TIM 그룹의 신입 직원은 고어의 신입 직원과 비슷한 곤경에 처해 있었다. 그래서 TIM 그룹의 개발자들은 고어에서 영향을 받아 '온보딩 버디onboarding buddy'라고 부르는 것을 만들었다. 온보딩 버디는 신입 직원이 부서 배분의 자율성과 같이 새롭게 발견한 자율성에 적응하는 데 도움을 준다.

TIM 그룹의 개발자였던 그레이엄 앨런은 "어떤 팀에 들어가길 원하고 어떤 일을 하고 싶은지 결정하는 일을 포함해서 신입 직원에게 그 모든 것을 소개하는 것이 온보딩 버디의 일이었다."라고 내게 설명했다.

그 과정에 드는 시간은 다양하다. TIM 그룹 개발자인 앤디 파커Andy Parker는 일부 신입 직원은 몇 시간 안에 팀을 선택할 것이며 다른 신입 직원들은 가능성에 대한 감각을 얻기 위해 다른 팀들과 짝을 지어 프로그래밍하고 팀에 대한 '쇼핑'을 하면서 며칠을 보낼 수도 있다고 설명했다. 그 시점에서, 해당 팀은 신입 직원이 실행의 자율성과 같은 더 많은 자율성에 적응하도록 도울 것이다.

TIM 그룹의 개발 부서는 온보딩 버디 문화가 그 자체로 가치가 있다는 것을 알았지만, 온보딩 버디 과정 자체도 그만큼 가치가 있다는 것을 깨달았다. 그 역할을 맡은 모든 사람이 온보딩 버디에 관한 문서를 만드는 데 도움을 줬기 때문에 조직 내의 모든 사람은 쉽게 온보딩 버디가 될 수 있었다. 그 문서들은 집단적 역할 설계와 집단적 지혜의 원천이 됐다.

제프리 프레드릭은 "온보딩과 같은 문제는 우리 모두가 해결하길 원하는 공동의 관심사이므로 공동으로 해결책을 설계해야 한다. 그것이 바로 자기 관리의 원칙이다."라고 말했다. 공유된 문제와 공유된 해결책에 대한 이 아이디어는 조직 전체에서 관리에 대한 책임을 이전하기 위한 지침이 됐다.

결론

우리의 선구자들이 증명했듯이 경영을 경영자에게 맡겨야 할 본질적인 이유는 없다. 경영진의 권한과 책임은 그 권력을 약화시키지 않고 합의의 함정에 굴복하지 않으면서 조직 전체로 이양될 수 있다. 팀과 개인은 조직 자체를 효과적으로 관리할 수 있으며, 그 과정에서 주인 의식, 책임감, 권위 의식을 높일 수 있다.

알다시피, 이는 생산성의 향상이기도 하지만 진화를 증폭시키기도 한다. 위임된 조직은 정적 지배 계층 구조보다 더 빠르게 진화한다. 조직 내의 모든 사람에게 조직 구조 내의 긴장을 감지하고 대응할 수 있는 능력을 부여하고, 그 결과 조직 전체의 진화적 잠재력을 발휘시키기 때문이다.

우리가 아직 고려하지 않은 한 가지 형태의 다소 특별한 경영 이양 유형이 있다. 과연 권력을 이양한 조직은 가장 친숙한 이슈인 개인의 급여 문제를 어떻게 처리할까? 이는 조직을 넘어서는 파급 효과를 가진 복잡한 문제다. 대부분의 서양 문화권에서 개인의 사회적 지위는 개인의 순자산과 밀접한 관련이 있다. 급여는 개인과 조직을 사회 전체의 더 큰 지배 계층으로 연결하는 방법이 되며, 이 연결을 끊는 것은 급진적 협업 조직들에게는 필수적이다. 그래서 다음 장에서는 전통적인 급여 방식의 결함과 편견 및 강압을 자세히 다룰 것이다. 또한 전 세계에서 추진력을 얻기 시작한 급여 지급에 대한 급진적 협업의 대안들을 살펴본다.

> **성찰을 위한 질문들**
>
> » TIM 그룹이 지배자 계층 구조에서 자기 관리의 비위계적 구조로 관리 권한을 이양하는 것은 직속 상사의 역할을 양도함으로써 시작됐다. 만약 당신이 자신의 조직 내에서 권력 이양의 과정을 시작한다면, 어디서부터 시작하겠는가?
> » 이번 장에서는 임시 리더십 팀, 조언 프로세스, 홀라크라시 기반의 거버넌스, 채용 및 해고의 권한 이양과 같은 여러 가지 혁신적인 관리 관행을 자세히 설명했다. 이러한 관행 중 어느 것이 당신의 조직에 소개하기가 가장 쉽고, 어느 것이 가장 어려울까? 그리고 그 이유는 무엇일까?
> » 독서 그룹은 TIM 그룹이 계층 구조에서 비위계적 계층 구조로 전환할 때 중요한 역할을 했다. TIM 그룹의 개발자들은 뭔가를 '깨달은' 관리자가 '관리자 자신의 이익을 위한' 혁신적인 변화를 하도록 놔두는 대신, 모든 사람을 위한 권한 이양을 그들 자신의 상황에 맞게 정의하고 그들 자신의 자유 의지로 그 변화를 일궈냈다. 어떻게 다른 사람에게 그 아이디어를 강요하지 않고 조직 내에서 급진적으로 협업하는 변화를 가져올 수 있을까?

4장

필수 요소 #2(계속) : 보상 권한의 이양

이전 장에서는 리더십, 고용, 해고, 지배 구조 등 다양한 측면에서 경영권 전환의 사례를 살펴봤다. 하지만 아직 다루지 못한 한 가지 측면이 있다. 바로 보상 권한의 이양이다. 우리의 보상이 어떻게 결정되는지, 누가 결정하는지는 조직의 성과뿐만 아니라 개인의 행복에도 중요한 영향을 미친다. 따라서 이 주제를 살펴보지 않고서는 급진적 협업을 위한 권한 이양을 완전하게 논의할 수 없다. 그리고 이 주제는 이 장 전체를 할애할 만큼 충분히 근본적이면서도 광범위하기도 하다.

오늘날 조직에서 발견되는 주된 보상 방법은 관리자가 직원을 평가하고 순위를 매겨 매년 순위에 따라 보상을 조정하는 연간 성과 평가 방식이다. 지배 계층 구조로 구성된 조직들이 이 방법을 많이 사용하고 있지만, 또한 매우 좋지 않은 영향도 받고 있다.

예를 들어, 글로벌 시장 조사 및 데이터 분석 회사인 유고브YouGov는 최근 직원의 26%만이 성과 평가를 '유용함'이라는 단어와 연관시킨다는 사실을 알아냈다. 나머지 74%는 성과 평가를 '시간 소모적', '무의미', '스트레스' 등의 용어와 연관시켰다.[1]

이와 마찬가지로 글로벌 리서치 기관인 가트너Gartner는 관리자의 96%가 연간 성과 평가 프로세스에 불만이 있다고 발표했다.[2] 또한 직원을 객관적으로 평가한다는 취지와 달리,[3] 평균적으로 관리자에 의한 평가의 60%는 그의 주관적인 믿음과 편견에 기인했으며 이는 점점 더 큰 문제가 되고 있다는 사실도 함께 언급했다.

이것이 직원들에게는 얼마나 독단적인 과정으로 받아들여지고 고통스러운지를 보여주는 몇 가지 실제 사례를 살펴보자.

6년 반 동안 다섯 번의 강력하고 긍정적인 성과 평가를 거친 후 회사는 약간의 변화를 겪었고 새로운 사람을 내 상사이자 관리자로 고용했으며, 이전 관리자는 다른 역할을 맡았다. 4개월이 지나자 새로운 관리자는 나에 대한 평가표를 줬는데, 그 내용은 나에 대한 과거의 평가와 완전히 달랐다. 이전 관리자와 이와 관련해 상의한 적이 있는지를 물어보자, 그는 "몇 달을 함께 지내보니, 더 이상 물어볼 게 없을 정도로 당신을 잘 알게 됐어요."라고 대답했다.[4]

내가 일했던 조직 중 한 곳에서 개방형의 주관적인 질문이 적힌 문서에 답변해줄 것을 요청받은 적이 있다. 하지만 해당 관리자가 휴가를 떠나고자 우리가 답변서를 작성하기 1주일 전에 이미 직원들에 대한 평가를 마무리했다는 사실을 이후 알게 됐다. 공들여 썼던 답변서는 우리가 뭔가를 작성하고 있는 것처럼 느끼게 하는 것 외에는 다른 목적이 없었다.[5]

올해 우리가 대응하기에는 너무 많은 변화가 있었기 때문에 아무도 평가에서 3점 이상을 받을 수 없다는 말을 들었다. ……(중략)…… 나는 모든 목표를 초과 달성했을 뿐 아니라 그것을 달성하는 과정에서 전년도보다 4만 파운드를 절약했다. 일정 규모의 회사들이 합당한 수준의 연봉 인상을 피하기 위한 수단으로 이번 방식을 사용하고 있다는 느낌을 지울 수 없다. 즉, "당신이 연말에 3점밖에 못 받았기 때문에 올해는 연봉을 올려줄 수 없어요."라는 말과 같다.[6]

누군가가 어디선가 진행됐던 어떤 회의에서 내 얼굴 표정을 좋아하지 않는다고 했고, 그렇기 때문에 내 표정을 좀 더 좋게 할 필요가 있다는 말을 들은 적이 있다. 하지만 내 관리자는 그게 어떤 회의인지, 누가 말했는지, 언제 어디서 들었는지 말해주지 않았다.[7]

상대방과의 의사소통에서 '너무 직설적'이라는 말을 들었지만, 지금까지도 그것이 무엇을 의미하는지 정확히 알지 못한다. 내가 사람들과 소통하는 과정에서 무엇을 어떻게 다르게 해야 하는지 설명해달라고 했을 때, 아무도 내게 구체적인 것을 말해주지 않았다. 이런 부분들에 대한 명확하면서도 모호하지 않은 피드백을 직접 요청하는 것이 그들에게는 껄끄러운 일이라는 느낌을 받았다.[8]

나는 다른 사람들과의 상호작용에서 "너무 예의를 차린다."라는 말을 들었다. 그럼 어떻게 하면 개선할 수 있는지 예를 들어줄 것을 요청하자, "'부탁한다(please)'거나 '고맙다(thank you)'는 말을 자주 하지 말라."라는 충고를 들었다. 내가 그 생각에서 빠져나오는 데 또 1년이 흘렀다.[9]

이 상황은 조직들에게 재앙이다. 관리자가 주관적인 판단, 편견, 신념에 따라 보상을 조정하게 되면, 사기와 생산성을 떨어뜨리고 상사와 동료 간의 경쟁에서 분노를 유발하게 된다. 마찬가지로, 관리자들이 자신들의 요구를 들어주는 대가로 승진, 보너스, 연봉 인상 등을 우리 앞에 내걸 때, 우리가 발휘할 수 있었던 창의성, 혁신, 기업가 정신을 빼앗기게 된다. 보상에 대한 관리적 통제는 조직 내에서 급진적 협업을 가로막는 가장 큰 장애물 중 하나다. 따라서 보상은 정적 지배자 계층의 손에서 벗어나 자기 조직적이고 역동적인 비위계적 조직으로 넘어가야 한다.

전 세계의 급진적 협업 조직들은 이미 이 장에서 살펴볼 새롭게 권한 이양된 보상 시스템을 만들어가고 있다. 그들은 보상 과정에서 관리적인 통제나 강압, 편견을 제거하고 있다. 그리고 곧 알게 되겠지만, 보상이 위계적 통제 없이 효과적으로 처리될 수 있을 뿐만 아니라 보상 권한의 이양이 개인의 행복과 창조적 협업에 긍정적인 2차적 영향을 미칠 수 있다는 것을 증명하고 있다.

그러나 이러한 위임된 보상 관행을 조사하기 전에 먼저 관리적 보상 통제의 두 가지 기본 신화인 '필요성의 신화'와 '객관성의 신화'를 알아보고자 잠시 시간을 할애할 것이다. 이러한 신화들은 관리자와 직원 모두에게 널리 퍼져 있으며, 이에 대한 믿음은 보상에 대한 계층적 통제를 지지하고 정당화하는 데 사용된다. 강압적인 보상 시스템을 성공적으로 극복하려면 이러한 신화 뒤에 숨겨진 거짓말을 밝혀내야 한다. 그렇게 함으로써 인간에 대한 동기 부여의 진정한 원천과 그로부터 파생된 보상 방법을 더 잘 이해할 수 있다.

관리적 보상의 신화에 대한 반박

주로 경영진들은 지배자 계층 구조를 지키고자 신속히 방어하게 되는데, 그 방어의 특징은 급여에 대한 관리적 통제를 논의할 때 극명하게 나타난다. 사람들은 급여에 대한 통제권을 경영자의 손아귀로부터 벗어나게 해서 전체 직원들에게 이양하자는 단순한 제안에 격렬하게 저항한다. 그 생각은 그들에게는 터무니없고 불가능한 것일 뿐만 아니라 심지어 이상주의적인 생각이라는 인상을 준다.

역사적으로, 우리 사회에는 인간이 본질적으로 게으르고 동기 부여가 되지 않으며 당근과 채찍, 보상과 처벌을 강요할 때 좋은 성과를 낼 것이라는 계급 기반의 가정이 있다. 이 가정은 1950년대에 MIT의 더글러스 맥그리거

Douglas McGregor* 교수가 주장했고, 그 후에 그의 획기적인 경영 서적인 『기업의 인간적 측면』(미래의창, 2006)을 통해 유명해졌다. 경영 이론에서는 공식적으로 'X이론'으로 알려져 있는데, 여기서 'X'는 근로자가 X자 모양으로 팔을 교차함으로써 작업 거부의 의사를 밝히는 것을 의미한다.[10]

X이론의 이면에 있는 믿음은 종종 묵시적이다. 사람들은 가족과 친구들의 즉흥적인 말, 상사와 동료들의 행동 및 태도, 책과 영화의 상황과 줄거리에서 그것을 조금씩 알아차린다. 대부분의 사람은 결코 의식적으로 그 개념을 스스로 공식화하거나 말로 표현하지는 않지만, 그럼에도 불구하고 그들의 믿음, 관찰, 행동에 영향을 줄 것이다.

필요성의 신화

경영 측면의 보상 통제에서 X이론은 첫 번째 신화인 '필요성의 신화The Myth of Necessity'의 기초가 된다. 이 신화에 따르면 관리자는 임금 인상, 상여금, 성과 평가 같은 보상과 처벌로 근로자를 통제한다. 만약 X이론이 말하는 것처럼 인간이 본질적으로 게으르고 저항적이어서 어떤 자극이 있기 전까지는 그들 스스로 팔짱을 낀 채 일하기를 거부한다면, 당연히 관리자들은 급여를 통제할 필요가 있다. 만약 그렇게 하지 않는다면 아무것도 이뤄지지 않을 것이다. 즉, 외부에서 통제된 인센티브가 없다면 근로자들은 그저 앉아서 월급만 받을 뿐, 실제 일을 하기 위해 손가락 하나 까딱하지 않을 것이다.

X이론에는 한 가지 문제가 있는데, 그건 바로 이 이론이 거짓이라는 점이다. 인간 행동에 대한 75년간의 연구는 동기 부여에 대해 지금까지 쌓아온 인식과는 매우 다른 그림을 그려내기 시작했다. 인간의 상태에 대해 과학자

---

* MIT 교수로 근무했으며, 미국의 심리학자이자 경영학자이며 인간관계론의 중심 인물이다. 조직에서의 인간 완성과 자기 실현의 가능성을 주장했으며, 1960년에 『기업의 인간적 측면』(미래의창, 2006)이란 저서를 통해 X이론과 Y이론을 주장했다. - 옮긴이

들과 연구자들이 알아낸 사실은 인간은 자연스럽고 본질적으로 동기 부여가 돼 있다는 것이다. 따라서 우리가 믿어왔던 X이론에서 말하는 대로 인간은 어떤 움직이지 않는 덩어리처럼 가만히 앉아 있는 것이 아니라, 열정과 끈질긴 결단력으로 이익을 추구한다는 것이다.

20세기 중반 무렵 동기 부여에 대한 획기적인 연구를 통해 인간의 행동을 이해하는 방식을 바꾼 에이브러햄 매슬로는 1960년대에 "우리가 갖고 있는 모든 증거는 사실상 모든 인간과 거의 모든 신생아에게도 인간 잠재력의 실현을 향한 적극적인 의지가 있다는 것을 보여준다."[11]라고 선언했다.

그리고 20세기의 가장 영향력 있는 동기 부여 연구자 중 한 명인 에드워드 데시Edward Deci가 50년이 넘는 선행 연구들을 메타 분석한 끝에 1999년 간결하게 요약해 발표한 것처럼, 내재적 동기 부여는 선천적인 동기 부여 경향을 보여준다.[12] 숙달을 향한 우리의 의지와 인간 잠재력에 대한 실현은 선천적이고 본능적인 것이지만, 안타깝게도 연약하고 섬세하고 미묘하며 쉽게 꺾이기도 한다.[13] 그것은 당근과 채찍, 지배와 강압에 의해 약화되고 심지어 파괴될 수 있다.

데시는 다음과 같이 설명한다.

이에 대한 증거는 주로 외적 보상의 사용에 초점을 맞춘 전략이 실제로 내재적 동기를 촉진하기보다는 오히려 감소시킬 심각한 위험을 초래할 수 있다는 것을 분명히 보여주고 있다. ……(중략)…… 예를 들어 가족, 학교, 기업, 스포츠 팀과 같은 조직이 단기적인 목표에 초점을 맞추고 사람들의 행동을 통제하려 했을 때는 장기적으로 상당히 부정적인 영향을 미칠 수 있다.[14]

또한 대니얼 핑크Daniel Pink도 2009년 베스트셀러 『DRIVE 드라이브』(청림출판, 2011)에서 '당근과 채찍은 내재적 동기를 소멸시키고, 성과를 떨어뜨리고, 창의성을 짓밟고, 선한 행동을 몰아내고, 부정행위나 편협 또는 비윤리적인 행동을 장려하고, 중독성을 갖게 하며 단기적인 사고를 촉진한다'[15]고 상세히 언급한 바 있다.

다시 말해, X이론은 자기 충족적 예언이다. 사람들이 본질적으로 게으르고 외적 동기가 있을 때만 좋은 성과를 창출한다는 믿음에 따라 사람들을 관리한다면, 결국에는 사람들이 자신의 일에 대해 갖고 있던 내재적 동기를 감소시키고 파괴할 것이므로 우리는 바로 그 믿음에 부합하는 노동력만을 창출하게 될 것이다.

이 책에서 동기 이론 분야의 몇 가지 기본적인 연구 결과를 설명하긴 하겠지만, 이 책은 심리학 연구에 대한 전반적인 연구 결과를 설명하려는 목적에서 저술되지 않았다는 점을 명확히 하고 싶다. 그럼에도 불구하고, 이 책을 통해 여러분이 경영상의 보상 통제가 가진 파괴적인 영향을 설명하는 데 도움이 되는 근본적인 심리를 이해할 수 있도록 몇 가지 사례를 소개하겠다.

소개할 첫 번째 연구는 보상과 처벌이 성과에 미치는 반직관적인 영향에 관한 것이다. X이론은 성과를 높이려면 의욕을 높이는 인센티브를 제공하는 것이 필요하다고 믿게 했는데, 결과는 그 반대였다. 즉, 학생들의 학습 동기를 높이기 위해서는 좋은 성적을 받은 학생들에게 특혜를 주거나, 직원들의 동기 부여를 위해서는 보상 조건이 포함된 성과 평가를 해야 성과가 높아진다는 믿음이 있었다. 그러나 연구자들은 다양한 상황, 연령대, 문화 및 시대에 걸쳐 이러한 인센티브가 이를 받을 수 있는 잠재적 수혜자들의 성과 수준을 감소시킨다는 사실을 발견했다. 여기에는 이러한 반직관적인 효과를 살펴볼 수 있는 몇 가지 연구가 더 있다.

인센티브가 창의성과 성과에 미치는 영향에 대한 어느 초기 연구에서는 128명의 성인에게 성냥 상자, 압정 상자, 작은 양초를 개별적으로 제공하고 이 재료들만 사용해 양초를 벽에 고정시켜볼 것을 주문했다. 해결책은 상자를 비운 다음 압정을 사용해 상자 중 하나를 벽에 붙이고 양초를 그 위에 올려놓는 것이었다. 연구 참가자의 절반에게는 올바른 해결책을 제시하는 대가로 금전적인 인센티브를 제공하기로 했고, 나머지 사람들에게는 아무런 인센티브도 제공하지 않았다. X이론에 따르면 인센티브를 받은 사람들이 문제를 더 잘 해결해야 했지만, 그들은 문제를 해결하는 데 50% 이상의 시간을 더 소비했다.[16]

비슷한 연구에서는 한 그룹의 성인들에게 각 페이지에서 다른 두 패턴과 가장 비슷한 패턴을 선택하도록 했다.[17] 이전 실험과 같이 참가자의 절반은 정답에 대한 금전적 인센티브를 받았고, 나머지 절반은 아무것도 받지 못했다. 그 결과, 이전 실험보다 금전적 보상이 두 배였음에도 불구하고 성과 향상은 전혀 없었다.[18]

신문사의 특정 규칙에 따라 기사 헤드라인 작성법을 배우고 있는 신출내기 기자들을 관찰한 연구도 있다. 기자들 중 일부는 본인이 작성한 각 헤드라인에 대해 금전적 인센티브를 받았지만, 다른 일부는 인센티브를 받지 못했다. 보상을 받은 사람들이 작성한 헤드라인의 품질은 어느 정도 향상된 후 정체됐지만, 보상을 받지 못한 사람들의 품질은 계속 향상됐다. 다시 말하지만, 보상은 성과를 떨어뜨렸다.[19]

한 무리의 예술가들이 자신들이 만든 작품의 품질을 평가한 사례도 있다. 예술가들은 이 실험을 위해 돈을 받기로 하고 작업한 작품과 돈을 받지 않기로 하고 작업한 작품을 모두 제공했으며, 별도의 전문 예술가들이 돈을 받기 위해 만든 것인지 아닌지 전혀 모르는 상태에서 해당 작품들을 평가했다. 결과적으로, 사전에 금전적 보상을 받기로 협의하고 제작된 작품들이 오히려 품질이 낮은 것으로 평가됐다.[20]

비록 이 책에서는 몇몇 연구 사례를 소개했지만, 이 사례들이 결코 특이하지는 않다는 사실을 알아야 한다. 이와 같은 실험 심리학 분야의 연구는 수십 년 동안 전 세계적으로 행해지고 있다. 그 모든 연구에서 반복적으로 확인된 실험 결과는 보상은 가장 사소하거나 무의미한 일을 제외하고는 성과를 떨어뜨렸으며, 심지어 질적 성과가 아니라 양적 성과만 증가시켰다는 것이다.

강사이자 독립적인 학자이며 베스트셀러 『Punished by Rewards』(Mariner Books, 1999)의 작가인 알피 콘Alfie Kohn은 다음과 같이 정리했다.

보상을 받은 사람들은 좀 더 쉬운 일을 선택하고, 새로운 문제를 해결하기 위한 정보 사용에서 비효율적이고, 문제 해결 전략에서 정답만을 찾는 경향이 있으며, 문제 해결 과정이 비논리적이다. 그들은 더 열심히 일하고 더 많은 결과를 생산하는 것처럼 보이지만, 품질이 더 낮고 오류가 더 많은 결과물을 내놓으며 같은 문제들에 대해 보상을 받지 못한 사람들보다 더 정형화됐고 덜 창의적이다.[21]

지난 75년 동안 반복적으로 만들어진 이러한 결과는 행동 심리학 분야에 영향을 줬고, '왜 보상과 처벌로 인해 동기 부여가 됐을 때, 성과는 나빠지는 것인가?'라는 자연스러운 의문이 생겼다.

이 현상을 설명하기 위한 많은 이론이 있지만, 보상이 우리의 내재적 동기 부여에 미치는 영향을 이해하고 있는 몇몇 이론이 가장 설득력이 있었다. 분명하게 말하자면, 뭔가에 관심을 갖고 스스로 동기를 부여한다고 해서 좋은 결과를 얻을 수 있는 것은 아니지만 그 자체로 좋은 결과를 얻을 수 있는 매우 중요한 요인이기는 하다. 콘이 말했듯이, 내재적으로 동기 부여된 사람들은 ……(중략)…… 최적의 도전을 추구하고, 더 큰 혁신성을 발휘하며, 도전적인 조건에서 더 나은 성과를 내는 경향이 있다.[22]

이건 놀랄 일이 아니다. 놀라운 것은 내재적 동기 부여가 외재적 동기 요인들에 의해 얼마나 쉽게 약화되고 심지어 파괴되는가 하는 점이다. 지난 반세기 동안 많은 연구에서 외재적 동기 부여 요인들이 우리가 관심을 갖는 활동들에 어떻게 영향을 미치는지 탐구해왔다. 이를 자세히 살펴보는 데 도움이 될 유명한 연구 두 가지가 있다.

1971년, 연구자들은 성인 참가자들을 개별적으로 대기실에 배치하고 그들에게 해결할 조각 퍼즐을 제공했다. 당시 어떤 참가자들은 퍼즐을 풀게 되면 금전적인 보상을 받았지만, 다른 참가자들은 그렇지 않았다. 퍼즐 조각을 다 맞추고 난 후에도 참가자들이 대기실에 계속 머물면서 다음 단계를 기다리도록 했는데, 그다음부터 심리 연구의 중요한 과정이 시작됐다.

사실 '다음 단계'라는 건 없었다. 단지 실험을 위한 속임수였을 뿐이며, 참가자들이 자신들에게 주어진 이 자유 시간에 무엇을 할 것인지에 관심이 있었다. 연구자들은 퍼즐을 푸는 것에 대한 보상을 받은 사람들이 자유 시간 동안 퍼즐에 거의 관심을 보이지 않고 잡지를 읽거나 단순히 공상하는 것을 선호한다는 사실을 알아냈다. 그러나 금전적 보상을 제공받지 않은 사람들은 자유 시간 동안에도 계속해서 제시된 퍼즐에 도전하는 것을 즐기고 있었다.

이 연구의 핵심 연구자가 나중에 추측했듯이, 금전적 보상은 특정 활동에 대한 내재적 동기 부여를 위해 효과가 있을 수는 있다.[23] 실제로 이것은 이후의 실험과 연구를 통해 확인됐다. 인센티브나 의욕을 꺾는 외부적 요인이 자기 스스로 동기 부여된 어떤 활동에 영향을 줄 때, 활동에 대한 우리의 관심은 사라져버린다.[24]

같은 시기에 심리학자와 연구자들은 어린이집*에 대한 국가 교육 프로그램이 미국 어린이들에게 미치는 영향을 조사하고 있었다. 이 프로그램의 일환으로 어린이집 교실에 아이들이 재미있게 놀 수 있기를 희망한다면 더 많은 것을 배울 수 있는 학습 게임을 제공했다. 일부 교실에서는 교사들이 게임을 교과 과정의 일부로 사용했고, 다른 학교 활동에 성공적으로 참여한 학생들에게 상을 주듯이, 게임을 활용한 것에 대해 학생들에게 칭찬이나 별점

---

* 1965년 미국 연방정부가 경제적·문화적으로 불우한 아동들을 국가적 차원에서 지원하고자 만든 유아교육 프로그램이다. – 옮긴이

혹은 좋은 성적을 줬다.[25]

다른 교실에서는 교사들이 게임을 커리큘럼의 일부로 사용하지 않고, 단지 학생들이 자유롭게 놀 때 사용할 수 있는 장난감과 교보재들만 추가했다. 당시 심리학자는 교사들이 좋은 성적이나 별점 같은 보상을 통해 게임을 사용하도록 강요한 교실에 있는 아이들은 자유 시간 동안 게임을 하는 것에 관심을 보이지 않는다는 사실을 알아냈다. 하지만 아이들이 자유롭게 게임을 할 수 있는 기회를 제공받은 교실에서는 이런 게임을 충분히 즐길 수 있는 장난감과 교보재가 부족할 정도로 게임에 관심을 보였다.[26]

아이들은 위의 연구에서 어른들이 보여줬던 것과 같은 행동을 나타낸 셈이다. 퍼즐을 푸는 대가로 보상을 제공하면 퍼즐에 본질적인 흥미를 잃는 어른들처럼, 아이들은 게임을 하는 대가로 좋은 성적이나 별점 혹은 칭찬을 받으면 게임에 흥미를 잃었다.

이 연구의 기본적인 결론은 외재적 동기 부여 요인이 내재적 동기를 약화시키거나 심지어 파괴한다는 것이다. 이것이 X이론이 자기 충족적 예언인 이유다. 근로자들은 실제로 강압적인 환경에 처하게 되면, 강제로 일하게 되지 않는 한 저항의 의미로 팔짱을 끼거나 손을 놓고 아무런 일도 하지 않을 것이다. 관리자들이 지시하는 대로 따라 하도록 하기 위해 금전적인 유인책을 동원하거나, 부정적인 평가 또는 성과 개선 계획 혹은 임금 삭감 등과 같이 의욕을 상실하게 하는 것들로 근로자들을 채찍질한다면, 근로자들이 뭔가를 창조하고 만들고 배우려는 내재적 동기를 없애는 환경을 조성하게 된다. 필요성의 신화를 믿음으로써 관리자와 기업의 소유자들은 그 신화를 현실로 만들었다.

객관성의 신화

경영자 보상 통제의 두 번째는 '객관성의 신화The Myth of Objectivity'다. 관리자들은 자신들의 판단이 공정하며 공평하다고 믿고 싶어 한다. 그들이 연봉과 승진으로 보상하는 사람들은 진정으로 그것을 받을 자격이 있고, 자신들의 업적을 바탕으로 성취했다는 것이다. 또한 관리자들은 자신들이 처벌하는 사람들도 그들의 나쁜 성과나 잘못된 행동에 근거한 것이라 믿고 싶어 한다.

물론 객관적인 사실이 존재하며, 긍정적이든 부정적이든 경영상의 판단은 때때로 진실을 반영할 수 있다. 종종 사람들은 스스로 느낄 정도로 자신의 업무를 끔찍할 정도로 못한다고 인식하기도 하지만, 때로는 우리 모두가 두려움과 감탄, 위압감, 부적절함을 동시에 느낄 정도로 자신의 직업에 탁월한 사람들을 만나기도 한다.

그러나 전반적으로 근로자들에 대한 보상을 조정하기 위한 현대적인 방법들이 편견이 없는 진실에 명확하게 근거하고 있다는 생각은 단순히 신화일 뿐이다. 이는 근로자들에게 결과의 타당성을 납득시키고 '힘든 결정'을 내릴 수밖에 없는 관리자들을 위로하기 위해 만들어진 '동화'일 뿐이다.

인식과 추론을 연구하는 심리학 분야인 인지 심리학으로 인해 이 신화는 종종 잘못 인식될 여지가 있다. 대부분의 사람은 관찰, 판단, 결정의 타당성에 대해 거의 그 끝을 알 수 없는 믿음을 갖고 있다. 하지만 인지 심리학자들의 연구 결과는 이 믿음이 비참할 정도로 근거 없는 것임을 분명히 보여준다. 인간의 인식은 기껏해야 선택적이며, 기존의 신념과 의견에 의해 왜곡되고 비뚤어지는 경우가 많다. 그리고 인간의 판단은 편견, 경험, 기억, 감정이라는 사악한 마력으로 인해 더욱 종잡을 수 없다.

다시 한 번 말하지만, 이 책의 목표는 이 연구 분야에 대한 깊이 있는 지식을 제공하는 것이 아니다. 이미 우리와 같은 문외한을 위해 특별히 인지심리학 전문가들이 쓴, 해당 분야의 지식을 깊이 있게 전달해줄 환상적인 책들이 많이 있다. 지금부터는 인지 심리학 분야의 매혹적이지만 그 결과는 그다지 훌륭하지 않은 세 가지 연구들을 살펴보자.

연구 #1: 기대는 지각을 왜곡한다

대부분의 사람은 '스페이드를 스페이드라고 부를 수 있는 능력'에 자부심을 갖고 있다. 누군가 당신에게 0.5초 동안 카드를 빠르게 보여준다면, 그 카드를 맞출 수 있을까? 스페이드, 하트, 다이아몬드 또는 클로버라면, 그 카드에 적힌 숫자나 색깔은? 아마도 대부분의 사람은 맞출 수 있다고 말할 것이다.

그러나 인지 심리학에서 가장 유명한 초기 연구 중 하나인 제롬 브루너 Jerome Bruner와 레오 포스트먼Leo Postman의 1949년 논문인 「부조화의 인식에 관한 연구: 패러다임On the Perception of Incongruity: A Paradigm」[27]에서 보듯이, 사람들은 기존의 기대와 일치하지 않는 카드를 보여줄 때(즉, 네 개의 하트 카드를 보여 줬지만 하트가 빨간색이 아니라 검은색일 때처럼) 카드에 무엇이 들어 있는지 정확하게 말하려고 애쓴다. 어떤 사람들은 그 카드가 검은색이 아니라 빨간색이라고 주장할 것이다. 또 다른 사람들은 색상은 검은색이라고 정확하게 말하지만, 카드가 하트가 아니라 스페이드 또는 클로버라고 주장한다. 또한 감정이 격해져서 카드에 뭔가 문제가 있으며 그게 무엇인지는 알 수 없다고 말하기도 할 것이다.[28]

이 연구 결과는 인지 심리학 실험에서 '당신의 지각은 당신이 보고자 기대하는 것에 크게 영향을 받는다'[29]는 것을 반복적으로 확인시켜줬다.

연구 #2: 현저성 효과

알Al과 빌Bill이라는 두 사람이 마주 앉아 대화를 나누고 있다고 상상해보자. 그다음, 당신이 알 뒤에 있다고 생각해보자. 그럼 당신은 빌의 얼굴을 볼 수 있지만 알의 얼굴은 볼 수 없고, 단지 알의 뒤통수만 볼 수 있다. 대화가 끝난 후에 누가 그 대화를 이끌었는지 당신에게 묻는다면, 거의 틀림없이 빌이라고 답할 것이다. 빌의 얼굴이 아니라 알의 얼굴을 볼 수 있도록 반대편에 앉아 있었다면, 반대로 알이 대화를 이끌고 있다고 확신했을 것이다.

이 사례는 실험 심리학자 셸리 테일러Shelley Taylor와 수전 피스크Susan Fiske

의 유명한 연구를 재현한 것이다.[30] 이 사례는 '현저성 효과salience effect'[31]로 알려진 인지 편향을 보여준다. 즉, 어떤 상황에 대한 당신의 판단은 그 상황에서 두드러지거나 당신에게 인상적인 것에 의해 크게 영향을 받는다는 의미다. 당신이 지각한 영역 내에서 현저하게 두드러진 요소를 강화함으로써 그 요소가 판단에 영향을 미친다는 것이다.

그러나 인식을 왜곡하는 한 가지 방법은 당신의 관점일 뿐이다. 이에 대해 스캇 플로스Scott Plous는 그의 저서 『비즈니스맨을 위한 심리학 카페』(토네이도, 2006)에서 다음과 같이 요약했다.

> 회색 셔츠 대신에 대담한 무늬를 넣은 셔츠를 입게 하거나, 꼼짝하지 못하게 하는 대신 흔들의자에 앉게 하거나, 혹은 밝은 빛과 어두침침한 빛 사이에 앉게 하는 등 관찰 대상인 사람들의 현저성을 조작하는 추가적인 연구들을 지속해왔는데, 그 연구의 결과들은 결국 유사했다. 현저한 특징을 갖고 있는 사람들은 그렇지 않은 사람들에 비해 인과성을 갖고 있는 것으로 인식된다.[32]

심지어 (그리고 다소 놀랍지 않게도) 피부색이 두드러진 효과를 유발할 수 있다. 여섯 명의 배우(백인 세 명, 흑인 세 명)가 여러 명의 관객 앞에서 대본에 적힌 대화를 나눈 연구에서, 그중 두 명의 흑인 배우가 백인 배우로 대체될 때마다 나머지 한 명의 흑인 배우에 대한 관객의 주목도가 증가했다. 다시 말해, 똑같은 말을 하는 바로 그 사람이 그룹에서 유일한 흑인이었을 때 더 많이 말하고 더 영향력 있는 것으로 인식됐다.[33]

여기서 중요한 점은 이것이 개인의 약점이나 편견이 아니라 집단적 현상이라는 것이다. 인종, 나이, 성별이 다른 사람들은 일반적으로 동일한 현저성을 제시하면, 비록 그 현저성이 당면한 상황과 전혀 관련이 없을지라도 동일한 종류의 인식 왜곡을 경험한다.

연구 #3: 기준점 편향

당신이 한 신입 직원에 대해 한 묶음의 동료 평가서를 받은 관리자라고 가정해보자. 해당 직원은 당신의 보고 체계하에 있지만 아직 그에 대해 잘 알지는 못하는 상황이다. 당신이 눈치채긴 어렵겠지만 성과, 협업, 독창성에 대해 10점 만점 중 10점을 준 매우 긍정적인 동료 평가서가 현재 맨 위에 올라와 있다.

또한 맨 아래에는 매우 부정적인 동료 평가서가 놓여 있는데, 해당 평가서에서 신입 직원은 동일한 항목에 대해 10점 만점 중 1점을 받았다. 이 두 평가서 사이에는 특별히 긍정적이지도 부정적이지도 않은 평가서들이 들어 있다. 이 동료 평가서들을 모두 검토한 후 해당 직원에 대해 어떤 결론을 내릴 것인가?

조금 전에 설명한 대로 동료 평가서 중 긍정적인 평가서가 맨 위에 올려져 있다면, 그 직원의 성과를 긍정적으로 평가할 것이 거의 확실하다. 반대로 부정적인 의견이 담긴 평가서가 맨 위에 올려져 있었다면, 거의 확실하게 해당 직원의 성과를 부정적으로 평가했을 것이다. 왜냐하면 맨 처음의 매우 부정적인 평가가 그 이후의 모든 평가에 영향을 미쳐서 부정적인 인상을 고착시켰을 것이기 때문이다.

다른 사람들에 대한 당신의 판단은 첫인상에 의해 고정돼 있고 항상 그 첫인상에서 너무 멀리 벗어나지 않으려고 애쓸 것이다. 이는 수십 개의 연구에서 입증된 인지 편향의 기준점 효과anchoring effect로 알려져 있다.

예를 들어 노벨상을 수상한 심리학자이자 경제학자인 대니얼 카너먼Daniel Kahneman은 사람들에게 "UN 내 아프리카 국가의 비율이 'X%'보다 큰가 혹은 적은가?"라고 묻고 나서, 그다음 질문으로 "UN 내 아프리카 국가의 정확한 비율은 얼마인가?"라고 물었을 때 사람들의 대답이 'X'(즉, 그가 첫 번째 질문에서 사용한 비율)에 의해 크게 영향을 받는다는 것을 발견했다. 첫 번째 질문에서 '10%'의 비율을 사용하면 두 번째 질문에 대한 응답이 상대적으로 낮은 중위값 추정치인 25%가 된다는 사실을 확인했다. 그러나 첫 번째 질문에서 '65%'를 사용하면 두 번째 질문에 대한 응답의 중위값이 45%까지 올라갔다.[34]

이 연구의 결과는 그 이후로 다른 인지 심리학자들에 의해 수십 번 반복돼 확인됐다. 사람들이 UN에 속한 아프리카 국가의 비율이나 대학 교과서의 가격 또는 핵전쟁의 가능성을 얼마나 추정하는지 여부에 관계없이, 사람들의 추정치는 자신들에게 제시된 초기값에 의해 상당히 편향되거나 고착돼 나타났다.

플로스는 다음과 같이 설명한다. "기준점의 효과는 널리 퍼져 있으며 매우 견고하다. ……(중략)…… 사람들은 핵전쟁의 가능성이나 주택의 가치, 또는 다른 여러 주제에 대한 판단과 상관없이 기준이 된 특정 값으로부터 충분히 멀리 벗어나지 못한다.[35] 더욱이, 이 기준점 효과의 영향으로부터 자유로워질 수 없는 이유는 그 기준점에 대한 정확성이 거의 의미가 없거나 기준이 되는 값 자체가 그다지 중요하지 않을 수 있기 때문이다."[36]

이것들은 지각, 판단, 의사결정의 심리에 관한 부족하면서도 확정되지 않은 몇 가지 사례일 뿐이다. 지난 반세기 동안의 인지 심리학의 결과는 객관성의 신화가 무엇인지를 밝혔을 뿐, 그 이상도 이하도 아니었다. 우리의 인식, 판단, 추론은 객관적인 사실과는 거의 관련이 없으며 주관적인 신념과 많은 관련이 있다. 그렇기 때문에 성과 평가는 주관성과 편견의 장(場)인 것이다. 성과 평가는 바로 추측, 예측, 감정, 경험, 기억 등이 무의식적으로 뒤섞여 있다. 종합해보면, 성과 평가는 관리를 받는 사람들보다 오히려 관리자들에 대해 훨씬 더 많은 것을 말해준다.

이 장에서 사용한 단어가 가혹하고 무자비할지라도, 강압적인 보상 통제 시스템에 볼모가 된 모든 사람(우리 자신을 포함해)에 대한 공감과 연민을 가져야 한다고 믿는다. 나는 양쪽 모두를 경험해봤다. 내 삶과 내가 사랑하고 아끼는 사람들의 삶에 영향을 끼친 편파적이고 일방적인 관리자들의 판단을 받아왔다.

그러나 또한 '힘든 결정'을 내리도록 강요받는 관리자의 입장에도 있어봤다. 나는 지배와 강압이 존재하는 체계 속에서는 필요성과 객관성의 신화가 제공하는 위안 없이 견디기 힘들었으므로 이 두 신화를 믿어왔다.

이 시스템은 관련된 모든 사람을 해친다. 그것은 지배하는 사람과 지배당하는 사람 모두의 인간성을 파괴한다. 그러나 다행스럽게도 더 나은 방법이 있다. 전 세계의 급진적 협업 조직들은 위임된 보상 관리 시스템을 실험하고 있다. 이제 그 시스템들을 살펴보자.

대안들에 대한 탐구

급진적 협업 조직들이 급여 지급의 권한을 이양하는 방법에 대한 한 가지 예를 이미 살펴봤다. 이전 장에서는 지구상에서 가장 급진적으로 위임을 실행하는 조직인 매트 블랙 시스템즈에 대해 간략히 설명하면서 시작했다. 그 설명의 일환으로, 매트 블랙 시스템즈가 실행하고 있는 보상 시스템의 위임에 대한 기본적인 그림을 넌지시 이야기했다. 그들의 프랙탈 조직 모델에 따르면 모든 직원은 하나의 가상 회사였고 관리 책임과 행정적인 업무를 개인에게 위임했지만, 매트 블랙 시스템즈의 프랙탈 모델은 급여 부분까지도 위임했던 것이다.

매트 블랙 시스템즈의 모든 직원은 자신이 창출한 수익과 발생한 비용 그리고 자신들이 초과 달성한 잉여금에 대한 손익 계산 계정을 개인별로 갖고 있었다. 직원들이 집으로 가져가는 급여는 그 잉여금의 함수다. 모든 직원이 기본 임금, 즉 노동의 대가에 상응하는 임금을 약속받지만, 실제 임금은 그들이 창출한 월간 이익의 일정 비율을 포함하게 된다. 많은 직원이 월 잉여금의 20%는 보너스로 직접 받지만, 대부분 기본급의 두 배나 세 배가 될 뿐만 아니라 총급여를 업계 평균보다 훨씬 높게 책정하기도 한다.

매트 블랙 시스템즈는 소규모 제조 조직이지만, 그들의 위임된 급여 프로세스를 이루는 기본 아이디어는 대규모로 확장될 수 있다는 사실이 입증됐다. 이 책의 서문에서는 직원 8만 명을 둔 혁신적 제조 조직인 하이얼을 급진적 협업을 하는 존재로 언급했다. 알다시피 하이얼은 수천 개의 소규모 기업으로 나뉘어져 있는데, 각각 평균 10명에서 15명 정도의 직원들이 있다. 이 소규모 기업들은 상품과 서비스를 위해 서로 자유롭게 계약을 맺고 함께 모여 급진적 협업을 하는 팀으로 구성된다.

각 소규모 기업에서 동료들의 급여는 매트 블랙 시스템즈의 급여 지급 체계와 거의 같은 방식으로 분배된다. 이 소규모 기업의 모든 사람은 낮은 기본급으로 시작하지만, 소규모 기업을 위해 설정한 '주요 목표'를 달성함으로써 수령하는 임금을 늘린다. 주요 목표는 매출 증가에서 비용 절감 혹은 제품 설계 프로세스에 사용자가 참여하는 범위까지 다양하며, 심지어 대담한 수준까지 설정하기도 한다.

예를 들어 하이얼의 소규모 기업들, 즉 마이크로 엔터프라이즈들은 업계 평균보다 4배에서 10배 높은 매출 성장 목표를 설정하는 경향이 있다.[37] 비록 일부 사람에게는 위압적으로 들릴지 모르지만, 마이크로 엔터프라이즈들은 일상적으로 자신들의 주요 목표를 달성할 뿐만 아니라 지속적인 변화와 혁신의 문화를 만듦으로써 그 목표를 달성한다는 것을 명심해야 한다.

세계적으로 유명한 조직 이론가이자 『Humanocracy』(Harvard Business Review Press, 2020)의 공저자인 게리 하멜[Gary Hamel]과 미셸 자니니[Michele Zanini] 박사는 이렇게 말했다. "주요 목표는 마이크로 엔터프라이즈들이 핵심 가정을 지속적으로 재검토하도록 강요한다. 스타트업에 소속된 모든 사람은 더 열심히 노력만 한다고 해서 목표를 달성할 수 없다는 것을 알고 있다."[38] 하이얼은 전례 없는 수준의 성장을 갈망하고 개인의 보수를 그 집단적 성취에 기초함으로써 모든 사람의 일상 업무에서 새로운 수준의 상상력과 창의성을 고무시켰다.

『Humanocracy』와 같은 서적에는 하이얼의 급여 체계를 더 자세히 다룬 다양한 읽을거리가 있다. 하이얼은 개인의 급여를 그들과 그들의 마이크로 엔터프라이즈가 고객을 위해 창출하는 가치와 직접 연결함으로써 관리자의 손에서 개인에게로 급여 지급에 대한 통제권을 이양했다. 하이얼의 최고 경영자인 장 루이민은 "하이얼에서는 더 이상 직원들에게 임금을 주지 않는다. 대신 고객이 지불한다."[39]라고 말했다.

매트 블랙과 하이얼이 운영하는 이양된 급여 시스템에서 한 가지 흥미로운 점은 투자와 혁신이다. 예를 들어 매트 블랙 시스템즈에서는 개인의 월 수익 중 5분의 1이 개인 투자 계좌로 들어가고, 이 계좌는 자유롭게 사용할 수 있다. 그들은 스스로 또는 다른 사람들과 투자 자금을 모아서 새로운 기구나 도구 또는 기계를 구입할 수 있다. 혹은 그 돈을 새로운 사업 기회나 모험적인 벤처들에 투자할 수도 있다.

매트 블랙의 설립자들은 "개인은 이 유동 자산의 유일한 관리자다. 우리의 목표는 생산성뿐만 아니라 우리 직원들의 기업가적 재능을 육성하는 것이며, 많은 사람의 투자 계좌에는 수만 파운드가 적립돼 있다. 그들은 회사의 자금을 관리하는 유일한 사람들이다."[40]라고 말했다.

기업 이익에 대한 개별적인 책임은 경영에 대한 통제권을 더욱 위임하고 일과 직장에 대한 개인 및 집단의 자율성을 더욱 증대하는 방법이다.

하이얼은 또한 '제로 펀드zero-fund' 기업가 지원 프로그램을 통해 조직에 대한 투자를 맡겼는데, 이는 사실상 조직의 새로운 벤처 기업이 처음에는 직원, 외부 투자자, 잠재 고객 또는 이 세 가지 모두에 의해 자체 자금을 조달받는다는 것을 의미한다.[41]

예를 들어 하이얼의 예비 기업가는 종종 마이크로 엔터프라이즈의 첫 번째 투자자가 될 수 있고, 이는 뜻밖의 횡재로 이어질 수 있다. 품질 좋은 게이밍 노트북을 만드는 마이크로 엔터프라이즈인 썬더로봇을 기억하는가?

신규 벤처에 있는 직원들은 개인의 수입을 합치면 썬더로봇의 지분 20%를 확보하기에 충분한 돈을 투자할 수 있었다.[42] 썬더로봇이 현재 3억 달러 이상의 가치가 있다는 사실을 고려할 때,[43] 그 지분은 다른 어떤 회사에서도 내부 스타트업을 만들 기회나 수단을 전혀 갖지 못했을 직원들에게 상당한 수익을 가져다줬다.

제품 디자인에 대한 하이얼의 고객 중심 접근 방식은 또 다른 일반적 투자 형태인 크라우드 펀딩crowd funding으로 이어졌다. 하이얼에서 인큐베이팅하고 있는 대부분의 마이크로 엔터프라이즈는 적어도 부분적으로는 크라우드 펀딩 벤처로, 잠재 고객이 제품의 방향을 정하고 초기 출시 시제품과 베타 테스트 제품에 접근하는 대가로 디자인과 개발에 자금을 대고 있다.[44] 이는 하이얼의 투자 위험을 상쇄할 뿐만 아니라 시장 수요와 제품 생존 가능성에 대한 명확한 신호를 만든다.

하이얼이 보여준 투자 전략의 최종 결과는 월 스트리트보다는 실리콘밸리와 공통점이 더 많은 혁신과 기업가 정신의 문화다. 장 루이민은 『Corporate Rebels』의 저자들에게 "하이얼의 모든 사람은 자신의 CEO가 될 수 있다."[45]라고 말했다.

매트 블랙 시스템즈와 하이얼은 급여에 대한 권한 이양으로 성공을 거뒀지만, 그들의 방법이 급여 지급의 권한을 이양하는 유일한 방법은 아니다. 전 세계적으로 빠르게 관심을 얻고 있는 다른 두 가지 접근법이 있는데, 바로 데밍 페이 시스템과 자율 관리 급여다.

데밍 페이 시스템

데밍 페이 시스템Deming pay system은 많은 사람에게 이미 '린 제조의 아버지'로 알려진 에드워즈 데밍W. Edwards Deming의 이름을 딴 것이다. 데밍은 보상에 대한 관리적 통제에 관해서는 말을 아끼지 않았고, '인간성의 파괴자'라고 불렀다.[46] 데밍은 최선을 다하도록 사람들에게 동기를 부여하는 대신, "모든 사람은 자신의 이익과 자신의 삶을 위해 앞으로 나아가도록 노력해야 한다. 조직은 패배자다."[47]라고 말했다. 그는 독자들과 고객들에게 "성과급을 폐지하고 성과에 따라 급여를 지급하라. 그래야만 모든 사람이 자신의 일에 자부심을 가질 기회를 얻을 것이기 때문이다."[48]라고 말했다.

데밍의 연구는 초기에 시스템적 사고와 통계적 변이성에 기초했지만, 인간의 동기에 대한 그의 많은 통찰력은 인지 과학 분야를 탄생시켰다. 데밍은 그의 연구와 저술에서 강압적인 경영 기법과 분리된 보상 체계를 옹호했다. 데밍의 동료 중 한 명은 다음과 같이 말했다.

> 데밍은 최고 경영자를 통해 모든 직원에게 성과에 맞는 급여를 지급할 것이다. 같은 업무에 종사하는 사람들은 거의 같은 급여를 받을 것이다. 모든 사람이 연봉이 인상될 것이므로 연공서열에 의해 약간의 차이가 생길 것이다. 그러한 인상은 업적에 근거하지 않고 균일할 것이다. ……(중략)…… 데밍에게 허용 가능한 한 가지 보너스 계획은 이익 공유다. 하지만 이마저도 모든 직원에게 동등하게 분배될 것이다. 최고 경영자가 공장 노동자와 같은 보너스를 받는다고? 데밍은 "글쎄, 왜 안 돼?"라고 그 질문에 오히려 놀란 표정으로 말한다.[49]

위의 이야기는 간단하면서도 급진적이다. 매트 블랙 시스템즈와 하이얼이 개척한 접근법과도 근본적으로 다르다. 시스템 내에서 각 개인의 급여를 개인 기여 정도에 연계하는 대신, 데밍 페이 시스템은 그 어떤 개인과의 연계도 제거하려고 한다.

훑어보기

비시(Viisi): 담보 대출 상담에 특화된 핀테크 회사다. 네덜란드에 본사를 두고 있으며 40여 명의 직원을 고용 중이다. 데밍 페이 시스템을 도입했다.

네덜란드의 홀라크라시 기반 핀테크 회사인 비시는 데밍 페이 시스템을 있는 그대로 적용했다. 비시에서 동일한 역할을 하는 모든 사람은 동일한 임금 곡선에 있으며, 동종 업계 급여를 벤치마킹했을 때 동종 업계 급여의 상위 4분위수에 해당된다. 연봉 인상은 같은 역할을 하는 모든 사람에게 자동적이고 균일하게 적용되며, 임금 곡선은 앞으로 35년 동안 계획돼 있기 때문에 모든 사람은 자신들이 앞으로 어떤 성과를 내야 할지 정확히 알고 있다.

또한 비시에서 개인에게 지급되는 보너스는 본질적인 동기 부여를 감소시킬 것이라는 우려를 반영해 금지됐다. 비시의 창립자는 사람들이 보너스와 같은 금전적 인센티브가 아니라 개인적인 열정에 기반한 역할을 추구하도록 보장했다.

비시의 모델은 앞서 살펴본 동기 부여 이론 및 인지 과학 분야의 결과에서 적어도 부분적으로는 영감을 받았다. 비시의 설립자는 다음과 같이 말했다.

> 많은 사람이 더 많은 일을 했다고 보상하는 것은 효과가 없을 뿐만 아니라 실제로 역효과를 낳는다는 것을 보여준 대니얼 카너먼의 연구나 대니얼 핑크의 비디오에 대해 잘 알고 있을 것이다. ……(중략)…… 대부분의 회사는 이것을 무시하고 여전히 당근을 제시하면서 일을 지시한다. 하지만 이는 팀워크를 방해한다. 반면에 흥정과 보너스 지급이 모두 중단되면, 동료애와 내재적 동기를 촉진한다.[50]

데밍과 마찬가지로 비시의 창립자들은 관리적 보상 통제가 비효율적일 뿐만 아니라 적극적인 파괴라고 생각한다. 그들은 그 과정에서 강압을 제거하고 개인의 일상적인 희망과 모든 사람의 개인적인 일이 급여에 어떻게 영향을 미칠지 또는 영향을 미치지 않을지에 대한 두려움을 제거하고자 보상 권한을 위임했다.

다음 장에서 살펴보겠지만, 이는 내재적 동기가 자유롭게 꽃피울 수 있는 환경을 조성하는 방법일 뿐만 아니라 안전과 신뢰를 포함한 수준 높은 다양한 인간의 욕구를 충족시키는 방법이기도 하다. 급여를 투명하게 하고 자동적이고 균일하게 인상함으로써 데밍 급여 시스템은 강압적인 급여 프로세스가 유발하는 불안정성을 제거하고 개인 및 집단적 신뢰감을 전달한다.

자율 관리 급여

이 장에서 마지막으로 살펴볼 보상 위임 방법은 자율 관리 급여다. 이는 개인들이 그들 자신의 급여를 관리한다는 단순한 아이디어다. 개인들은 자신들이 무엇을 할지 스스로 결정하고, 원할 때마다 그 결정을 재검토한다. 만약 급여를 올려야 한다고 느낀다면, 스스로 급여를 인상한다.

권한을 이양하는 모든 보상 시스템 중에서 이것은 다른 그 어떤 이론보다 X이론과 가장 모순된다. 직원들이 본질적으로 게으르고 동기 부여가 되지 않는다면, 즉 외부에서 통제되는 금전적 인센티브 없이 팔짱만 낀 채 일하기를 거부한다면, 세상에는 스스로 관리하는 급여의 효과가 있을 리 없다. 근로자들은 손가락 하나 까딱하지 않고 회사의 모든 가치를 뽑아낼 것이다.

이미 알다시피, X이론은 적어도 진실이 아닌 것으로 밝혀졌다. 현실적으로 자율 관리 급여는 잘 작동한다. 어떻게 하는지 살펴보자.

훑어보기

그랜트트리(GrantTree): 기업이 정부 R&D 보조금을 받을 수 있도록 조언하는 기업으로, 65명의 직원을 두고 있다. 2010년 런던에서 설립됐으며, 자율 관리 급여 체계를 개척한 것으로 유명하다.

영국에 본사를 두고 기업들이 정부 연구 보조금을 확보하도록 돕는 그랜트트리를 생각해보자. 그랜트트리의 직원들은 자신들의 급여를 스스로 관리하기 위해 조언 프로세스를 이용한다. 그들은 업계의 평균, 역할 시간, 개

인 성장 및 경험, 회사의 재정 상황과 같은 요소를 검토한다. 그런 다음, 직장 동료들로 구성된 위원회 앞에서 제안하고 조언을 구한다.

분명히 말하지만, 이 위원회는 직원의 결정에 대한 권한이 없다. 한 직원은 "동료들은 승낙 혹은 거절하거나 승인하기 위해 그곳에 있는 것이 아니다. 그들은 질문하고 당신에게 피드백을 주기 위해 그곳에 있다."[51]라고 말한다. 직원이 급여 인상에 대한 조언을 구할 때, 그들은 자유롭게 조언을 받아들이거나 그 자리를 떠날 수 있다. 결국 가장 중요한 것은 그 결정이 바로 그들의 책임이라는 사실이다.

훑어보기

파드 그룹(Pod Group): 사물인터넷을 위한 기업 네트워크 사업자(ENO, Enterprise Network Operator)로, 25명의 직원을 두고 있다. 샌프란시스코를 거점으로 1999년에 설립됐으며, 자기 관리 문화와 자율 관리 급여 체계로 유명하다.

인공지능과 사물인터넷 기기를 전문으로 하는 급진적 협업 기술 회사인 파드 그룹도 자율 관리 급여 시스템으로 전환했다. 그들은 처음에는 데밍 페이 시스템을 추구하고 싶어 했다. 데밍 페이 시스템에서는 누군가의 급여를 수학 공식을 통해 자동으로 이끌어내며, 해당 공식은 생활비, 역할, 수년간의 경험으로 벤치마킹해 나온 좀 더 구체적인 항목들을 포함한다.

그러나 파드 그룹은 사람들이 다른 장소에 살고, 다른 목표를 갖고 있으며, 삶의 다른 단계에서 다른 욕구를 갖고 있다는 점을 고려해 공정하게 보상할 수 있는 공식을 만들고자 노력했다. 그래서 그들은 공식을 모두 버리고 조언 프로세스를 통해 사람들이 자신의 급여를 공정하게 스스로 관리한다는 것을 신뢰하기로 결정했다. 파드 그룹에서는 직원이 급여 변경을 원할 때, 동료들로 구성된 위원회에 보상 변경 제안서compensation change proposal를 제출한다. 하지만 그랜트트리처럼 최종 결정은 직원에게 맡긴다.

모든 급여 지급이 투명하게 이뤄지고 동료 그룹이 보상에 대한 피드백을 제공함에 따라 파드 그룹의 직원은 X이론이 예측한 것처럼 회사의 재정적 파탄을 초래하지 않으면서도 자율 관리적인 보상을 제공한다. 파드 그룹의 CEO는 다음과 같이 설명했다.

> 우리 직원들은 자신에 대한 동료들의 긍정적인 인정이 자신이 받는 급여에 영향을 준다는 사실을 알고 있다. 만약 동료들이 당신이 너무 많은 급여를 받는다고 생각한다면, 실질적으로 그들과의 상호작용은 위험해질 가능성이 높다. 대부분의 사람은 동료애를 중시하므로 동료들에게 탐욕스러워 보이는 것을 원치 않는다.[52]

파드 그룹은 2017년 자율 관리 급여를 시행한 이후 급여가 이전 수준보다 약 10% 상승했다. 하지만 동시에 직원 유지율이 치솟았다. 직원 퇴사에 따른 후속 조치로 새로운 직원을 채용하고 훈련하는 비용은 보수적으로 계산해도 직원 연봉의 두 배로 추산되므로,[53] 10% 인상된 급여는 직원 유지율의 증가로 상쇄됐다. 오히려 파드 그룹은 돈을 절약하고 있는 셈이다.

결론

나는 이번 장을 대담한 주장으로 시작했다. 보상에 대한 관리적 통제는 조직과 개인 모두에게 강압적인 재앙이다. 그것은 신화에 근거한 편견으로 가득 찬 과정으로, 동기 부여와 생산성에 대해 반직관적이면서 부정적인 영향을 미친다. 또한 계층적 조직 내에서 지배와 강압의 근원이므로, 개인의 행복과 집단적 성공을 위해 보상 권한은 이양돼야 한다.

이제 이 장을 개인적인 호소로 마무리하고 싶다. 당신이 회사의 부서 또는 회사 전체를 대변하는 리더인 경우, 보상의 위임을 향한 첫걸음을 내딛길 바란다. 모든 세부 사항을 미리 알아낼 필요는 없다. 심지어 그것을 실행하는 방법에 대한 구체적인 계획을 가질 필요도 없다. 하지만 먼저 대화를 시작해야 한다. 내가 원하는 만큼 직원들이 당신을 위해 그 첫걸음을 내디딜 수는 없다. 그들에게는 보상 체계를 바꿀 만한 힘이 없다. 그들은 구조적으로 강압과 지배의 체계에 갇혀 있으며, 당신에게 그 생각을 언급하는 것조차 꺼린다.

프랙탈 모델, 데밍 페이 시스템, 자율 급여 관리는 보상 권한을 이양하는 세 가지 주요 방법이다. 하지만 보상 권한을 이양하는 방법이 이것들만 있는 것은 아니다. 권한이 이양된 보상 시스템의 구체적인 역학 관계는 의도한 것보다 훨씬 덜 중요하다. 강압과 편견을 없애라. 개인의 작용과 집단의 신뢰를 높여라. 가장 강력하면서도 가장 연약한 인간의 재능인 내재적 동기를 지키고 육성하라. 이것이 중요한 결과다. 당신과 당신의 직원 모두는 세부적인 여러 문제를 해결할 수 있다.

성찰을 위한 질문들

» 어떤 보상 방법이 개인적으로 가장 마음에 드는가? 당신의 급여 결정 방식은 당신이 창출한 잉여 가치에 대한 함수로 구성된 프랙탈 모델인가? 아니면 모든 사람이 급여를 정하고 세팅하는 데밍 페이 시스템인가? 그것도 아니면 모든 사람이 개방성과 투명성으로 자신의 급여뿐만 아니라 동료들의 급여를 스스로 결정하는 자율 급여 시스템인가?

» 이러한 위임된 보상 방법 중 어느 것이 조직에 가장 적합하다고 생각하는가?

» 당신의 조직은 권한이 이양된 보상 방법 중 어느 방법으로 전환하는 것이 가장 쉬울까? 혹은 어느 방법이 가장 어려울까? 그 이유는 무엇인가?

5장

필수 요소 #3 : 결핍에 대한 만족

시빅액션즈에서 엔지니어로 근무한 지 3년이 조금 넘은 앤디 호크스는 그의 친한 친구 중 한 명이 입사한 곳과 비슷한 컨설팅 조직으로 최근 이직했다. 이 조직은 앤디의 전문 영역과 맞아떨어지는 오픈소스 기술 스택 전문 기업이었으며, 그가 존경하는 지적이고 재능 있는 사람들로 가득했다. 그곳에서는 다양하고 많은 프로젝트를 진행했으므로 앤디는 지루할 틈이 없었다. 또한 만족스러운 연봉과 그에 상응하는 좋은 혜택도 누렸다. 한마디로 이 조직은 그가 필요로 하는 모든 것을 갖고 있는 듯했다. 그러나 실제로는 뭔가 빠진 게 있었다.

이 새로운 조직에서의 경험을 시빅액션즈에서의 경험과 비교하기 시작했을 때, '자아 주도적ego-driven*'이라는 단어가 떠올랐다. 이 새로운 조직의 직장 문화는 자아 주도적인 행동을 일으켰다. 직원들의 지성과 재능은 단순히 문제를 해결하고 가치를 창출하는 수단이 아니라, 남보다 내가 더 우월하다는 것을 과시하거나 정치 공작을 하기 위한 수단이기도 했다. 지식은 넘쳤

---

* 자아에 대한 강한 자신감으로 가득 차면, 내가 한 의사결정이 무조건 맞다고 주장하고, 항상 다른 사람보다 더 많은 것을 가져야 하고, 타인의 의견보다는 내가 원하는 것을 해야 하고, 타인의 성공을 시기하고, 다른 사람에게 우월하다는 것을 보여주기 위해 달성 불가능한 목표를 설정하고, 타인에 대한 공감 능력도 떨어지게 된다. - 옮긴이

지만, 공감 능력이 부족한 환경이었다. 시간이 지나면서 앤디는 지치기 시작했지만, 그 시간들은 시빅액션즈를 그 자신에게 특별한 경험으로 만들어준 것이 무엇인지 파악하는 데 도움을 줬다.

앤디는 인터뷰에서 시빅액션즈는 이 새로운 조직과 달리 '공감과 감사'의 문화를 만들어냈다고 했다. 일상적인 상호작용과 구조적인 상호작용 모두에서 사람들은 일상적으로 그리고 습관적으로 서로를 인간으로 대했으며, 서로의 경험에 공감하고 서로의 관점을 존중하고 심지어 존경하기까지 했다. 시빅액션즈에서 그는 그 자신뿐만 아니라 '모든 사람이 더 나은 일을 하는 것'을 가능케 하는 연결감과 소속감을 경험했다고 했다. 앤디는 그런 환경으로 돌아가길 원했고, 결국 새로운 조직을 떠나 시빅액션즈로 되돌아왔다. 시빅액션즈에 있던 동료들은 두 팔 벌려 그를 환영했다.

그 당시에는 몰랐지만, 앤디에게 시빅액션즈는 이 장에서 살펴볼 긍정 심리학 분야의 기술 용어인 '결핍을 만족시키는deficiency-gratifying' 환경이었다.

결핍을 만족시키는 환경의 세부적인 내용은 꽤 넓고 깊지만, 기본적인 사상은 쉽게 이해할 수 있다. 즉, 사람들이 안전, 신뢰, 자존감, 존중과 같은 더 높은 수준의 인간 욕구를 상호 만족시키는 환경이다. 시빅액션즈에 복귀한 이유도 이곳의 동료들이 앤디가 다른 조직에서 경험하지 못했던 다양한 욕구를 채워줬기 때문이다. 그는 적합한 기술 스택이나 다양한 프로젝트 또는 지적이고 재능 있는 동료가 필요치 않았다. 그는 동료들로부터 신뢰를 느끼고 업무 관계에서 안정감을 느낄 필요가 있었다. 자신의 업무에서 의미와 성취감을 찾기 위해 소속감과 함께 일하는 사람들과의 유대감을 느낄 필요가 있었는데, 이것을 바로 시빅액션즈가 제공한 것이다.

시빅액션즈가 이런 특징을 가진 유일한 기업은 아니며, 우리의 선구자들은 결핍을 만족시키는 환경을 만들어왔다. 즉, 급진적 협업자들은 서로가 높은 수준의 인간적 욕구를 자유롭게 충족시킴으로써 의미와 목적 그리고 성취라는 토대를 만들어낸 것이다.

결핍의 만족

여러분은 아마도 생리적 결핍이라는 개념에 익숙할 것이다. 예를 들어 비타민 C의 결핍은 '괴혈병*'으로 알려진 질병을 발생시킨다. 여성, 특히 임산부는 철분 결핍으로 인한 빈혈이 낯설지 않다. 또한 많은 채식주의자는 단백질 결핍으로 인한 무기력에 익숙하다.

우리 몸은 특정한 생리적 욕구를 갖고 있다. 그것들이 없으면, 건강이 나빠지고 결핍과 관련된 증상을 경험하게 된다. 그러나 치료법은 "괴혈병을 앓고 있나요? 오렌지를 먹으세요. 철분 결핍으로 인해 피곤한가요? 스테이크를 먹으면 됩니다. 단백질 결핍으로 기운이 없고 피곤한가요? 달걀을 삶아 드세요."와 같이 아주 간단하다.

의학계에서는 1750년대부터 결핍증과 만족감gratification에 대한 치료법이 전해져 왔다. 그러나 심리적 결핍과 관련된 질환을 발견한 것은 더 최근의 일이며, 20세기 중반의 심리학자인 에이브러햄 매슬로가 심리적 결핍에 대해 처음으로 연구했다. 그는 정신 건강에 관한 연구이자 임상 심리학과 대조를 이루는 정신 건강에 관한 연구인 긍정 심리학의 창시자 중 한 명이다.

매슬로는 결핍의 동기와 만족의 과정이 우리의 신체 건강뿐만 아니라 정신 건강에도 적용된다는 점을 분명히 했다. 우리 인간은 낮은 수준의 생리적 욕구와 거의 같은 방식으로 작용하는 많은 상위 수준의 심리적 욕구인 안전, 신뢰, 자존감과 같은 욕구를 갖고 있다. 더 높은 수준의 심리적 욕구를 빼앗길 때 우리의 정신 건강은 고통을 겪게 되지만, 또한 우리의 결핍을 바로잡을 의욕도 갖게 된다. 따라서 자연스럽고 본능적으로 결핍을 만족시키는 환경에 끌리게 될 것이다. 그리고 자유로운 선택 조건하에서 우리의 정신 건강

---

* 비타민 C의 부족으로 나타나는 병으로, 초기 증상은 기본적으로 무기력감, 나른함 등 만성 피로와 유사하게 나타난다. 심하면 잇몸 등에도 출혈이 나타나며 잇몸이 약해져 치아가 흔들거리는 증상이 발생한다. 이 외에도 혈뇨와 혈변 등 몸 곳곳에서 출혈성 질병이 발생하기도 한다. — 옮긴이

을 치유하기에 충분한 양을 채워줄 환경을 찾아낼 것이다.[1]

매슬로는 그의 주요 저서인 『존재의 심리학』(문예출판사, 2012)에서 다음과 같이 요약했다.

인간은 자신의 본질적 구성의 일부로서 생리적 욕구뿐만 아니라 온전한 심리적 욕구도 갖고 있다. 그것들은 질병과 마음의 병을 회피하기 위해 **환경**에 의해 최적으로 충족돼야 하는 **결핍**으로 간주될 수 있다. 그 욕구는 기본적인 혹은 생물학적인 욕구라 부를 수 있으며 염분, 칼슘, 비타민 D의 필요성에 비유될 수 있는데, 그 이유는 다음과 같다.

a) 가난한 사람들은 자신들의 **만족감**을 끈질기게 갈망한다.
b) 만족감의 박탈은 사람을 병들고 시들게 한다.
c) 그것들을 만족시키는 것은 결핍을 치료하는 데 도움이 된다.
d) 꾸준한 공급이 이 질병들을 막는다.
e) 건강한 사람들은 이러한 결핍을 보여주지 않는다.[2]

긍정 심리학 분야는 모든 인간이 보여줄 수 있는 수준 높은 인간의 많은 욕구를 명확히 표현해냈는데, 그중 몇 가지는 이미 이 책에서 살펴본 것이다.

- **자율성**autonomy: 타인의 간섭이나 지배 없이 우리 자신을 관리하고, 매 순간 그리고 매일 어떤 약속을 하고 그것을 어떻게 지킬 것인지 결정하는 우리의 삶과 살아온 경험을 통제해야 할 필요성에 대한 것이다.
- **공정성**fairness: 우리는 평등을 바탕으로 타인과 관계를 맺고 편애, 차별, 지배에 의해 불이익을 받지 않아야 한다.

- **안전**security: 우리의 삶에는 안정감과 예측 가능성이 필요하다. 마치 양탄자 위에 있을 때 누군가 또는 뭔가 그것을 갑자기 잡아채지는 않을지 걱정하지 않고 하루를 보낼 수 있을 것 같은 느낌이다.
- **존중**esteem: 우리가 누구인지, 우리가 무엇을 할 수 있는지에 대해 좋은 감정을 느끼고자 하는 욕구와 주변 사람들이 우리를 똑같이 높이 평가한다고 느끼고 싶은 욕구다.
- **신뢰**trust: 우리가 본능을 따르고 위험을 감수할 때 다른 사람들이 우리를 믿어주길 바라는 욕구로, 특히 실패했을 때조차도 우리를 지지하는 것이다.
- **의미**meaning: 우리가 무엇을 하는지가 중요하다고 느끼는 것으로, 우리의 삶과 주변 사람들의 삶을 향상시킨다. 우리는 인간 정신이라는 위대한 모험의 일부이고 그것과 뗄 수 없는 존재라는 것이다.
- **사랑**love: 우리는 누군가를 너무나 소중히 여겨 그들을 위해 기꺼이 희생할 필요가 있고, 같은 의미에서 우리를 안아줄 다른 누군가가 필요하다.

이것들은 모두 인간의 욕구다. 우리에게는 단지 음식, 물, 쉼터, 공기만 필요한 것이 아니며 안전, 자율성, 공정성, 존중, 신뢰, 의미, 사랑이 필요하다. 이러한 욕구가 있으면 우리는 활기차지만, 이러한 욕구를 박탈당하면 시들어버린다.

이 모든 욕구에 대해 주목해야 할 한 가지 중요한 사실은 오직 다른 사람들에 의해서만 충족될 수 있다는 것이다. 예를 들어, 우리는 적어도 주변 사람들의 협조 없이는 삶에서 안정감이나 자율성을 느낄 수 없다. 마찬가지로 자존감은 타인을 배려하는 것인 만큼 우리 자신의 자아상에도 큰 영향을 미친다. 사랑, 신뢰, 공정성, 심지어 의미까지도 함께하는 사람들과 얽혀 있다. 그들이 우리에게 의존하는 것처럼, 우리 삶에서는 모든 것을 타인에게 의존한다.

매슬로는 '나무가 자연으로부터 태양, 물, 영양분을 필요로 하듯이, 모든 사람도 자신들의 환경으로부터 안전, 사랑, 어떤 지위를 필요로 한다. ······ (중략)······ 안전, 소속감, 사랑에 대한 관계 그리고 존중에 대한 욕구는 오직 다른 사람들에 의해 충족될 수 있다. 이는 환경에 대한 의존도가 상당히 높다는 것을 의미한다[3]고 적었다.

이런 의미에서 결핍의 만족은 우리가 서로에게 주는 선물이다. 서로가 안정감, 자율성, 자존감, 소속감을 느낄 수 있도록 도움으로써 일대일로 서로의 인간적인 욕구를 만족시킬 수 있다. 그러나 우리는 또한 결핍에 대한 반복적이고 체계적인 만족을 가능케 하는 조직적인 환경과 문화를 만들 수 있다.

1장에서 언급한 바와 같이, 이는 윤리적 의무일 뿐 아니라 비즈니스를 활성화하는 요소인 것이다. HOW 보고서와 같은 글로벌 연구에서 알 수 있듯이, 비즈니스에서의 우수한 재무적 성과는 조직 구성원의 건강 및 복지와 밀접한 관련이 있다. 성장을 억제하는 조건하에서 조직 내의 구성원들이 약해진다면, 조직은 번성할 수 없다. 시장에서 경쟁력을 유지하기 위해 조직은 결핍을 만족시키는 환경을 조성하는 방법을 모색해야 한다. 이제 급진적 협업의 선구자들이 어떻게 그것을 해냈는지 살펴보자.

결핍의 만족을 위한 선구적인 실천법들

우리의 선구자들은 기간, 영향, 빈도에 이르기까지 많은 결핍을 만족시키는 실천법들을 개발해왔다. 이러한 실천법들은 개별적으로 우리가 가진 높은 수준의 인간 욕구들 중 하나 이상을 만족시킨다. 전체적으로 결핍의 요인들은 사람들이 보호받지 못하며 나약한 인간으로 서로를 완전히 드러내 보여줄 수 있는 직장 문화를 만들어낸다. 일상의 상호작용에 접목될 수 있는 작지만 빈번한 결핍 충족을 위한 실천 방법으로 시작해, 전반적으로 심리적 건강에 대한 패러다임을 강화할 수 있는 대단하면서도 흔하지 않은 실천법을 설명하면서 이번 장을 마무리하겠다.

균형 점수

선구자들의 결핍을 만족시키는 실천법 중 가장 간단한 것이 균형 점수balance score다. 이 균형 점수는 시빅액션즈가 몇 년 전에 개발해 매일매일 회의에 사용하는 기술이다. 균형 점수는 개인적(예: 개인적 관계, 정신적 및 육체적 건강), 직업적(경력 목표, 기술 성장 등), 영적(개인에게 부여된 정의이지만 더 높은 목적의식을 포괄하기 위한 것)이라는 세 가지 특정 차원에 따라 '당신이 우선순위를 알고 그 우선순위를 존중하는 방법을 간략히 전달할' 수 있는 1과 10 사이의 숫자로 더 높은 목적의식을 표시하도록 설계됐다.[4] 점수는 전적으로 주관적이고 '균형'의 궁극적인 의미는 각 개인에게 맡겨진다.

시빅액션즈의 동료들은 균형 점수를 모든 사람과 공유하는 것으로 각 회의를 시작한다. 예를 들어, 10점을 주는 사람은 아마도 그 순간에 온전히 존재한다고 느낀 것이다. 그들은 회의에 참석하길 원했고 이 시점이 자신들의 본질적인 동기와 완벽하게 일치하므로 회의에 참석했을 것이다. 그들의 마음을 짓누르는 방해물은 없을 것이다. 그들의 생각은 과거의 스트레스나 미래에 대한 걱정으로 산만해지는 대신 현재에 완전히 집중할 것이다. 분명히, 10점 만점은 달성하기 위해 고군분투해야 할 높은 기준이다. 하지만 다행스럽게도, 그게 요점은 아니다. 균형 점수는 당신의 삶을 즐기는 방법이 아니라 다른 사람들과 당신의 인간적임을 나누는 것이다.

시빅액션즈의 공동 설립자인 애런 파바는 자신의 일반적인 기본 점수는 8점이며, 자신과 주기적으로 만나는 다른 사람들도 이미 그 점수를 알고 있다고 말했다. 그래서 파바가 균형 점수를 8점보다 현저히 낮게 준 경우는, 그가 그 순간 온전하고 균형을 이룬 느낌을 받고자 고군분투하고 있다는 신호를 다른 사람들에게 보내는 것이다.

균형 점수는 의도적으로 추가적인 설명 없이 제시되므로 다른 사람에게 굳이 무엇 때문이라고 설명할 필요 없이 점수를 공유할 수 있다. 하지만 당신을 아끼는 누군가는 나중에 염려스러운 마음으로 당신에게 다가와 손을 내밀고 안부를 물을 수 있다. 사실 이는 종종 일어나는 일이기도 하다.

파바는 인터뷰에서 "내가 기준점 이하 점수를 공유할 때, 사람들은 내게 손을 내밀어 안부를 묻는다. 많은 사람이 한 시간 동안 산책을 하거나 요가를 하거나 명상을 하는 등의 수백 가지 방법을 알려줬다. 우리는 서로의 균형 점수를 공유하기 때문에 돌봄 문화를 만들 수 있었다."라고 말했다.

우리의 인터뷰에서 앤디 호크스는 기준점보다 낮은 균형 점수를 공유하면서 비슷한 경험을 언급했다. 그는 "내 기준치는 7이므로, 내가 5점을 주면 사람들은 내게 '저기요, 괜찮으세요?', '무엇을 도와 드릴까요?' 또는 '필요한 것이 있으면 연락하세요'와 같은 직접적인 메시지를 보낼 것이다."라고 덧붙였다.

매일매일 서로의 균형 점수를 터놓고 공유함으로써 시빅액션즈 소속의 동료들은 서로에게 더 큰 유대감을 느낀다.

애런 파바와 앤디 호크스 모두 균형 점수와 같은 실천법들이 만들어낸 환경을 설명하기 위해 '신뢰'와 같은 단어를 사용했다. 균형 점수는 신뢰에 대한 우리의 욕구를 만족시키는 데 도움을 준다. 우리 자신을 더 많이 공유할 수 있는 환경을 만들어주기 때문이다. 신뢰에 대한 만족은 정신 건강에만 도움이 되는 것이 아니라 조직의 생산성도 높여준다.

1장에서 언급했듯이 '신뢰'는 급진적 협업 조직과 기존 조직 간의 주된 차별화 요소 중 하나다. HOW 보고서에 따르면, 급진적 협업 조직에서 발견되는 높은 수준의 신뢰는 계층적 조직으로 구성된 동료들에 비해 32배나 많은 위험을 감수하는 것으로 나타났다. 이러한 위험을 감수하는 것은 결국 일반적인 기업과 비교해 혁신에서는 11배, 성과 부분에서는 6배 높은 결과로 나타났다.[5]

균형 점수는 조직 효율성에 강력한 후속 효과가 있는 신뢰 구축의 연습이며, 다른 선구자들 중 일부는 이와 유사한 실천법을 채택했다.

체크인

홀라크라시에는 균형 점수와 유사한 체크인check-in이라는 방법이 있다. 거버넌스 회의를 시작할 때마다 마음을 짓누르는 뭔가를 공유하고 주의를 끌면서 모두에게 체크인할 수 있는 공간을 제공하는 홀라크라틱 서클이 만들어진다.

씨랩스CLabs의 창립 파트너 중 한 명인 바네사 슬라비치Vanessa Slavich는 희귀하고 치료하기 힘든 질병에 시달리는 그녀의 신체적, 정서적 상태에 대한 세부 사항을 공유하고자 가끔 이 순간을 이용했다. 또한 병으로 고생하고 있는 가족, 기업 내의 갈등, 업무에 대한 일정 압박 같은 것들도 사람들이 공유하곤 한다.

이 실천법의 이면에 있는 믿음은 그 순간에 우리를 짓누르는 어떤 요소라도 공개적으로 이름을 붙여서 이야기하면, 그 요소들이 우리를 붙잡고 있는 힘을 줄일 수 있다는 것이다. 홀라크라시의 창시자인 브라이언 로버트슨에 따르면,[6] 우리는 체크인을 함으로써 현재에 몰입하게 된다. 우리의 정신 상태와 요인들을 공유함으로써 이해를 구하고, 다른 사람들이 우리에게 적응하고 공감할 수 있게 한다.

균형 점수처럼 체크인은 코멘트 없이 제시된다는 점이 흥미롭다. 다른 사람들에게 마음을 열고 정신적, 육체적 상태에 대한 세부 사항을 친밀하게 공유하기 위해 사람들은 판단하거나 캐묻지 않고 그냥 그렇게 할 수 있다고 느껴야 한다. 분석하고 고치는 것이 목적이 아니라 듣고 보는 것이 목적이다.

브라이언 로버트슨은 체크인을 대화, 조언, 심지어 동정의 말로부터 보호돼야 하는 '신성한 공간'이라고 언급한다.[7] 사람들이 경계를 풀고 자유롭게 말하도록 유도하는 취지인데, 그래야 다른 사람들에게 자신의 전체를 공유할 수 있다는 신뢰를 느끼기 때문이다.

이 경우, 우리의 부족한 점을 만족시키는 것은 다른 사람의 말이 아니라 관심이다. 타인들이 전폭적인 관심을 기울이게 되면, 그들은 우리가 누구인지 더 많이 공유하고 개방할 수 있도록 도와주는 안전과 신뢰의 고리를 만들어낸다. 다음 장에서는 이 관행이 불러온 개방성을 다시 살펴본다.

미팅 프롬프트[*]

균형 점수와 체크인은 다른 사람들이 그 순간에 우리의 생각과 감정에 연결되도록 돕는 방법이다. 하지만 당연히 우리 모두는 현재의 생각과 감정 그 이상이다. 우리는 과거의 경험을 구경할 수 있는 동물원이자 미래에 대한 열망의 창고다. 현재의 우리의 말과 행동은 방대한 맥락을 내포하고 있으며, 더 큰 의미로 누군가를 신뢰한다는 것은 더 넓은 차원에서 그것들을 바라보는 것을 포함한다. 그래서 우리의 선구자들은 사람들이 그 모든 차원을 따라 연결되도록 돕는 많은 실천 관행을 받아들였다.

예를 들어 니어소프트의 여러 팀은 미팅의 주제와 무관한 프롬프트로 회의를 시작하는데, 이 프롬프트는 참가자들이 서로 더 깊은 유대감을 갖도록 돕기 위해 고안됐다.

닉스 자모라는 인터뷰에서 "중세에 살았다면 어떤 직업을 가졌을까?"라

---

* 프롬프트(prompt)는 질문이나 힌트 등을 줘서 말을 하도록 유도하는 것을 말한다. 따라서 미팅 프롬프트 (meeting prompt)는 본격적인 회의에 앞서 몸풀기와 분위기 조성을 위해 던지는 간단한 회의용 질문이나 힌트로 생각하면 된다. - 옮긴이

는 질문을 사용했을 때 동료들에 관해 얼마나 많이 알게 됐는지에 대한 놀라움을 표현했다. 이른바 잘나가는 소프트웨어 개발자들에게 전기가 없는 삶을 상상하도록 강요했을 때, 개발자들은 그들의 흥미와 열정을 자극하는 현대 기술이 자신들에게 어떤 의미인지를 생각해야 했다.

닉스에 따르면, 그들의 대답은 일반적인 질문에서 기대할 수 없었던 재미와 깊이가 놀라울 정도로 내포된 것이었고, 닉스는 팀 동료들과의 더 깊은 유대감을 느끼며 세션을 끝냈다.

씨랩스의 직원들은 종종 유사한 프롬프트로 전술적 홀라크라틱 회의를 시작한다. 씨랩스의 제품 매니저인 프라나이 모한은 그 이상을 넘어 특별한 경험을 하게 해준 인상적이었던 프롬프트에 대해 다음과 같이 말했다.

> 우리 제품 본부의 한 직원이 모든 사람에게 개인적으로 의미 있는 한 가지 물리적 아이템을 공유해달라고 요청했다. 화상으로 진행된 회의였음에도 집중도는 매우 높았다. 사람들은 실제로 약점을 이용해 의욕을 꺾는 전통적인 기업 구조에서 보기 드문 방식으로 그 회의에 열정을 바쳤다.

우리의 많은 선구자는 이런 순간들을 매일 경험한다. 그들은 개인의 복지와 조직 효율성을 나눠서 바라보지만, 수익에 집착하는 리더들은 특정 경험이 어떻게 수익을 개선하는지 명확하지 않으므로 시간 낭비처럼 생각할 수 있다. 바로 시빅액션즈가 그랬듯이 이러한 관행을 지키고, 이것이 그들에게는 꼭 필요한 투자로 보이는 것이 중요하다.

파드 그룹

다시 소개하자면, 시빅액션즈는 컨설턴트가 고객에게 시간 단위로 비용을 청구하는 컨설팅 조직이다. 따라서 고객을 위한 업무 시간을 빼앗기면 매우 명확하면서도 직접적으로 수익이 감소된다. 이러한 유형의 수익 측정 기준을 갖고 있는 시빅액션즈와 같은 조직은 결핍을 만족시키기 위한 실천 관행들에 대해 고객에게 비용을 청구하기 힘들므로 이 관행들의 장기적인 가치를 강조하는 것이 중요하다.

이미 살펴본 균형 점수에 더해, 시빅액션즈의 동료들은 '파드 그룹'이라고 불리는 비용을 청구하진 않지만 결핍을 만족시키는 관행을 집단적으로 조직했다. 이들은 각각 15명 내외의 사람들로 이뤄진 자기 조직적인 동료 집단으로, 각각은 전적으로 사회적 사명을 갖고 있다. 그들의 목표는 서로 연결하고, 서로를 알아가고, 함께 즐기는 것이다. 각 파드 그룹은 매주 30분에서 1시간 동안 모이지만, 형식은 완전히 자체 조직이다. 일부 파드는 흥미로운 대화를 유도하기 위해 퍼실리테이터 및 프롬프트 패턴을 개발한 반면, 다른 포드는 더 자유롭게 흐름을 유도하기 위한 비정형적 접근 방식을 갖고 있다.

파드 그룹 간의 문화적 다양성에도 불구하고, 급진적 협업이 가능하도록 서로 간의 유대 관계를 증진시켜 결핍을 만족시킨다는 목표는 동일하다. 애런 파바는 인터뷰에서 다음과 같이 말했다.

> 고객에게 청구하지 않은 파드 콜(pod call)과 같은 소셜 그룹에서 보낸 시간을 모두 합친다면, 그 숫자는 상당히 클 것이다. 사업을 하면서 효율성만 추구한다면 이러한 관행에 반대할 수 있다. 하지만 우리에게 그것은 문제가 되지 않는다. 왜냐하면 그것들을 통해 만들어진 사회적 연결과 신뢰가 공간과 흐름을 만들기 때문이다.

앤디 호크스는 "이것은 우리를 더 연결되게 할 뿐만 아니라, 팀 내에서 더 나은 결속력을 주고 더 나은 일을 할 수 있게 해주며 그 문화 때문에 모든 면에서 더 나은 성과를 낼 수 있게 해준다."라고 자세히 설명했다.

애런 파바, 앤디 호크스와 시빅액션즈의 다른 동료들에게 있어 이러한 환경에서 형성된 사회적 인맥은 신뢰의 토대를 형성하며, 이는 애초부터 급진적 협업이 없었다면 불가능했을 것이다. 균형 점수, 체크인, 파드 그룹과 같은 관행은 직접적인 대인 관계 수준에서 운영되지만, 결핍을 만족시키는 유일한 방법은 아니다. 그럼 이제 결핍 만족의 구조적 형태를 살펴보자. 즉, 이 책의 시작 부분에서 이미 고려한 것, 즉 할당의 자율성이다.

할당의 자율성을 위한 결핍의 만족

2장에서는 할당의 자율성이 조직에 주는 영향, 즉 동료들이 무엇을 위해 누구와 함께 일할지 스스로 선택하는 것을 살펴봤다. 우리는 그것이 내재적 동기 부여라는 초능력을 활용했을 뿐만 아니라, 지배적 계층 구조에서 은폐될 수 있는 문제투성이인 프로젝트와 대인 관계의 갈등에서 빛을 발했다고 봤다.

이제 할당의 자율성을 볼 수 있는 또 다른 렌즈를 추가할 수 있다. 그것은 결핍 만족의 구조적 형태다. 조직이 개발자가 무엇을 할 것인지 선택하게 할 때, 조직은 개발자가 자신들의 이익을 존중하면서도 책임감 있게 행사할 수 있는 능력에 대해 신뢰하는 것이다. 예를 들어, 프라나이 모한은 씨랩스에서 할당 자율성을 경험함으로써 진정으로 자신이 열정적으로 몰입하는 것이 무엇인지를 깨달을 수 있었다.

다시 떠올려보면, 모한은 세계적으로 유명한 NGO인 세계은행그룹과의 업무를 추진하기 위해 할당의 자율성을 활용했다. 그러나 실제로 해당 업무에 참여하고 나서 그는 더디게 진행되는 NGO의 여러 일에 대해 자신이 거의 흥미를 느끼지 못한다는 사실을 알게 됐고, 몇 달 후 암호화 프로토콜에 관한 자신의 이전 연구로 복귀했다.

이와 같은 휩소 할당^{whipsaw allocation}*은 단기적으로는 효율성을 떨어뜨리는 경제적 손실처럼 보일 수 있지만, 장기적으로는 자신이 진정으로 무엇에 대해 열정적으로 임하는지를 발견하는 능력을 통해 조직에 이익을 가져다 줄 것이다. 이는 직원들이 단순히 참여만 하는 것이 아니라 영감을 받을 수 있는 높은 신뢰 환경을 조성한다.

HOW 보고서를 작성한 연구원들은 "영감을 발휘하면 직원이 업무에 단순히 참여했을 때보다 27% 더 높은 성과를 가져올 것으로 예측되며. . . . 직원들이 진정 헌신적이고 책임감이 높고 완전한 책임을 질 때, 그들은 지속적이면서도 결과 지향적인 방식으로 기여한다."라고 말했다.[8]

다시 말하면, 결핍을 만족시키는 관행과 구조가 단기적인 관점에서만 봤을 때는 비효율적이라는 이야기다. 그러나 장기적으로는 개인의 영감과 조직 성과에 대한 투자다. 이 책에서 소개한 급진적 협업을 하는 선구자들 대부분에게도, 그 투자는 암묵적이고 심지어 은유적인 의미를 담고 있다. 그러나 시빅액션즈에서는 코인 세리머니로 알려진 연례적인 관행 덕분에 이러한 투자가 말 그대로 명시적으로 이뤄졌다.

코인 세리머니

만약 당신이 미군에서 복무한 적이 있다면, 아마도 '챌린지 코인^{challenge coin}†'을 들어본 적이 있거나 어쩌면 받기도 했을 것이다. 비록 챌린지 코인은 군인들의 정체성을 지키고 스파이를 색출하기 위해 사용됐지만, 시간이 지남

---

* 휩소(whipsaw)는 시스템 트레이딩에서 마치 톱날이나 톱니처럼 주가가 출렁거리는 현상 또는 잦은 매매 신호가 톱니처럼 발생하는 구간이나 기술적 지표의 속임수 현상 등을 설명하는 용어다. 여기서는 본인이 하고 싶은 업무를 찾기 위해 이런저런 업무들에 참여해 힘을 쏟아붓는 것을 의미한다. – 옮긴이

† 원래 미군에서 군 지휘관이 부대원의 사기를 북돋우거나 우수한 성과를 낸 이들에게 격려 차원에서 건네는 징표였다. 미국 빌 클린턴 전 대통령이 '대통령의 챌린지 코인'을 만들어서 처음 사용하기 시작했으며, 최근에는 조 바이든 대통령이 프란치스코 교황과 전장의 미군들에게 전달해 눈길을 끌기도 했다. – 옮긴이

에 따라 특별한 임무를 수행하는 동안 보여줬던 용맹함을 기리고 그러한 임무를 수행한 부대와 개인들을 치하하는 방법이 됐다. 현대의 코인에는 종종 부대를 상징하는 중요한 문구와 휘장이 새겨져 있다. 그리고 지난 수십 년 동안, 군사 부문과 거리가 먼 정부 기관들도 이 관행을 채택해왔다. 이는 시빅액션즈가 이 개념에 친숙해지는 계기가 됐다. 그들은 정부 컨설팅 작업을 통해 코인 챌린지가 작동하는 것을 본 후, 이 아이디어를 '코인 세리머니Coin Ceremony'라고 부르는 연례적인 관행으로 채택했다.

코인 세리머니는 이렇게 진행된다. 매년 자체 기획한 연례 수련회 기간에는 동료들이 돌아가며 주문 제작한 코인을 선물하고 그 과정에서 서로에 대한 공감과 감사를 표현한다. 여기서 중요한 사실은 그들이 하는 일에 대해 서로를 알아보는 것이 아니라는 점이다. 그 대신에 상대방의 '존재'에 대해(즉, 다른 사람이 누구인지, 그리고 그들이 세상과 서로의 삶에 가져온 것에 대해) 명시적으로 감사를 표현한다.

애런 파바는 "시빅액션즈를 특별하게 만드는 모든 것은 코인 세리머니로 귀결된다. 우리가 정부와 함께 하는 일은 매일매일이 힘들다. 종종 수백만 명의 사람들이 의존하는 거대한 정부 시스템을 개선하거나 교체하고 있는데, 해당 작업은 큰 스트레스를 줄 수 있고 심지어 매우 지치게 할 수도 있다. 그때 코인 세리머니는 우리의 감정과 정신의 배터리를 재충전하는 방법이다."라고 인터뷰에서 말했다.

앤디 호크스는 "그 경험이 너무나도 강렬한 탓에 감정이 무너져 울음을 터뜨릴 수 있다."라고 말했으며, 애런 파바는 "우리는 단지 그 정도의 취약성, 정직함 그리고 감사에 익숙하지 않다."라고 설명했다.

그런 의미에서 코인 세리머니는 전형적인 결핍 충족 실천 방법으로, 자체적으로 결핍 만족에 대한 선물을 눈에 보이게 해주는 균형 잡힌 완전한 문화의 전형이다. 존중, 자존, 안전, 심지어 사랑의 분출이며, 모든 급진적 협업의 기반이 되는 신뢰와 영감의 토대를 만든다.

결론

조직이 작을 때는 결핍 만족의 문화를 구축하기가 쉽다. 예를 들어, 여러분 중 상당수가 스타트업에서 다른 사람들과 가깝게 일하며 목적을 공유함으로써 상대방과 연결됐다는 강한 느낌을 경험했을 것이라 확신한다. 작지만 이질적인 집단으로 함께할 때 결핍의 만족은 자연스럽게 찾아오기 때문이다. 문제는 조직이 성장함에 따라 어떻게 그 환경을 유지하느냐 하는 것이다.

대부분의 조직은 지배적 계층 구조를 형성하고 성장함에 따라 결핍을 만족시키는 환경을 제거한다. 그러나 급진적 협업을 하는 이질적인 조직도 결핍을 만족시키는 환경을 유지하기 위해 애를 쓴다.

씨랩스의 프라나이 모한은 내게 "조직의 규모가 커졌고, 특히 원격지에서 일을 해야 했던 팬데믹 세상에서는 1년 전에 느꼈던 상호 간의 공감대를 더욱더 관리하기 어려웠다."라고 말했다. 그러나 모한은 씨랩스의 결핍을 만족시키는 관행과 의식이 결국 빠른 성장에 따른 여러 도전을 보상할 것이라는 희망을 갖고 있다. 그는 겨울에서 봄으로 계절이 변화하는 단순한 것조차도 그들이 서로 연결되고 자신들의 공유된 인간성을 되돌아보는 데 도움을 줄 수 있다고 말한다.

물론, 어느 시점에는 한 조직의 모든 사람이 다른 모든 사람과 깊은 개인적 유대감을 갖는 것이 불가능해진다. 그러나 이런 사실이 그 조직이 여전히 결핍을 만족시키는 샘물이 될 수 없다는 것을 의미하지는 않는다. 8만 명 규모의 초대형 기업인 하이얼이 수천 개의 마이크로 엔터프라이즈들로 분할된 것은 결핍에 대한 만족과 기업의 전체 규모가 서로 무관하다는 것을 보여준다. 지배적 위계질서를 확립하려는 유혹을 뿌리치고 대신 작은 팀들로 이뤄진 자기 조직적인 이질적 체제를 유지한다면, 계속해서 모든 직원에게 만족이란 선물을 줄 수 있다.

이번 장에서는 결핍에 대한 만족의 두 가지 주요 이점인 개인의 안녕과 조직의 성과를 살펴봤다. 그러나 아직 고려되지 않은 세 번째 편익이 있는데, 그것은 솔직함과 취약성이다. 결핍을 만족시키는 환경은 모든 사람이 자신이 누구인지뿐만 아니라 무엇을 믿고 왜 그것을 믿는지에 대해 열린 마음을 가질 수 있는 능력을 지니도록 한다. 이것은 '취약함의 인정'이라고 알려진 집단 추론의 방식으로 이어지며, 조직 효율성에 놀라운 결과를 가져온다. 이 부분은 다음 장에서 살펴본다.

성찰을 위한 질문들

» 이 장의 앞부분에서 설명한 결핍의 필요성과 정의를 되돌아보자. 어떤 욕구가 가장 만족됐으면 하는가? 어떤 것이 만족됐나?

» 직장 내에서 수행하는 어떤 활동이나 조직 구조 또는 관계가 당신의 결핍에 대한 욕구를 만족시키는가? 언제 안전과 신뢰, 자율, 존중, 소속감을 느끼는가?

» 직장 내에서 수행하는 어떤 활동이나 조직 구조 또는 관계가 당신의 결핍을 만족시키기 위한 욕구를 위협하는가? 언제 불안하고, 스트레스를 받고, 조종당하고, 통제당하고, 불이익을 받고, 존중받지 못하고, 쫓겨날 것 같다고 느끼는가?

» 결핍 만족은 서로에게 주는 선물이다. 그 선물을 주변 사람들에게 주기 위해 무엇을 할 수 있을까? 어떻게 하면 일상적으로 교류하는 사람들 안에서 안정감, 자율성, 공정성, 존중, 신뢰감, 소속감, 사랑을 키울 수 있을까?

» 이 장에서는 결핍을 만족시키는 몇 가지 관행인 균형 점수, 체크인, 피어 파드, 코인 세리머니 등을 살펴봤다. 그럼 조직이나 팀에 어느 관행을 도입하는 것이 가장 쉬울까? 또 어느 것이 가장 어려울까? 그 이유는 무엇인가?

6장

필수 요소 #4:
취약함의 인정

이전 장에서는 TIM 그룹의 개발자들이 존슨빌 소시지 공장, GE 제트 엔진 공장, 혁신 조직인 고어 같은 수많은 급진적 협업의 선구자들로부터 어떻게 영감을 얻었는지 살펴봤다. 이러한 조직의 사례와 관행들은 TIM 그룹의 변화를 촉진했지만, 개발자들은 곧 급진적 협업이라는 퍼즐에 누락된 부분이 있음을 알았다. 비록 그들은 지배적 위계 조직 체제를 폐기했지만, 여전히 지배자의 행동에 빠져 있는 자신들을 발견했다.

예를 들어, 회의는 협업보다는 너무 잦은 갈등의 장이 됐고 개인들은 대안을 탐구하기보다는 자신의 입장을 지키는 데 더 많은 시간을 썼다. 마찬가지로, 타운 홀 미팅과 같은 전사적 포럼에서는 조직의 결점이 조명되고 공개적으로 다뤄지기보다는 숨겨지고 논의되지 않는 경우가 더 많았다. 따라서 TIM 그룹의 개발자들은 딜레마에 직면했다. 지배자의 위계질서가 그들의 사고방식과 행동을 형성했다면, 어떻게 효과적으로 자신들의 조직을 관리할 수 있었을까? 이질적이고 급진적인 협업의 문화를 향해 효과적으로 나아가기 위해 어떤 새로운 사고방식과 행동 방식이 필요할까? 그들은 아이디어와 영감을 얻기 위해 다시 한번 문헌을 찾아봤다. 그리고 거기서 또다시 뭔가를 발견했다.

TIM 그룹의 개발자들은 개인이 조직 내부에서 사용하는 두 가지 주요 추론 과정을 연구하는 사회학 분야를 우연히 접하게 됐다. 첫 번째 과정은 '모델 I 방어적 추론Model I Defensive Reasoning'으로 알려져 있는데, 이는 개인들이 처음부터 자신을 현재 위치로 이끈 관찰, 추론, 추정의 숨겨진 세계를 숨기면서 자신의 입장을 옹호하는 것이다. 두 번째 과정은 '모델 II 생산적 추론Model II Productive Reasoning' 혹은 '취약함의 인정candid vulnerability'으로 알려져 있다. 이는 개개인이 자신들이 갖고 있는 관찰, 추론, 추정의 숨겨진 세계를 다른 사람들에게 솔직하게 공유하는 동시에 그 숨겨진 세계를 다른 사람들이 검토나 비평을 하도록 노출시키고, 무효화하는 것이다.

첫 번째 과정인 방어적 추론은 대인 관계의 갈등이나 집단적인 은폐로 이어진다. 두 번째 프로세스인 취약함의 인정은 대인 관계에서의 대화와 집단적 투명성으로 이어진다. 불행하게도 TIM 그룹의 개발자들은 방어적 추론에 빠져 여전히 지배와 갈등을 경험하고 있다는 것을 깨달았고, 만약 자기 관리가 그들에게 효과가 있다면 취약함을 인정하고 수용하는 방법을 찾아야 했다.

방어적 추론 대 취약함의 인정

많은 사람이 모여 회의하는 동안에는 서로 동의하면서 웃고 고개를 끄덕이다가, 이후 작은 그룹을 조직해 사적으로 불평 혹은 의구심을 드러내거나 심지어 분노의 목소리를 내는 그런 회의에 몇 번이나 참석해봤는가? 당신이 회의에서 우려되는 사항을 잠시 망설이면서 이야기했을 때, 그것을 들은 사람이 해당 부분에 대해 답하지 않은 채 능숙하게 새로운 주제로 대화를 빠르게 전환하는 경우가 몇 번이나 있었는가? 혹은 그 반대의 경우는 몇 번이나 되는가?

위에서 언급한 것들은 모두 방어적 추론으로 알려진 행동 패턴의 사례다.

이는 부정적인 감정, 당황스러움, 위협을 피하면서 그룹 내에서 통제력을 유지하기 위해 고안된 사고, 말, 행동의 방식이다. 조직 행동에 대한 우리의 지식을 바꿔놓은 세계적인 사회학자이자 심리학자인 크리스 아지리스^{Chris} ^{Argyris}*에 따르면, 방어적 추론은 다음과 같은 네 가지 일반적 행동으로 요약된다.[1]

- **일방적으로 통제하라.** 그룹 내에서 당신의 입장을 옹호할 때, 당신의 입장을 위협하거나 다른 길로 빠져나가지 않도록 대화에 대한 통제력을 유지하라.
- **지지 말고 승리하라.** 비록 당신이 자신의 입장이 옳은지 아닌지에 신경을 쓰겠지만, 진정으로 최선의 길이었는지에 관계없이 당신의 입장을 고수하는 데 더 신경을 써라.
- **갈등을 억제하라.** 우리 중 다수는 어렸을 때 '할 말이 없다면, 아무 말도 하지 말라'는 가르침을 받았다. 성인으로서 우리는 종종 '다른 사람들이 우리의 생각, 감정, 걱정에 대해 어떻게 반응할까?'에 대한 두려움으로 스스로를 검열한다.
- **합리적으로 행동하라.** 도전을 받을 때마다, 우리는 이성적으로 보이고 싶은 깊고 지속적인 욕망을 갖고 있다. 따라서 자신의 행동이 비이성적이고 모순적이며 현실적으로 문제를 오히려 키울지라도 자신의 입장과 행동을 논리적이고 필요한 것으로 정당화하려고 한다.

아지리스에 따르면, 우리는 방어적 추론을 할 때마다 무의식적으로 이 네 가지 행동을 사용한다. 예를 들어 이 절의 시작 부분에 있는 가상의 미팅 시

---

* 예일대학교 교수를 지낸 행동과학자이자 경영학자다. 개인과 조직의 통합을 연구하면서 조직에서 인간 소외의 극복을 지향했고, 주요 저서로는 『Personality and Organization』(Harper, 1957)이 있다. – 옮긴이

나리오를 다시 살펴보자.

회의 중에 자신의 입장을 옹호하면서 다른 사람이 걱정하는 것들을 능숙하게 탐색하거나 해결하는 것을 회피한다면, 첫 번째 방어 행동인 '일방적으로 통제하라'를 시행하면서 두 번째 방어 행동인 '지지 말고 승리하라'를 시행하는 것이다. 마찬가지로, 당신이 회의 중에는 미소와 함께 동의하며 고개를 끄덕였다가 이후 사적으로 불평, 의구심을 드러내거나 심지어 공감하고 있는 이들에게 분노의 목소리를 낸다면, 당신은 '갈등을 억제하라'는 세 번째 방어 행동을 한 것이다. 마지막으로, 그러한 상황에서 이성적으로 할 수 있는 것 중 최선이라고 스스로에게 말하게 된다면, 그것은 '합리적으로 행동하라'는 네 번째 방어 행동을 한 것이다.

방어적 추론 과정은 개인과 조직의 기능 장애에 대한 전파와 보존으로 이어진다. 반복되는 조직의 불안을 해소하려는 경영자들의 끈질긴 노력에도 불구하고 분기마다 같은 갈등이 발생하는 이유다. 반복되는 조직적, 혹은 대인 관계의 문제에 대해 사적으로 서로 불평하면서도 공개적으로 이러한 문제들을 은폐하는 데 협력하는 이유가 바로 그것이다. 다시 말해, 방어적 추론의 패턴이 조직을 꼼짝 못하게 만들고 조직 내의 사람들에게는 갇혀 있다는 느낌을 준다.

사회학자들은 방어적 추론이 전 세계적으로 만연한 집단 행동의 근간이라는 점을 알아냈다. 크리스 아지리스를 포함한 수많은 학자의 사회학적 연구에 따르면, '젊든 늙었든, 여성이든 남성이든, 소수든 다수든, 부유하든 가난하든, 교육을 잘 받았든 잘 받지 못했든' 성인에게서 이러한 행동들을 발견할 수 있다.[2]

하지만 만약 여러분이 위에 열거된 네 가지 방어적인 행동이 자신들의 행동에 영향을 미쳤는지 여부를 일반적인 성인들에게 물어본다면, 그들은 완강히 부인할 가능성이 있다. 사실, 사회학자들은 대부분의 개인들이 관찰된 행동과 모순되게 집단 내의 상호작용에 대해 매우 다른 믿음과 행동을 지지

하고 있다는 것을 발견했다. 이러한 기본 행동들은 다음과 같다.[3]

- **유효하고 시험 가능한 정보를 찾아라.** 그날 자신의 입장을 고수하기 위해 토론에 대한 통제력을 유지하는 대신, 당신이 지지하는 특정 접근 방식을 검증하거나 무효화할 수 있는 정보를 찾아야 한다.
- **집단 내에서 정보에 입각한 선택을 하라.** 집단group은 끊임없이 선택에 직면하게 되며, 다른 길을 선택해야 한다고 주장하는 다른 사람들이 집단 내에 있다. 정보에 입각한 선택을 하려면 우선 우리의 생각을 지지할 수 있는 근본적인 관찰, 추론, 가정을 공유해야 한다.
- **조심스럽게 접근 방식에 대한 오류를 감지하고 수정할 수 있도록 모니터링하라.** 한 집단이 선택한 길이라고 해서 그 길이 반드시 옳은 것은 아니다. 우리의 접근 방식에서 결점이나 오류를 찾아내야 하고, 만약 그것을 발견한다면 기꺼이 우리가 실수했다는 사실을 인정해야 한다.

따라서 이 세 가지 루틴은 모두 개인의 통제보다는 집단 학습에 대한 것이므로 취약함의 인정으로 이어진다. 예를 들어 당신이 소프트웨어 팀에서 '개발의 방향을 바꿔야 할지 아니면 고수해야 할지를' 결정해야 하는, 기술과는 거리가 먼 제품 관리자라고 가정해보자. 팀원들은 무엇을 해야 할지에 대해 어느 정도 나뉘어진 것 같고, 당신은 다른 기회를 찾을 수 있도록 개발의 방향을 바꾸자고 주장하는 팀을 지지하고 있는 스스로를 발견하게 된다. 비록 방향을 변경할 수밖에 없는 여러 가지 사업적 정당성을 공개적으로 팀과 공유했지만, 여전히 팀의 엔지니어들이 현재 진행하고 있는 제품의 방향성을 달성하고 감당하기에는 너무 미숙하다는 여러 가지 숨겨진 두려움과 걱정도 갖고 있다. 또한 개인적으로는 현재 제품의 방향보다 더 흥미로운 다른 기회도 발견했다.

만약 당신이 방어적 추론의 행동을 만들었다면, 개인적인 관심사와 공학 기술에 대한 당신의 걱정을 혼자만 간직했을 것이다. 그러나 취약함을 인정하는 행동을 함으로써, 당신은 숨겨진 두려움과 개인적인 걱정을 팀의 다른 사람들과 공유하게 된다. 그래야 팀이 방향을 변경할지 아니면 현재 방향을 고수할지를 정보에 입각해 결정할 수 있다.

팀의 엔지니어링 능력에 대해 우려하게 된 관찰 결과를 공유하면, 기술과 거리가 있는 자신의 배경 때문에 상황을 잘못 이해했다는 사실을 알게 된다. 그러나 당신은 또한 팀의 몇몇 사람이 제품이 현재 개발되고 있는 방향에 점점 더 관심이 없어지고 있다는 사실을 알게 된다. 다시 말해, 방향의 변경을 선호하는 이면에 숨겨진 생각, 느낌, 가정을 솔직하게 공유하고 이러한 생각을 집단적인 검토와 토론 및 무효화까지도 선언할 수 있도록 놔둔다면, 팀이 진행 방법에 대해 적절한 정보를 바탕으로 최선의 선택을 할 수 있는 여건을 조성한 것이다.

취약함을 인정하는 행동은 우리 모두가 태어날 때부터 배운 방어적 추론의 습관에 대한 강력한 해독제다. 그 뒤에 취약함의 인정은 사람들이 자신의 진실성을 시험하기 위해 타인에 대한 내적 생각, 관찰, 가정, 이론을 공유하도록 이끈다. 이는 또한 사람들이 자신들의 사고에서 오류를 발견했을 때 그들의 행동과 믿음을 조정하도록 이끈다.

대부분의 조직에서 대부분의 사람은 취약함의 인정을 지지하지만, 실제로 이를 실천하는 사람은 거의 없다. 이러한 점이 급진적 협업 조직을 특별하게 만드는 이유 중 하나다. 이들은 취약함을 인정하는 것의 가치도 중요하게 여기지만, 이를 실천하고 있다.

HOW 보고서에서 언급했듯이, 급진적 협업 조직의 구성원들은 투명하게 소통하고, 대화에 참여하고, 진실을 공유하고, 직무, 조직 성과 및 기타 정보를 폭넓고 쉽게 이용할 수 있도록 한다.[4] 또한 정직한 피드백을 제공하고, 다수의 의견에 이의를 제기하며, 부정행위나 조직의 가치와 일치하지 않

는 행동들에 대해 이야기한다.[5]

다시 말해, 급진적 협업 조직은 어떻게든 소수의 선별된 개인들만이 능수능란하게 취약함을 솔직히 드러내는 것이 아니라 전체 조직이 취약함을 인정하는 것이 표준이 되는 문화를 만들어냈고 관리해왔다. 이제 TIM 그룹으로 되돌아가서 이 놀랍고 흔하지 않은 성과를 어떻게 달성했는지 알아보자.

실무에서 취약함을 인정하기

여덟 가지 행동

TIM 그룹의 개발자들은 급진적 협업으로 전환하는 데 필요한 사고방식과 행동을 찾기 시작했는데, 그 과정에서 로저 슈바르츠[Roger Schwarz]의 「Eight Behaviors for Smarter Teams[더 스마트한 팀을 위한 여덟 가지 행동]*」라는 백서를 찾아냈다. 로저 슈바르츠는 크리스 아지리스의 제자였으며, 효과적인 팀에 대한 영향력 있는 저서들을 출간한 저자다.

슈바르츠는 여덟 가지 행동에 관한 이 백서에서 자신의 책들이 다루는 몇 가지 원칙과 실천법을 더 깊이 있게 서술했다. 이 백서에서 소개하는 여덟 가지 행동과 취약함을 인정하는 연습을 위한 기술들은 TIM 그룹의 문화에 극적인 영향을 미쳤다. 지금부터 하나씩 차례대로 살펴보자.

첫째, 백서의 제목에서도 알 수 있듯이 슈바르츠는 효과적인 팀이 수용하는 여덟 가지 행동을 열거했다.[6]

1. 의견을 말하고 진솔한 질문을 하라.

---

* 웹 사이트(https://cdn.csu.edu.au/__data/assets/pdf_file/0008/917018/Eight-Behaviors-for-Smarter-Teams-2.pdf)에서 다운로드할 수 있다. - 옮긴이

2. 모든 관련 정보를 공유하라.

3. 구체적인 예를 들어 중요한 단어들이 의미하는 것에 동의하라.

4. 추론과 의도를 설명하라.

5. 지위가 아닌 관심사에 초점을 맞춰라.

6. 가정과 추론을 시험하라.

7. 다음 단계를 공동으로 설계하라.

8. 토론할 수 없는 문제에 대해 토론하라.

이 여덟 가지 행동은 슈바르츠가 주장하는 취약함을 인정하기 위한 세 가지 행동을 자세히 설명하려는 시도였고, TIM 그룹의 개발자들에게 팀 내에서 지배적 위계 조직 환경에 따른 습관을 극복할 수 있는 실용적인 방법을 제공했다. 개발자들은 이런 행동을 카드에 적어서 사무실 곳곳에 게시한 뒤 지배적 습관이 나올 때마다 이 카드들을 쳐다보기 시작했다.

TIM 그룹의 한 직원은 "회의 중에 상호작용이 잘되지 않는다는 것을 느낄 때는 카드를 집어 들고 스스로에게 '어떤 행동이 필요한가?'를 묻곤 했다."라고 말했다.

예를 들어 누군가 그들의 팀이 잠재적으로 의견 분열을 초래하는 이슈를 기피하고 있다고 느낀다면, 스스로 8번 행동인 '토론할 수 없는 문제에 대해 토론하라'를 기억해내고 그에 따라 행동할 것이다.

마찬가지로 자신의 입장에 대한 질문이나 비판을 회피한다면, 그들은 스스로에게 2번 행동인 '모든 관련 정보를 공유하라'와 4번 행동인 '추론과 의도를 설명하라'를 상기시킬 것이다.

마지막으로, 누구든지 팀의 방향을 일방적으로 통제하는 것처럼 보일 때마다 그들은 스스로 7번 행동인 '다음 단계를 공동으로 설계하라'를 기억해낼 것이다.

물론, 당신이 어떤 행동을 보일 필요가 있다는 점을 아는 것과 그것을 어떻게 보여주는가는 전혀 다른 일이다. 크리스 아지리스가 자신의 책에서 반복적으로 경고했듯이, 취약함을 인정한다는 것 자체를 보증하는 것만으로는 충분하지 않다. 다른 기술과 마찬가지로 연습해야 한다. 그것이 TIM 그룹의 개발자들이 여덟 가지 행동에 대한 백서에서 2단 연습을 선택한 이유다.

2단 연습

2단 연습two-column exercise 뒤에 숨겨진 사상은 간단하다. 빈 종이 하나를 두고, 그 중앙에 수직으로 선을 그어서 2개의 열로 나눈다. 오른쪽 열에는 당신과 다른 사람 사이에 최근에 있었던 대화 내용을 적는다. 왼쪽 열에는 대화 중에 무슨 생각을 했는지를 적는다. 그럼 개인적으로 생각했던 것과 공개적으로 공유한 것 사이에 일치하지 않는 부분이 나타날 수 있다.

두 열의 차이를 보면, 우리 대부분이 엄청난 양의 방어적 추론을 드러낸다는 사실을 알게 된다. 예를 들어, 부정적인 감정을 피하고 자기 이미지를 보호하면서 일방적 통제를 유지하기 위해 다른 사람들에게 우리의 솔직한 생각, 감정, 믿음을 억누르고 있다는 것을 발견할지도 모른다. 그리고 다른 사람들의 의도와 동기에 관해 우리의 숨겨진 생각들을 스스로에게 이야기하고 있다는 것을 발견할지도 모른다. 또한 우리의 이야기를 다른 사람들과 공개적으로 공유하지 않고, 그래서 그것의 진실성을 결코 검증하지 않는다는 것도 발견지 모른다. 우리가 아는 한, 그 이야기는 정교한 허구에 지나지 않는다. 그러나 그 이야기를 숨기는 것은 방어적 추론의 일부분이다.

2단 연습은 당신의 생각이 방어적 추론에 어느 정도 사로잡혀 있는지를 모두에게 드러내는 방법인데, 이는 그것을 극복하기 위한 첫 번째이자 필요한 단계다. 하지만 당신은 이 연습을 더 할 수 있다. 사적인 생각과 공개 선언한 것 간의 차이를 조사하면서, 그 대화를 다시 작성함으로써 취약함의 인정을 연습할 수 있다.

자신의 진짜 생각과 감정을 숨기는 대신, 비판을 감수하고 허심탄회하게 그 생각을 나누는 방법을 안전하게 상상할 수 있다. 다시 말해, 당신은 자신이 하는 이야기를 다른 사람들에게 말하는 방법을 연습할 수 있다.

이것이 바로 TIM 그룹의 개발자들이 했던 일이다. 상호작용이 잘못됐다고 느낄 때마다, 개발자들은 방어적 추론 대신 어떻게 취약함을 솔직하게 인정할 수 있었는지 판단하는 데 도움을 주기 위해 2개의 열로 된 연습을 이용했다. 비록 이 연습을 통해 과거를 바꾸진 못했지만, 미래는 준비할 수 있었다. 반응과 질문에 대한 대안들을 마련함으로써, 향후 비슷한 대인 관계 상황에 처하게 됐을 때 그 대안들을 끌어낼 가능성이 더 높아졌다.

TIM 그룹의 CTO인 제프리 프레드릭은 이 실천 관행이 매우 효과가 있다는 사실을 깨닫고, 기업의 애자일 전환을 위한 방법을 기술한 『애자일 컨버세이션』(에이콘, 2021)이라는 책을 공동 집필했다.

취약함의 인정을 연습하기 위한 조언 프로세스의 활용

2단 연습만이 취약함의 인정을 연습하는 유일한 방법은 아니다. 하우페우만티스의 사례에서 봤던 조언 프로세스도 취약함을 인정하는 연습을 하는 또 다른 방법이다.

다시 생각해보면, 조언 프로세스는 조직의 누구에게나 결정을 내릴 권한을 주면서 결정을 내리는 데 필요한 심리적 에너지도 증가시킨다. 따라서 일방적으로 결정을 내릴 것이 아니라, 그 결정에 영향을 받을 사람들의 생각과 조언, 질문과 비판을 찾아내야 한다.

비록 의사결정자가 다른 사람의 조언을 받아들여야 할 필요는 없지만, 그 의도는 분명하다. 처음부터 결정을 내리도록 이끄는 일련의 추론을 노출시킴으로써 의사결정자들의 취약함을 드러내도록 유도하는 것이다.

하우페우만티스의 악셀 싱글러는 위계적 구조에서 비위계적 체제로 전환되는 조직에 대한 조언 프로세스의 주요 가치 중 하나로 이 상호작용의 연결을 이야기한다. 이 연결 고리는 협업적 의사결정을 위한 머슬 메모리^{muscle} ^{memory*}를 개발함으로써 리더가 방어적 추론에서 취약함을 솔직히 인정하도록 돕는다.

이번 주의 가장 큰 실패

씨랩스는 조직 내에서 취약함을 솔직히 인정하는 것을 장려하는 또 다른 방법인 '이번 주의 가장 큰 실패'라는 회의 프롬프트를 제시한다. 일반적으로 회의를 시작할 때 사용되며, 모든 사람이 개인적으로 관련된 실패를 서로가 공유할 수 있는 기회를 제공한다. 실패의 사례로는 회의가 있다는 사실 자체를 잊는 것 등에서부터 최근의 린^{Lean}과 관련된 실험이 실패했다는 사실을 발견하는 등의 불행한 것, 그리고 갈등을 해결하는 대신 억제하려고 했기에 갈등이 더 심해졌다는 사실을 깨닫는 등의 민감한 것에 이르기까지 다양할 수 있다.

이 실천법의 목적은 자신의 실수를 자책하는 것이 아니라 실수를 인정하고 배우고 다른 사람들과 나누고자 하는 당신의 의지를 축하하는 것이다. 이러한 축하 문화는 중요한데, 이러한 순간을 축하할 때는 심리적 성공$^{psychological\ success}$이라고 알려진 현상 덕분에 조직 내에서 취약함을 인정하는 것에 대한 에너지를 증가시키기 때문이다.

---

* 근육량이 증가했다가 장기간의 휴식으로 근육이 손실되더라도, 다시 운동을 시작하면 처음보다 더 빨리 근육량을 되찾는 것을 의미한다. 이 책에서는 머리가 기억하지 못하더라도 몸에 그 기억을 새겨 넣는 것을 의미한다. - 옮긴이

심리적 성공

심리적 성공의 개념은 1940년대에 심리학자들이 '열망의 다양성^{aspiration} diversity'이라는 현상을 연구하면서 처음으로 알려졌다. 간단히 말해, 열망의 다양성은 힘들거나 심지어 불가능할 것 같은 업무를 맡았을 때 우리 중 상당수가 일종의 징검다리와 같은 중간 목표를 세울 것이라고 한다. 이를 연구자들은 개인의 '순간적인 열망 수준^{momentary level of aspiration}'이라고 부른다.

그러나 그 순간적인 열망 수준은 사람마다 매우 다양할 수 있다. 연구원들은 이러한 다양성을 연구하면서, 한 피실험자가 이전에 경험했던 심리적 성공과 실패의 정도 사이에는 강한 상관관계가 있다는 것을 발견했다.[7] 아지리스는 "사람들이 어떤 일에 갖고 있는 심리적 에너지의 양은 그들이 경험하는 심리적 성공과 실패의 정도에 의해 강하게 영향을 받는다. 심리적 성공을 거둘수록 더 많은 에너지를 사용할 수 있다."[8]라고 설명했다.

이는 취약함을 인정하는 것이 드문 이유일 뿐만 아니라 '가장 큰 실패'와 같은 실천 관행이 효과적인 이유를 설명하는 데 도움이 된다. 당신의 생각, 감정, 신념, 가정 사항을 공유하고 그것들을 검토하고 비평하며 심지어 무효화도 언제든지 할 수 있으려면 많은 심리적 에너지가 필요하다. 우리는 이러한 투입된 에너지를 상쇄할 수 있는 방법이 필요한데, '이번 주의 가장 큰 실패'를 축하하는 것은 바로 이를 위한 환상적인 방법이다. 그것은 보통 우리의 자아상을 위협하고 우리의 심리적 에너지를 고갈시키는 상황을 우리가 심리적 에너지를 보충하고 우리는 실수할 수 있는 존재라는 것을 인정하고 존중하는 결핍 만족의 경험으로 변화시킨다.

실패를 공유함으로써 심리적 성공을 늘리는 문화를 만든다는 것은 취약함을 인정하기 위한 에너지 저장고를 만드는 것이다. 그렇지만 취약함을 인정하는 것에 대한 축하가 심리적 성공을 늘리는 유일한 방법은 아니다. 개방성과 취약함을 위한 공간을 만드는 것만으로도 유사한 효과를 낼 수 있다.

그 공간을 실제로 보고 인정받는 것 자체가 결핍을 만족시키는 경험이기 때문이다.

심리적 성공을 늘리기 위한 실천법

지난 장에서 다룬 몇 가지 관행이 이 방법에 적합하다. 예를 들어 씨빅액션즈의 동료들이 균형 점수를 서로 공유함으로써 회의를 시작할 때, 그들은 개방성과 취약함을 정상화하는 것이다. 씨빅액션즈의 동료들은 균형 점수의 요인을 밝히지 않지만, 정직하고 공개적으로 공유할 때, 특히 점수가 낮을 때 용기를 발휘한다.

우리 대부분은 일하러 갈 때 서로에게 근본적인 감정 상태를 숨긴다. 비록 실제로는 그렇지 않더라도, 모든 것이 괜찮다는 듯이 웃으며 행동한다. 그러나 균형 점수는 모든 사람이 다른 사람과의 상호작용에 진정한 자신을 더 많이 안전하게 가져올 수 있는 방법을 제공하고, 그 취약함을 인정하고 보호하고 존중할 수 있도록 함으로써 그러한 습관을 깨뜨린다.

홀라크라틱 체크인은 심리적 성공을 늘리는 동시에 취약함의 인정을 유발하는 또 다른 관행이다. 씨랩스와 같은 전체 조직의 직원들은 거버넌스 회의를 시작하면서 개인의 산만함을 공유하거나 '체크인'함으로써, 사람들이 자신의 온전한 모습을 끌어낼 수 있는 '신성한 공간'을 만든다. 비록 체크인이 단순히 균형 점수를 제공하는 것보다 더 많은 심리적 에너지를 요구하지만, 그들은 동료들로부터 더 많은 공감과 이해를 불러일으킨다. 동료들이 자신의 고민을 안전하게 공유하면, 서로의 고민에 공감하고 동료들의 정신 상태에 동기화되는 능력이 높아져 결국 모두의 심리적 성공으로 이어진다.

자발적인 취약함의 인정

앞서 이야기한 관행들은 계획된 순간에 취약함을 인정하는 연습을 하거나 유도하기 위해 설계된 구조화된 활동이다. 그러나 구조화된 관행은 '순간적인 열망 수준'의 디딤돌에 불과하며, 진정한 의미는 취약함의 인정을 모두가 자연스럽게 느끼는 데 있다. 사람들이 즉흥적이기는 하지만 능숙하게 '논의할 수 없는' 생각, 추론, 가정을 공유하고 테스트와 무효화를 자연스러운 것이라 여길 때, 취약함의 인정에 대한 구조화된 관행은 덜 필요하게 된다. 지금까지 살펴본 몇몇 조직에서 이러한 자연스러움이 어떻게 발현됐는지 알아보자.

이전 장에서는 매트 블랙 시스템즈가 지구상에서 가장 앞선 위임된 조직 중 하나라는 점을 살펴봤다. 매트 블랙 시스템즈는 모든 직원이 하나의 가상 회사가 되는 프랙탈 모델을 기반으로 점점 더 조직의 소유권과 통제권을 직원들에게 넘겼다. 그러나 동시에 그들은 개인의 기업가 정신과 투명성이라는 새로운 가치를 실현 가능케 하는, 취약함을 인정하는 문화를 점점 더 발전시켰다. 이러한 개방적인 문화는 일상적인 상호작용을 활성화했을 뿐만 아니라 조직이 예상치 못한 좌절에 대응해 자기 조직화할 수 있게 했다.

한 가지 예를 들어보자. 매트 블랙 시스템즈의 자기 관리 문화가 시행되고 나서 몇 년이 지났을 무렵, 공장에 화재 사고가 발생했다. 그 당시 한동안 공장을 찾아오지 않던 임원들이 나타나 근로자들과 함께 피해 상황을 살폈다. 곧 그 임원들 중 한 명이 상황을 통제해야 할 필요성을 느끼고 모든 사람에게 명령을 내리기 시작했다. 그러나 직원들은 명령과 통제의 위계질서로 되돌아가는 대신, 임원의 행동은 필요하지 않으며 자신들이 공장을 다시 가동시키고 상황을 수습할 방법을 누구보다 잘 알고 있다고 말했다.[9]

프랙탈 조직 모델을 통해 직원들은 직접 상품을 설계 및 생산하는 것은 물론 임대차 계약 관리, 보험 계약 협상, 대출 확보, 장비 구입 등의 업무를 맡아왔다. 그 결과, 직원들은 이 위기를 극복하는 방법을 알고 있었고, 그렇게 할 수 있는 더 나은 준비가 돼 있었다. 취약점이 생긴 순간 해당 임원은 잘못을 인정하고 사과한 뒤 비켜섰다. 그러고 나서 근로자들이 재앙에 대응해 스스로를 조직화하고 남아 있는 기계를 혁신적으로 사용해 단 3일 만에 공장을 재운영이 가능한 최소한의 상태로 만드는 것을 지켜봤다.[10]

그 위기는 취약함을 인정하는 힘을 보여줬다. 매트 블랙 시스템즈는 지배적인 계층 구조로 다시 회귀하는 대신 파트너십과 평등의 새로운 정점으로 성장했다. 그러나 이 위기는 급진적 협업 조직 내에서의 리더십 철학을 보여주기도 했다. 리더십은 맥락에 따라 좌우된다. 즉, 조직도가 아니라 상황에 의해 지배된다. 그리고 지배자 계급이 아닌 동료의 신뢰에 의해 부여된다. 지도자가 비위계적 체제 내에서 등장할 때, 그들은 프리무스 인테르 파레스 primus inter pares, 즉 '동등한 사람들 중 으뜸인 자'라는 고대 민주주의 이상을 구현한다. 그리고 그 순간이 지나서 그들의 리더십이 더 이상 필요하지 않을 때, 취약함의 인정과 같은 관행이 그들의 리더십을 공감과 우아함으로 끝나도록 보장한다.

매트 블랙 시스템즈가 어려운 상황에서 취약함의 인정을 입증한 유일한 선구자는 아니다. '여덟 가지 행동' 같은 원칙과 2단 연습 같은 실천 관행 덕분에 TIM 그룹은 중요한 순간에 취약함의 인정을 활용할 수 있는 능력도 개발했다. 예를 들어, 2018년에 TIM 그룹의 설립자들은 회사가 인수될 것이라고 발표하는 전체 회의를 갑자기 개최했다. 설립자들에게는 재정적으로 상당한 호재였지만, 직원들은 자신들이 열심히 키워온 급진적 협업 문화에 긍정적일지 부정적일지 모를 모기업의 입장으로 인한 상당한 변화나 불안에 직면해 있었고 심지어 자신들의 회사가 모기업으로 완전히 흡수되는 상황도 염두에 둬야 했다.

대부분의 조직에서 이러한 단절은 '논의할 수 없는' 것이며, 전체 회의는 모두를 위해 장밋빛 그림을 그리기를 열망하는 임원들에 의해 지배될 것이다. 그러나 TIM 그룹에서는 토론할 수 없는 이 주제가 공개됐다. 한 직원이 "회사 매각이 모두에게 득이 되지 않는 것처럼 들린다."라고 말하자 회의실 분위기는 금세 개방과 나눔의 장소로 바뀌었다. 사람들은 자신들의 두려움과 불안, 그리고 그들을 자극한 근본적인 이야기들에 공개적으로 이름을 붙일 수 있게 됐다. 설립자들도 오랜 시간 동안 이어져온 취약함의 인정이라는 관행을 받아들였으며, 심지어 2단 연습과 같은 활동들을 운영하는 방법에 관한 훈련에도 참여했으며, 나중에 이를 이끌기도 했으므로 능숙하게 참여할 수 있었다.

요약하자면, TIM 그룹의 직원들은 '논의할 수 없는 것들에 대해 토론하는' 방법을 배웠다. 직원들은 다른 사람들에게서 발생할 수 있는 부정적인 감정이나 다른 사람들이 자신들에게 가할 수 있는 비판에 대한 두려움 때문에 그들이 숨겼던 주제들을 꺼낼 수 있었다. 그리고 직원들은 토론할 수 없는 주제에 대한 추론, 생각, 가정, 믿음의 연결 고리를 솔직하게 공유함으로써 그 연결 고리를 시험하고 무효화하며 총체적으로 진화시킬 수 있는 대화에 생산적으로 참여할 수 있었다.

물론 토론할 수 없는 문제를 논의하는 것이 모든 딜레마에 대한 해결을 보장하는 것은 아니지만, 기업 내 전체 회의에서 토론할 수 없는 문제를 생산적이고 능숙하게 검토하는 경험은 취약함의 인정이 개인뿐만 아니라 조직 전체에 미칠 수 있는 강력한 잠재력을 보여준다.

TIM 그룹의 경우, 취약함의 인정이 기업 인수를 중단시키지는 못했다. 하지만 더 나은 방법으로 좀 더 원활하게 새로운 모기업으로 이전할 수 있도록 했으며, 모든 사람이 인수 회사에 입사할지 말지를 적절히 선택할 수 있도록 했다.

씨빅액션즈는 자발적인 솔직함과 취약함의 또 다른 예를 보여준다. 2020년 봄과 여름 동안, 미국 사회는 코로나 바이러스가 대유행하고 무장하지 않은 흑인들이 경찰에 의해 살해되는 사건이 발생하면서 휘청거렸다. 특히 조지 플로이드Geroge Floyd와 브리아나 테일러Breonna Taylor의 살인은 여러 주의 수도를 중심으로 전국적인 시위를 촉발시켰다. 그 당시 유색 인종들은 큰 상처를 입었고, 씨빅액션즈 내부의 분위기도 영향을 받았다.

미국 전역에서 시위가 끊이지 않던 특히 중요한 그 일주일 동안, 씨빅액션즈 리더십 팀은 매주 열리는 전체 회의에서 사람들이 자신들의 아픔과 고통, 분노를 터놓고 나눌 수 있는 공간을 만들어야 한다고 결정했다. 애런 파바는 또 참여를 자제하고 경청을 위주로 하는 리더십으로 이 공간을 지키는 것이 중요하다고 생각했다. 그 당시에는 꽤 좋은 계획처럼 들렸지만, 돌이켜 보면 그것은 실수였다.

비록 그 모임은 사람들이 자신들의 고통과 분노를 나눌 수 있게 해줬지만, 파바는 후에 씨빅액션즈의 흑인 공동체가 지도자들의 침묵을 '지지 부족'으로 받아들였다는 사실을 알게 됐다. 그는 기분이 좋지 않았다. 자신이 의도했던 것과는 정반대의 결과였기 때문이다. 결국 파바는 씨빅액션즈의 모든 사람에게 리더들은 '블랙 라이브스 매터 무브먼트Black Lives Matter movement*'를 지지한다는 것을 확실히 알리길 원했고, 그래서 그를 포함한 임원들은 그러한 취지의 대국민 성명을 만들었다. 파바는 소셜 미디어를 통해 성명을 내보낸 다음 내부적으로 다시 게시했지만, 머지않아 자신이 상황을 더 악화시켰다는 것을 깨달았다.

내부에서 즉각적인 비평이 이어졌고, 그 성명은 단지 공허하고 선함을 과시하는 것으로 여겨졌다. 백인 우월주의를 비판한 성명이었지만, 단지 좀 더 비판한 것에 불과했다. 내부나 외부에 있는 흑인들의 목소리를 증폭시키지 못했고, 행동을 취하고자 하는 사람들을 위한 구체적인 지원이나 지침을 제공하지 않았다. 또한 성명을 준비하는 과정에서 파바는 씨빅액션즈 내부에

---

* '흑인의 목숨도 중요하다'는 의미를 담고 있으며, 2012년 미국에서 흑인 소년을 죽인 백인 자율방범대원이 무죄 평결을 받고 풀려나면서 시작된 흑인 인권 운동을 말한다. - 옮긴이

존재하는 피어 그룹의 다양성, 형평성, 소속감을 유발시키지 못했다.

파바는 이제 절망감을 느꼈다. 좋은 의도로 했지만, 상황을 더 악화시켰다. 그래서 취약함을 느꼈을 때, 직원들에게 편지를 썼다. 그 편지에서 자신의 실수를 인정했고, 기꺼이 문제점을 지적해준 모든 사람에게 진심으로 감사했으며, 그가 들었던 제안들을 모두에게 되새겼다. 씨빅액션즈의 동료들은 다시 즉각적인 반응을 보였는데, 이번에는 사랑과 성원을 담아 감사를 표했다. 마침내 동료들은 지지를 받고 있다고 느꼈다. 이제 커져가는 미국의 인종 차별 위기에 진정으로 대응하는 움직임을 집단적으로 발전시킬 수 있다고 생각했다.

불편한 진실을 말하려는 동료들의 의지와 자신의 실패에 대해 인정하고 소통하려는 파바의 의지가 결합돼 조직이 하나로 뭉쳐졌고 진정으로 나아갈 길을 개척할 수 있었다. 그것이 취약함의 인정에 대한 약속이다. 완벽한 조직을 만드는 것이 아니라 인류가 수반하는 불완전함을 포용하는 것이다.

결론

이 장에서 살펴본 바와 같이 개인들이 집단 내에서 관여하는 두 가지 주요한 추론 방식이 있다. 즉, 방어적 추론과 취약함의 솔직한 인정이다. 방어적 추론은 개인이 지정된 위치 내에서 결함이나 결함을 노출시킬 수 있는 상황을 피하면서 그룹에 대한 일방적인 통제를 유지하도록 설계된 일련의 루틴으로 구성된다. 반면에 취약함의 솔직한 인정은 개인이 집단 학습, 창의력, 성공을 위해 봉사하는 과정에서 추론 사슬의 차이, 결점, 명백한 부정확성을 드러내도록 돕는 일련의 심리적인 루틴으로 구성된다.

대부분의 개인과 조직은 지배와 강압의 역학에 의해 촉발되는 방어적 추론의 수렁에 빠진다. 경영진의 해결 노력에도 불구하고 분기마다 같은 갈등이 발생한다. 조직의 기능 이상이 개인적으로 논의되고, 대중에게는 은폐된다.

이와 대조적으로 급진적 협업 조직은 일상생활에서 취약함을 솔직히 드러내며, 이 장에서 살펴본 이들의 경험은 그 힘을 여실히 보여줬다. 취약함의 인정은 개인에게는 집단적인 검사에 자신의 신념을 노출할 용기를 줌으로써 팀이 개인의 자아에 사로잡히는 대신 유효한 정보에 기초해 새로운 방향을 선택할 수 있게 한다.

마찬가지로, 개인에게 토론할 수 없는 것들에 대해 토론할 수 있는 힘을 줌으로써, 취약함의 솔직한 인정은 전통적인 조직들이 끊임없이 안고 있다고 생각하는 역기능을 극복할 수 있는 힘을 준다. 마지막으로, 매일매일 솔직하게 취약함을 인정하는 연습을 할 수 있도록 체계적인 방법을 개발함으로써 급진적 협업 조직은 시간이 지나면서 빈도와 복잡성, 영향력이 증가함에 따라 자발적으로 이를 드러낼 수 있었다.

자연스럽게 취약함을 드러내는 것이 목표이기는 하지만, 그 목표가 지속되는 것은 보장되지 않는다. 조직이 정적이지 않기 때문이다. 조직은 시간이 지남에 따라 성장하기도 하고 축소되기도 하면서 변한다. 새로운 직원이 들어오기도 하고, 직원이 회사를 떠나기도 한다. 그리고 얻은 것도 잃을 수 있다. 항상 2단 연습과 홀라크라틱 체크인 같은 체계적인 연습이 필요한 장소와 요구가 있을 것이다. 왜냐하면 이러한 연습은 모든 흐름 속에서 개방적인 문화를 유지하고 조직의 민첩성에 대한 하위 다중 효과downstream multiplier effect를 만들어내기 때문이다. 그 연습들은 또한 취약함의 인정이 개인의 충족과 안녕을 위해 갖고 있는 잠재력을 새롭게 하는 것이다. 취약함을 솔직히 인정하는 문화를 조성할 때, 우리는 불확실한 세상에서 조직이 생존할 수 있도록 도울 뿐만 아니라 불확실하고, 실수하기 쉬운, 아름다운 인간으로서 서로가 번영할 수 있도록 지원한다.

» 당신 조직 내의 누군가가 방어적 추론에 관여했던 순간을 떠올릴 수 있는가? 그들은 통제력을 유지하고, 승리하고, 갈등을 억누르고, 또는 이성적으로 보이기 위해 자신들의 근본적인 생각과 감정을 숨겼는가?

» 이제 다른 사람에게서 방어적 추론을 확인했으니 스스로도 그렇게 할 수 있겠는가? 다시 말해, 여러분은 통제력을 유지하고, 승리하고, 갈등을 억누르고, 또는 이성적으로 보이기 위해 당신의 근본적인 생각과 감정을 숨겨왔던 순간을 떠올릴 수 있는가?

» 이제 방어적 추론의 예시가 당신 안에 있으니 솔직하게 취약함을 보여주기 위해 당신이 무엇을 다르게 했을지 상상할 수 있는가? 어떻게 당신의 근본적 생각, 감정, 가정, 믿음을 시험하고 비판하고 심지어 무효로 만들 수 있었을까?

» 당신의 조직이 방어적 추론과 취약함의 솔직한 인정 사이에서 어느 부분에 해당한다고 생각하는가? 좀 더 중요한 질문으로, 당신을 이 믿음에 이르게 하는 관찰, 추론, 추정의 연결 고리는 무엇인가? 당신은 다른 사람들과 그 생각의 연결 고리를 공유해 모든 사람에게 드러낼 의향이 있는가?

» 사람들이 억압과 통제 대신 팀이나 회의에서 솔직함과 취약함을 선택할 가능성을 높이기 위해 무엇을 할 수 있을까? 즉, 방어적 추론을 덜 매력적으로 만드는 동시에 취약함의 솔직한 인정을 자신과 타인에게 더 매력적으로 만들 수 있는 방법은 무엇일까?

결론
급진적 협업 기업

방대한 가상 현실 속에서 성장한 트루먼 버뱅크Truman Burbank의 삶을 다룬 영화인 〈트루먼 쇼〉*를 한 번쯤 들어봤을 것이다. 주인공인 트루먼이 전혀 알지 못했던 사실이지만, 영화 속에서 아내를 포함해 그를 둘러싼 모든 사람은 사실 배우였으며 몰래 카메라 방식으로 그의 모든 순간이 전 세계로 방영됐다. 트루먼은 자신이 자라온 배경이자 공동체인 섬을 떠난 적이 없었고, 그 가상 세계의 창조자들이 양질의 삶을 제공해주려고 했음에도 늘 불안과 불만에 사로잡혀 있었다. 이윽고 트루먼은 고향을 떠나기로 결심했고, 몇 번의 탈출 시도가 실패하자 감시의 눈을 피해 공해상으로 출항한다. 놀랍게도 그가 타고 있던 작은 배는 머지않아 구름처럼 생긴 벽에 부딪히고, 마침내 그는 자신을 가상 현실에서 벗어나게 해줄 현실 세계의 문으로 올라가는 계단을 발견한다.

트루먼은 그 계단에 멈춰 서서 선택을 마주한다. 그가 알고 있는 유일한 현실인 가상 현실로 돌아가야 할까? 아니면 그 문을 열고 새로운 세계로 나아가야 할까?

---

* 1998년 짐 캐리가 주연한 영화로, 인위적으로 통제를 받고 살던 남자가 진짜 자신의 인생을 찾아나서는 영화다. – 옮긴이

이 가슴 아픈 순간은 청중들에게 깊은 반향을 불러일으켰으며, 이상하게 들릴지도 모르지만 다행스럽게 전 세계적인 유행병이 끝나가는 지금 우리 지식 노동자들이 처한 상황과도 다소 유사해 보인다.

우리 대부분은 산업화된 국가에서 자랐고 상대적으로 안정된 삶을 누렸다. 또한 우리가 속한 공동체, 조직, 정부가 세계 최고라고 믿어왔으며, 이는 현재의 사회 경제적 구조와 패러다임의 우월성 때문이다.

하지만 뭔가 잘못됐다. 지금껏 들어왔던 모든 것에도 불구하고, 우리는 불만족스러운 감정들로 인해 괴롭다. 평생을 지배와 강압의 패러다임 안에서 활동하며 보낸 탓에 해방과 불신, 무의미, 불안이 일상화된 현실을 경험한다.

하지만 전염병으로 인해 다른 업무 방법을 어렴풋이 보게 됐다. 일을 하면서 더 큰 자율성과 평등을 경험했고, 우리의 삶에 대한 새로운 차원의 통제와 경험을 얻었다. 그래서 트루먼처럼 우리도 선택의 상황에 직면했다. 삶의 거의 모든 시간 동안 우리의 일상적인 현실을 구성했던 지배자 계층 구조로 돌아가야 할까? 아니면 동료들의 본질적인 동기 부여와 참여자들의 자유로운 약속에서 비롯된 급진적 협업을 중심으로 한 새로운 세상으로 나아가야 할까?

트루먼은 문 반대편에 무엇이 기다리고 있는지 전혀 알지 못한 채 선택을 해야만 했다. 하지만 우리는 그보다는 운이 좋다. 우리가 참여하거나 본받을 수 있도록 급진적 협업 조직은 이미 존재하고 있으며, 이 책은 그들의 관행을 조사하고 그 본질을 팀 자율성, 경영권 전환, 결핍에 대한 만족, 취약함의 인정이라는 네 가지 필수 요소로 압축했다.

팀 자율성. 급진적 협업 조직은 내재적 동기 부여와 책임의 자유에 기반한 급진적 협업 접근 방식을 특징으로 한다. 급진적 협업자들은 협업하고 싶은 사람들로 가득 찬 팀에 합류한다. 그들은 어떻게 함께 일할 것인지, 무엇을 할 것인지를 총체적으로 알아낸다. 그들은 동기식 또는 비동기식으로 일할 때를 결정하는 것처럼 어디서 일할 것인지, 그들 스스로 한 곳에 뭉칠지 또는 분산돼 있을지를 결정한다. 마지막으로, 그들은 조직의 필요성과 개인의 목표 및 포부를 모두 고려해 어떤 역할을 할지 선택한다. 자율성의 여섯 가지 차원(어떻게, 무엇을, 누가, 언제, 어디서 및 역할)을 확립함으로써 협업 조직은 모든 사람이 업무에서 의미와 성취감을 찾을 수 있는 환경을 만든다. 또한 근본적인 동기부여를 조직의 요구와 연계함으로써 급진적 협업 조직은 뛰어난 수준의 참여와 생산성을 갖춘 인력을 창출한다.

경영권의 이양. 급진적 협업 조직은 관리 전환, 즉 정적 지배자 계층 구조에서 벗어나 역동적인 자기 관리 팀의 비위계적 체제로의 권력 분산을 통해 형성되고 유지된다. 이 팀들은 파트너십과 평등이라는 개념에 기반을 두고 있으며, 리더십은 역동적이면서 상황에 달려 있다는 믿음, 즉 동료의 신뢰에 의해 부여되고 당면한 상황에 한정된다는 믿음으로 뭉쳐 있다. 급진적 협업자들은 자문 프로세스, 임시 리더십 팀, 홀라크라틱 거버넌스와 같은 혁신적 관리 관행을 통해 조직 구조를 발전시킨다. 그들은 고용과 해고 같은 활동들을 스스로 관리한다. 그리고 프랙탈 조직 모델, 데밍 페이 시스템, 자율 관리 급여와 같은 혁신적 시스템을 통해 스스로 보상을 관리하기도 한다. 관리 전환은 조직의 민첩성에 큰 도움이 된다. 관리 권한을 지배적인 계층 구조에서 전체 조직으로 이양함으로써, 급진적 협업 조직은 긴장을 감지하고 대응할 수 있으며 계층적 경쟁자는 엄두도 못낼 만큼 빠른 속도로 새로운 사회 경제적 상황에 적응할 수 있다.

결핍에 대한 만족. 20세기의 가장 기념비적인 발견은 상대성 이론이나

DNA의 발견이 아니라 다른 동물에게는 없는 욕구를 인간이 갖고 있다는 사실의 발견이었다. 모든 동물처럼 인간에게도 태양, 물, 음식, 공기가 필요하다. 하지만 다른 동물들과 달리 인간은 안전, 자율, 공정, 존중, 신뢰, 소속감이 필요하다. 따라서 이런 욕구가 충족되면 번창하게 되고, 그 욕구를 박탈당하면 시들고 만다. 지배자 계층 구조는 인간으로서 지닌 우리의 기본적인 욕구를 체계적으로 위협하기 때문에 경제적으로 처참한 수준의 직원 불만족으로 이어진다. 이 구조는 본질적으로 결핍을 유발하고 성장을 억제한다. 그러나 급진적으로 협력하는 조직들은 인간의 욕구를 반복적으로 만족시킬 수 있는 여건을 조성한다. 사회 구조와 일상의 관행을 혼합하면서 급진적 협업자들은 서로에게 자율성, 공정성, 존중을 주고 안보, 신뢰, 소속감을 가진 환경을 공동으로 조성한다. 이는 단순히 개인의 복지와 만족을 위한 이점이 아니라 조직 성과에 대한 검증된 승수 효과를 가진 함수다. 높은 수준의 개인 간 신뢰를 구축함으로써 급진적 협업 환경은 계층적 구조에 비해 위험의 감수는 32배, 혁신은 11배, 비즈니스 성과는 6배 향상된 결과를 보여준다.[1] 이런 결과 덕분에 이제 개인의 안녕과 기업의 성공 사이에서 선택할 필요가 없다는 것을 알게 됐다. 사실 급진적 협업 환경은 계층적 구조의 승수multiplier다.

취약함의 인정. 지배자 계층 구조는 사람들이 일방적인 통제를 유지하기 위해 자신의 근본적인 가정과 신념을 숨기고 다른 사람들의 공격을 방어하기 위한 방어적 추론의 수렁에 빠져 있는 반면, 급진적으로 협업하는 조직은 자신들이 취약하다는 것을 솔직하게 인정하는 문화 덕분에 개방성과 투명성으로 빛난다. 이러한 조직에서는 급진적 협업자들이 그들의 근본적인 생각, 감정, 신념, 가정을 솔직하게 공유하고 능숙하게 토론해 자신들의 사고 과정을 집단적인 검토, 비판, 무효화에

노출시킨다. 이는 결국 개인의 성장과 집단의 혁신이라는 토대를 만든다. 취약함의 인정은 자아[90]로부터 아이디어를 분리함으로써 개인이 가진 지식을 빠르게 발견하고 성장할 수 있도록 하며, 결국 조직이 그 아이디어를 신속하게 탐색하고 테스트함으로써 혁신을 이룰 수 있게 한다.

급진적 협력의 네 가지 필수 요건은 전체적으로 일의 본질과 인류의 미래에 희망을 주는 순환 고리를 형성한다. 급진적 협업 조직은 자신들이 기반으로 삼는 지배와 강압의 근본적인 시스템을 해결하기 위해 아무것도 하지 않으면서 진보적이라고 주장하는 조직들과 반대로, 급진적 협력은 온정주의적 이익이 끝나는 곳에서부터 네 가지 요소가 진정 시작된다는 것을 분명히 밝히고 있다.

급진적 협업을 위한 업무 장소는 특전과 특권이 아니라 경영권의 이양을 통해 형성되고, 본질적인 동기와 헌신의 자유를 통해 지속된 파트너십과 평등이라는 의미 있는 경험에 의해 특징지어진다. (이는 급진적으로 협업하는 조직이 이익을 잃었다고 말하는 것이 아니라, 오히려 그 안에 존재하는 이익은 지배자의 이익과는 반대로 급진적 협업자들 스스로의 혁명적인 선택 때문이라는 점을 말하고 있다.)

비슷한 맥락에서, 전통적인 기업들 사이에서는 지속 가능한 사업 관행이 일반적인 것이 아니라 예외적인 것이지만 급진적 협업 조직에서는 그 반대라고 쉽게 상상할 수 있다. 조직의 외부 관계는 내부 구조의 확장이므로 급진적 협업과 지속 가능성이 함께 이뤄져야 하며, 이를 뒷받침할 설득력 있는 데이터도 있다.

HOW 보고서에 따르면, 급진적으로 협업하는 기업의 90% 이상이 지속 가능한 비즈니스 관행을 보여주며(계층적 기업의 경우는 33%가 그렇다), 급진적으로 협업하는 기업의 96%가 사회 및 환경 문제에 헌신한다(계층적 기업의 경우는 32%가 그렇다).[2] 이러한 결과는 급진적 협업자들이 파트너십과 평등에 대한 비전을 바탕으로 내적 관계를 구축하듯이, 급진적으로 협업하는 기업들 역시 같은 관점을 통해 자연스럽게 외적 관계를 바라본다는 것을 시사한다.

따라서 이 책 전반에 걸쳐 다룬 경험적 결과와 함께 제시된 필수 요소들은 지배자 계층 구조를 필요로 하지도 않고 심지어 유리하지도 않다는 설득력 있는 주장을 하게 된다.

이는 나로 하여금 '근본적으로 협업적이면서 결핍을 만족시키는 조직들로 가득한 세상을 만들려면 무엇이 필요할까?', '급진적으로 협업하는 환경 안에서 오랜 시간 동안 몰입한 후에는 사람들에게 어떤 일이 일어날까?'라는 두 가지 질문을 던지게 한다.

급진적 협업의 세계

첫 번째 질문부터 시작해보자. 앞서 언급한 바와 같이, 전 세계 기업의 8%는 이미 급진적 협업의 범위(빠른 속도로 증가하고 있는 수치)에 잘 들어맞고 있다.[3]

하지만 8%에서 100%까지는 갈 길이 멀다. 그럼 이를 달성하기 위해 정말 필요한 것은 무엇인가? 일이 스트레스와 갈등을 유발하는 짐이 아니라 기쁨과 의미, 성취라는 부활의 우물이 되는 결핍에 대한 만족과 취약함의 인정이 이뤄지는 토대로 대체되려면, 도대체 무엇을 해야 하는가? 급진적으로 협업하는 조직들의 경제적 우위를 고려할 때, 그들이 전 세계의 모든 산업과 국가를 변화시키는 것은 시간 문제인가? 아니면 순수 경제학 이외에 다른 것이 필요한가?

나는 그 답을 모른다는 사실을 솔직히 인정한다. 하지만 내 추측에는 근거가 있다.

어떻게 지배자 계층 구조라는 위계질서가 지구에서 지배적인 조직 패러다임이 됐는가? 지배와 강요가 어떻게 인간의 생산과 사회성을 조직하는 직관적인 기술이 됐는가? 누군가 사람들에게 서명을 해달라는 탄원서를 들고 돌아다녔는가? 혹은 사람들이 다른 사람들에게 지배자 계층 구조라는 위계질서의 필요성을 납득시키기 위해 행진이나 집회 또는 농성을 했는가? 또는 의회가 그것들을 요구하는 법안을 통과시켰을까? 아니면 그것들을 유지하고 집행하기 위한 법을 만들었을까?

이에 대한 대답은 분명히 '아니오'다. 지배자 계층 구조는 이 구조를 만들기 위해 구체적인 촉매제나 그 어떤 계층 구조를 시행하거나 유지하기 위한 명시적인 프로그램도 없이 자연스럽게 형성되고 유지됐다. 이는 그들이 갖고 있는 지배적인 사고방식의 자연스러운 노출이기 때문이다. 그리고 그러한 사고방식은 태어날 때부터 우리에게 프로그래밍돼 있다. 생물학적 유전자가 아니라 문화적 밈^{mem*}에 의해 말이다.

나는 인터넷에 무수히 떠도는 재미있는 이미지와 캡션을 말하는 것이 아니다. 적어도 내 의도는 그렇지 않다. 나는 리처드 도킨스$^{Richard Dawkins}$가 『이기적 유전자』(을유문화사, 2018)^{4†}에서 처음 소개하고 분명히 밝힌 문화 전파 이론을 언급하고 있다. 밈은 조용하면서도 강력하게 우리의 세계를 형성하는 문화의 자기 복제 단위다. 그것들은 우리 행동의 밑바탕이 되는 생각, 믿음, 가정, 성향이고 언어, 상징, 행동을 통해 사람에서 사람으로 전달된다. 우리가 서로 말하고 일하고 놀고 싸울 때, 우리는 우리 사이에 밈을 전달한다. 아이들에게 밈을 전달하는 것은 부모뿐만이 아니며 교사와 코치, 친구와 적, 책과 텔레비전도 마찬가지로 밈을 전달한다. 우리는 태어날 때부터 조용히, 보이지 않게, 쉬지 않으면서 밈으로 목욕을 하고 있으며, 우리를 둘러싼 전체가 그것들로 뒤덮여 있다.

---

* 하나의 완성된 지식이나 문화가 마치 살아 있는 유기체처럼 말과 문자를 매개체로 해서 세대를 넘어 보존되고 전파되는 것을 말한다. – 옮긴이

† 영국의 진화생물학자 리처드 도킨스가 쓴 책으로, 진화의 주체가 인간 개체나 종이 아니라 유전자라고 주장하는 내용을 담고 있다. – 옮긴이

밈은 우리 세계에서 지배자 계층 구조가 번성하는 이유다. 또한 인간 활동을 조직할 때 직관적으로 지배와 강압이라는 결론에 도달하는 이유이기도 하다. 우리는 태어날 때부터 특권과 처벌, 성적과 별점, 상여금과 성과 평가로 사람들을 속여야 한다고 배워왔다. 당근과 채찍이 없으면 현대 세계가 무너질 것이기 때문이다. 이것들은 우리가 이 세상에서 가장 어릴 때부터 배운 밈이고, 우리의 세계가 매일 구축하고 있는 거짓말이다.

내가 가장 좋아하는 작가 중 한 명인 다니엘 퀸Daniel Quinn*은 밈을 강에 비유했다. 그는 지배와 강요, 가부장제와 여성 혐오, 인종주의와 백인 우월주의, 물질적 소비와 환경 파괴의 밈들이 세상의 종말을 향해 끊임없이 굽이쳐 흐르는 거대한 강으로 합류한다고 말했다. 또한 빈곤, 범죄, 인종 차별, 성차별, 기근, 환경 파괴를 끝내기 위한 우리의 모든 캠페인은 강물의 흐름을 방해하기 위해 심어진 막대기처럼 절망적이라고도 했다.[5]

다시 말해, 세상은 프로그램에 의해 구원되지 않을 것이다. 우리에게 필요한 것은 새로운 강이다. 그 강은 지배와 강요 따위의 밈으로 오염되지 않고 오히려 결핍에 대한 만족과 취약함의 솔직한 인정 같은 밈으로 정화된다. 자연의 흐름이 불행과 참상을 향해 흐르는 것이 아니라 안정, 자율, 공정, 존중, 신뢰, 소속감, 사랑으로 향하는 것이다. 사람들이 각자의 모든 상호작용에 온전하고 진실되며 불완전하고 아름다운 인간의 모습을 끌어들여 벌을 받는 것이 아니라 존경과 찬사를 받는 것이다. 우리에게는 급진적 협업의 강이 필요하다.

모든 강에는 수원水源이 있다. 강을 추적하다 보면, 아무리 큰 강이라도 결국 작은 물줄기가 틈새로 나와 겸손하면서도 집요하게 땅으로 흘러내리는 모습을 보게 된다.

---

* 1935년에 태어나 교육 출판 분야에서 20년간 일하다가 작가로 전향했다. 『나의 이스마엘』(평사리, 2011)로 1991년 터너 미래상을 수상하면서 인기 작가로 떠올랐다. 문명화에 대한 오류와 폐해를 극복하기 위해 대안 문명을 어떻게 만들어야 하는지 등의 문제를 제기했다. - 옮긴이

당신이 그 원천이다. 당신은 결핍을 만족시키고 취약함을 인정하는 바로 그 원천이다. 당신은 세상을 바꿀 힘을 가진 인류의 작은 물줄기다. 그러니 그냥 흐르게 하라. 안전, 자율성, 공정성, 존중, 신뢰, 소속감, 사랑을 세상에 쏟아라. 당신의 생각, 감정, 신념, 가정을 다른 사람들에게 퍼뜨리고, 그것들을 시험하고 비판하며 무효화에 취약하게 만들라. 그리고 솔직하라. 배려심을 가져라. 과격하게! 그리고 급진적 협업은 언젠가는 끈기와 겸손으로 지배와 강압이 세상에 가했던 헛소리, 가슴앓이, 비참함을 씻어낼 정도로 강력한 강을 형성할 것이다. 그리고 어떠한 행동 계획도 그것을 막을 힘을 갖지 못할 것이다.

두 번째 질문으로 넘어가보자. 시간이 지남에 따라 그 강 안에서 장기간의 몰입, 즉 결핍 욕구가 반복적으로 충족되고 내면의 생각, 감정, 가정, 믿음이 검증과 비평 그리고 무효화에 점점 노출된다면 인간에게 어떤 일이 일어날까?

그 답은 밝혀진 바와 같이 의미심장하다. 긍정 심리학에 따르면, 장기간 결핍을 만족시키는 환경에 빠져 있는 인간이 근본적인 방향으로 변화할 가능성이 높다. 매슬로는 다음과 같이 설명했다.

> 건강한 사람들은 안전, 소속감, 사랑, 존중, 자긍심에 대한 기본적인 욕구를 주로 자아실현(또는 잠재력, 능력, 재능의 지속적인 실현으로 정의되거나 임무(또는 소명, 운명, 직업)의 완료, 완전한 지식 또는 그 사람 자신의 본질적인 본성 혹은 통일, 통합, 시너지를 향한 끊임없는 트렌드로서 정의된다)라는 것을 통해 충분히 만족시킴으로써 동기 부여된다.[6]

매슬로는 결핍이 단순함, 풍부함, 본질성, 마땅함, 아름다움, 완전함, 완성성, 독특함, 이분법의 초월, 수용, 해결, 통합과 심지어 결말성, 최종성, 전체성, 중단점 같은 새로운 형태 및 특성을 가진 새로운 욕구가 나타남으로써

만족을 강요한다는 것을 점진적으로 상세화했다.[7]

대인 관계에 의해 충족돼야 하는 결핍 욕구와 달리, 이러한 새로운 욕구는 대체로 개인 스스로 충족시킨다. '자기 실현을 하는 개인은 기본적인 욕구 충족이라는 정의 측면에서 보면 훨씬 덜 의존적이고, 훨씬 덜 신세를 지고, 훨씬 더 자율적이며, 자기 주도적이다. ……(중략)…… 그를 지배하는 결정 요인들은 사회적 또는 환경적인 것보다는 주로 내적인 것들이다. ……(중략)…… 성장의 후반 단계에서 그 사람은 본질적으로 혼자이고 자신에게만 의지할 수 있다.'[8]

만족이 내면화됐을 때, 현실에 대한 새로운 태도가 나타나며 '경외심, 사랑, 숭배, 겸손, 경건함, 인정, 신비감, 감사함, 헌신, 동질감, 소속감, 융합, 놀라움, 믿음, 두려움, 기쁨, 행복, 황홀경 등'과 같은 감정에 휩싸인다.[9]

이 모든 것은 '존재 인지being-cognition*', '본질이나 존재에 대한 인식 또는 고유한 구조와 역동성, 그리고 현존하는 어떤 것 혹은 모든 것의 잠재력'[10]으로 알려진 새로운 상태에서 임상적으로 관찰된 개인의 특징과 관련된 '자발성 증가', '자신과 타인 그리고 자연에 대한 자유로운 수용의 증가', '사생활의 분리와 욕구 증가'뿐만 아니라 '절정 경험의 빈번한 증가'[11]로 이어진다. 이러한 절정의 경험에서 세상은 완전히 잊혀지고, 자아ego도 완전히 잊혀진다.[12] 우리는 자아에 의해 흐려지지 않고 추상화에도 얽매이지 않은 상태에서 '모든 형상과 기반이 그 영향으로 사라지는'[13] 무의식적인 구체성과 명확성의 감각을 경험한다. 이러한 경험들은 개인의 잠재력을 실현하면서도 동시에 그것을 초월하는 실현의 순간이며, 자아실현하는 개인에게 있어 그 빈도와 영향력이 증가함에 따라 발생한다.

분명히, 이런 사람들은 현재 우리 사회에서 보기 드문 존재다. 심리적인 건강과 존재에 대한 동기 부여를 경험하는 것보다 정신병리학이나 결핍에

---

* 매슬로가 존재의 내적 핵심, 즉 자기 자신이나 정체성에 대한 자각을 나타내는 용어로 사용했다. - 옮긴이

대한 동기 부여를 경험하는 것이 훨씬 더 정상적이다. 그렇다면 조직들이 급진적으로 협업하는 세계를 만들어낸다면 어떤 일이 벌어질까? 전 세계 사람들이 자기 실현이나 동기 부여의 새로운 상태, 혹은 지금 처한 환경을 넘어서는 장기적이고 체계적인 기본 욕구 충족을 경험하기 시작할까? 아니면 개인이 집단적으로 '현실에 대한 초월적 인식', '문화화에 대한 저항', '사생활의 분리와 욕구 증가'뿐만 아니라 '좀 더 민주적인 성격 구조', '자연스러움의 증가', '자신, 타인 그리고 자연에 대한 수용 증가'를 보이기 시작할까?[14]

　나는 이런 시나리오의 결과가 어떻게 될지 전혀 모르겠고, 모른다고 해서 부끄럽지도 않다. 이러한 존재의 상태는 일상생활에서 지적할 수 있는 어떤 것과도 너무 다르고, 하물며 한 개인이 이 상태에서 무엇을 할지 예측하는 것은 순진한 추측처럼 보이기도 한다. 아마도 그들은 급진적 협업 조직을 만들고 유지하는 것을 계속할 것이다. 그들은 존재 인식과 급진적 협업을 원시적인 것과 비교해서 기본적인 것으로 보이게 만드는 완전히 새로운 수준의 존재와 사회성을 발견할지도 모른다. 누군가는 알까? 아마도 나는 확실히 아니다. 하지만 비록 우리가 인간 본성의 저 너머에 도착하게 되면 무슨 일이 일어날지 모르지만, 나는 목적지를 명확히 설정했고 그 여행을 시작할 준비가 돼 있다고 확실히 말할 수 있다. 이 책은 그것을 위한 나의 첫걸음이었다. 그리고 이 책을 선택한 독자 여러분이 지금까지 나와 함께했다면, 자신만의 첫걸음을 나와 같이 내디뎠길 바란다.

급진적 협업의 선구적 기업들

고어^{W.L. Gore}: 1958년 델라웨어주에 기반을 두고 설립된 산업 및 화학 분야 혁신을 위한 소재과학 기업으로, 1만 1000명이 넘는 직원들이 30억 달러 이상의 매출을 올리고 있다. 세계 최초의 급진적 협업 회사 중 하나로 꼽히며, 팀과 새로운 혁신 프로젝트를 위한 개방형 할당 프로세스^{open allocation process}로 유명하다.

그랜트트리^{GrantTree}: 기업이 정부 R&D 보조금을 받을 수 있도록 조언하는 회사로, 65명의 직원을 두고 있다. 2010년 런던에서 설립됐으며, 자율 관리 급여 체계를 개척한 것으로 유명하다.

니어소프트^{Nearsoft}: 2006년 멕시코를 기반으로 설립된 '니어쇼어^{nearshore}' 소프트웨어 컨설팅 기업으로, 450여 명의 직원을 두고 있다. 상급자도 없고 직원도 없고 직함 및 비밀도 없다는 '규칙 없음'으로 유명하며, '직장 내에서의 자유'를 모토로 삼고 있다.

모닝스타^{Moring Star}: 1990년 설립된 세계에서 가장 큰 토마토 가공업체로, 약 4000명의 직원을 고용 중이다. 관리자도 없고 정해진 역할이나 책임도 없는 것으로 잘 알려져 있다. 100% 자율 경영 구조로 운영되며 매년 클루^{CLOU,} Colleague Letter Of Understanding라는 합의서를 통해 자율 경영 구조를 재설계 한다.

매트 블랙 시스템즈^{Matt Black Systems}: 1973년 영국에서 설립된 비행기 계기판 제조업체로, 약 30명이 근무하고 있으며 프랙탈 조직 모델로 유명하다.

뷔르트조르흐^{Buurtzorg}: 네덜란드의 홈 헬스케어 서비스 분야 1위인 비영리 단체로, 약 1만 5000명의 직원을 고용 중이다. 2006년 네덜란드에서 설립됐으며 현재는 25개국에서 서비스를 제공한다. 간호부터 고용, 고객 모집, 시설 유지까지 모든 것을 스스로 관리하는 수천 명의 소규모 자율 경영 간호사 팀들로 구성돼 있다.

비시^{Viisi}: 담보 대출 상담에 특화된 핀테크 회사다. 네덜란드에 본사를 두고 있으며 40여 명의 직원을 고용 중이다. 데밍 페이 시스템을 도입했다.

시빅액션즈^{CivicActions}: 2004년 설립됐고, 100여 명의 직원이 오픈소스 관련 컨설팅을 정부에 제공한다. 완전히 분산된 기술 회사 중 하나로서 탈중앙화 및 풀뿌리 조직 문화로 잘 알려져 있다.

씨랩스^{CLabs}: 2018년 설립된 암호화폐 기업으로, 전 세계 금융 서비스에서 소외된 계층이 없도록 손쉽게 금융 서비스를 이용할 수 있는 플랫폼을 개발하는 데 주력한다. 베를린, 부에노스 아이레스, 샌프란시스코에 본부를 두고 있으며 홀라크라시로 유명하다.

파드 그룹^{Pod Group}: 사물인터넷을 위한 기업 네트워크 사업자^{ENO, Enterprise Network Operator}로, 25명의 직원을 두고 있다. 샌프란시스코를 거점으로 1999

년 설립됐으며, 자기 관리 문화와 자율 관리 급여 체계로 유명하다.

하우페우만티스^{Haufe-umantis}: 2002년 스위스를 기반으로 설립됐으며, 200여 명이 근무하고 있는 협업 및 인재 관리 소프트웨어 개발 회사다. 지배적 계층 구조에서 직장 민주주의로, 자기 관리/급진적 협업으로 전환한 것으로 유명하다.

하이얼^{Haier}: 1920년 창립해 8만 명의 직원을 둔 세계적인 가전 기업 중 하나다. 자율 경영을 하는 마이크로 엔터프라이즈^{microenterprise}를 통한 급진적 협업으로 유명하다.

TIM 그룹^{TIM Group}: 2018년 인수된 무역 자문과 투자 추천에 초점을 맞춘 핀테크^{fintech} 기업으로, 런던에 본사를 두고 있다. 인수 당시 50명의 자율 경영 그룹이 있었고, 경영 독서 그룹을 통해 점진적이지만 직원들이 주도하는 급진적 협업으로 유명하다.

참고 문헌

Achor, Shawn, Andrew Reece, Gabriella Rosen Kellerman, and Alexi Robichaux. "9 Out of 10 People Are Willing to Earn Less Money to Do More Meaningful Work," *Harvard Business Review* (November 2018). https://hbr.org/2018/11/9-out-of-10-people-are-willing-to-earn-less-money-to-do-more-meaningful-work.

Analytics, Zogby. "2018 Job Seeker Nation Study: Researching the Candidate-Recruiter Relationship," Jobvite, April 2018. https://www.jobvite.com/wp-content/uploads/2018/04/2018_Job_Seeker_Nation_Study.pdf.

Argyris, Chris. *Organizational Traps*. New York: Jossey-Bass, 2010.

Argyris, Chris. *Overcoming Organizational Defenses*. New York: Jossey-Bass, 1990.

Arnold, Hermann. "Why We Have Replaced Leadership Elections in a Basic-Democratic Process with an Actual 'We are boss.'" LinkedIn, June 12, 2020. https://www.linkedin.com/pulse/why-we-have-replaced-leadership-elections-manner-actual-arnold.

Asch, S.E. "Effects of Group Pressure on the Modification and Distortion of Judgments," in H. Guetzkow (ed), *Groups, Leadership and Men: Research in Human Relations*. Carnegie Press, 1951: 177 – 190.

Birkinshaw, Julian, Jordan Cohen, and Pawel Stach. "Research: Knowledge Workers are More Productive from Home," *Harvard Business Review* (August 2020). https://hbr.org/2020/08/research-knowledge-workers-are-more-productive-from-home.

Bruner, J.S., and L.J. Postman. "On the Perception of Incongruity: A Paradigm," *Journal of Personality* 18 (1949): 206 – 223.

"Buurtzorg: Revolutionising Home Care in the Netherlands," Centre for Public

Impact (November 15, 2018). https://www.centreforpublicimpact.org/case-study/buurtzorg-revolutionising-home-care-netherlands.

"Chinese Industry Haier and Higher," *The Economist* (October 11, 2013). https://www.economist.com/business/2013/10/11/haier-and-higher.

Colvine, Sophie, and François Branthôme. "Top 50 Tomato Processing Companies Worldwide in 2020," Tomato News (March 16, 2021). https://www.tomatonews.com/en/top50-tomato-processing-companies-worldwide-in-2020_2_1295.html.

Crumley, Carole. "Heterarchy and the Analysis of Complex Societies," *Archaeological Papers of the American Anthropological Association* 6: 1–5. http//www.researchgate.net/publication/227664129_Heterarchy_and_the_Analysis_of_Complex_Societies/citation/download.

Consultancy.uk. "UK Employees Losing Faith in Annual Performance Management Cycles," Consultancy.uk (June 29, 2018). https://www.consultancy.uk/news/17726/uk-employees-losing-faith-in-annual-performance-management-cycles.

Damani, Fatema. "Pods: A Step Towards Self-Management," TIM-Group Dev Blog, (March 2017). https://devblog.timgroup.com/2017/03/21/pods-a-step-towardtowards-self-management.

Dawkins, Richard. *The Selfish Gene*. Oxford, England: Oxford University Press, 1976.

De Morree, Pim. "This Company Democratically Elects its CEO Every Single Year," Corporate Rebels (December 2017). https://corporate-rebels.com/haufe-umantis/.

Deci, Edward L. "Effects of Externally Mediated Rewards on Intrinsic Motivation," *Journal of Personality and Social Psychology* 18 (1971): 105–115.

Deci, Edward, R. Koestner, and R. Ryan. "A Meta-Analytic Review of Experiments Examining the Effects of Extrinsic Rewards on Intrinsic Motivation," *Psychological Bulletin* 125, no. 6 (1999): 627–668.

Deming, W. Edwards. *The Essential Deming: Leadership Principles from the Father of Quality*. Edited by Joyce Nilsson Orsini. New York: McGraw Hill, 2013.

Deming, W. Edwards. *The New Economics: For Industry, Government, Education*. Second Edition. Cambridge, Massachusetts: MIT Press, 1994.

Deutschman, Alan. "The Fabric of Creativity," Fast Company (December 2004). https://www.fastcompany.com/51733/fabric-creativity.

Dickler, Jessica. "'Great Resignation' Gains Steam as Return-to-Work Plans Take Effect," CNBC (June 29, 2021). https://www.cnbc.com/2021/06/29/more-people-plan-to-quit-as-return-to-work-plans-go-into-effect-.html.

Duffy, Kate. "Nearly 40% of Workers would Consider Quitting if Their Bosses Made Them Return to the Office Full Time, a New Survey Shows," *Business Insider* (June 2021). https://www.businessinsider.com/quit-job-flexible-remote-working-from-home-return-to-office-2021-6.

Eisler, Riane. *The Chalice and the Blade*. New York: Harper One, 1987.

Eisler, Riane, and Lucy Garrick. "Leading the Shift from a Dominator to a Partner ship Culture," *The Systems Thinker* 19, no. 6 (2021). https://thesystemsthinker.com/leading-the-shift-from-a-dominator-to-a-partnership-culture/.

Fishman, Charles. "Engines of Democracy," Fast Company (September 1999). https://www.fastcompany.com/37815/ engines-democracy.

Glass, Robert. *Software Runaways: Monumental Software Disasters*. Prentice Hall, 1997.

"Global Major Appliances Brand Rankings." Euromonitor, 2020.

Guetzkow, H. (ed), *Groups, Leadership and Men: Research in Human Relations*. Carnegie Press, 1951.

Hamel, Gary, and Michele Zanini. *Humanocracy: Creating Organizations as Amazing as the People In Them*. Boston, Massachusetts: Harvard Business Review Press, 2020.

Hannah, Felicity. "'My Boss Let's Me Set My Own Salary,'" BBC News (September 13, 2019). https://www.bbc.com/news/business-49677147.

Hartner, Jim. "Dismal Employee Engagement Is a Sign of Global Mismanagement," Gallup (2018). https://www.gallup.com/workplace/231668/dismal-employee-engagement-sign-global- mismanagement.aspx.

Hayes, M., F. Chumney, C. Wright, and M. Buckingham. "The Global Study of Enga gement," ADP Research Institute, 2018. https://www.adp.com/-/media/adp/ResourceHub/pdf/ADPRI/ADPRI0102_2018_Engagement_Study_Technical_Report_RELEASE%20READY.ashx.

Holm, Andrew. "Fractal Model," FractalWork.com, accessed September 16, 2021. https://fractalwork.com/fractal-model/.

Holm, Andrew. "From Time to Value," powerpoint presentation, December 2020. https://fractalwork.com/wp-content/uploads/2020/12/from-timeto-value-1.pdf.

Hornung, Stefanie. "Why We Should Not Punish Intrinsic Motivation," Corporate Rebels (March 2020). https://corporate-rebels.com/why-we-should-not-punish-intrinsic-motivation/.

Howington, Jessica. "Survey Explores Varying Attitudes of Millennials and Older Workers about Key Workplace Issues," Flexjobs (August 2018). https://www.flexjobs.com/blog/post/survey-finds-varying-attitudes-millennials-olderworkers-about-key-workplace-issues.

Huang, G., H. Zhao, X. Niu, S. Ashford, and C. Lee. "Reducing job insecurity and increasing performance ratings: Does impression management matter?" *Journal of Applied Psychology* 98, no. 5 (2013): 333 – 378.

Hunt, J.M. *Personality and the Behavior Disorders*, 1944.

Irwin, Neil. "Unemployment Is High. Why Are Businesses Struggling to Hire?" *New York Times* (April 16, 2021). https://www.nytimes.com/2021/04/16/upshot/unemployment-pandemic-worker-shortages.html.

Khubchandani, J., and J.H. Price. "Association of Job Insecurity with Health Risk Factors and Poorer Health in American Workers," *Journal of Community Health* 42 (2016): 242 – 251.

King, Stephen. *On Writing: A Memoir of the Craft*. New York: Scribner, 2000.

Kirkpatrick, Doug. *The No-Limits Enterprise: Organizational Self- Management in the New World of Work*. Charleston, South Carolina: ForbesBooks, 2019.

Kohn, Alfie. *Punished By Rewards: The Trouble with Gold Stars, Incentive Plans, A's, Praise, and Other Bribes*. Twenty-Fifth Anniversary Edition. New York: Mariner Books, Houghton Mifflin Harcourt, 2018.

LaLoux, Frederic. *Reinventing Organizations: A Guide to Creating Organizations Inspired By the Next Stage of Human Consciousness*. Brussels, Belgium: Nelson Parker, 2014.

Larman, Craig, and Bas Vodde. *Scaling Lean and Agile Development: Thinking and Organizational Tools for Large-Scale Scrum*. Upper Saddle River, NJ: Addison-Wesley, 2009.

Lewin, K., T. Dembo, L. Festinger, and P. S. Sears. "Levels of Aspiration," in J.M. Hunt. *Personality and the Behavior Disorders*, 1944, 333 – 378.

Lichtenwalner, Ben. "Dennis Bakke Interview—The Decision Maker Process," Modern Servant Leader (March 12, 2013). https://www.modernservantleader.com/resources/dennis-bakke-interview-decision-maker/.

Linden, Dana. "Incentivize Me, Please," *Forbes* (May 1991).

Lucas, Suzanne. "18 True Tales of Ridiculous Performance Appraisals," Inc.com (September 30, 2018). https://www.inc.com/suzanne-lucas/18-true-tales-of-ridiculous-performance-appraisals.html.

Lucas, Suzanne. "19 (More) Tales of Performance Review Horror," Inc.com (October 22, 2018). https://www.inc.com/suzanne-lucas/19-more-tales-of-performance-review-horror.html.

Maslow, Abraham. *The Farther Reaches of Human Nature*. New York: Penguin Books, 1971.

Maslow, Abraham. *Maslow on Management*. New York: John Wiley & Sons, 1998.

Maslow, Abraham. *Motivation and Personality*. Third Edition. New York: Harper & Row, 1987.

Maslow, Abraham. *Religion, Values, and Peak Experiences*. New York: Penguin Books, 1970.

Maslow, Abraham. *Toward a Psychology of Being*. New York: John Wiley & Sons, 1968.

McFeely, Shane, and Ben Wigert. "This Fixable Problem Costs U.S. Businesses $1 Trillion," Gallup (March 13, 2019). https://www.gallup.com/workplace/247391 /fixable-problem-costs-businesses-trillion.aspx.

McGregor, Douglas. *The Human Side of Enterprise*. New York: McGraw-Hill, 1960.

Milgram, Stanley. "Behavioral Study of Obedience," *Journal of Abnormal and Social Psychology* 67, no. 4 (1963): 371 – 378.

Minnaar, Joost, and Pim De Morree. *Corporate Rebels: Make Work More Fun*. Nederland, B.V.: Corporate Rebels, 2019.

Nissani, Moti. "A Cognitive Reinterpretation of Stanley Milgram's Observations on Obedience to Authority," *American Psychologist* 45, 12 (1990): 1384 – 1385.

Perez, Matt, Adrian Perez, and Jose Leal. *Radical Companies: Wealth and Wellbeing: Decentralized Ownership and Collaborative Management. Unpublished Manuscript* (version 9.4), 2021.

Pink, Daniel. *Drive: The Surprising Truth About What Motivates Us*. New York: Riverhead Books, 2009.

Plous, Scott. *The Psychology of Judgment and Decision Making*. New York: McGraw-Hill, 1993.

Poole, Henry. "Improving Scrum Team Flow on Digital Service Projects," Medium. com/CivicActions (August 15, 2019). https://medium.com/civicactions/ improving-scrum-team-flow-on-digital-service-projects-6723d95eaad8.

Pulse, Tiny. "2018 Employee Retention Report," Tiny Pulse (2018). https://www. tinypulse.com/hubfs/2018%5C%20Employee%5C%20Retention%5C%20Report. pdf.

Quinn, Daniel. *Beyond Civilization: Humanity's Next Great Adventure*. New York: Three Rivers Press, 1999.

Radecki, Dan, PhD, Leonie Hall, Jennifer McCusker, PhD, and Christopher Ancona. *Psychological Safety: The Key to Happy, High-Performing People and Teams*. Academy of Brain-Based Leadership, 2018.

Raveendran, Marlo, Phanish Puranam, and Massimo Warglien. "Division of Labor Through Self-Selection." *Organization Science* (February 2021).

Reichert, Corinne. "Over 80% of Workers Don't Want To Go Back To the Office Full

Time, Survey Finds," cnet (March 2021). https://www.cnet.com/health/over-80-of-workers-dont-want-to-go-back-to-the-office-full-time-survey-finds/.

Research, Gartner. "Transform Your Performance Management Strategy," Gartner (2019). https://www.gartner.com/en/human-resources/insights/performance-management.

Ries, Tonia E., and David M. Bersoff. "The Edelman Trust Barometer," Edelman, 2021. https://www.edelman.com/trust/2021-trust-barometer.

Robbins, Jim. "Ecopsychology: How Immersion in Nature Benefits Your Health," Yale Environment 360 (January 2020). https://e360.yale.edu/features/ecopsychology-how-immersion-in-nature-benefits-your-health.

Robertson, Brian. "The Holacracy Constitution," Holacracy Constitutions (2021). https://www.holacracy.org/constitution.

Robertson, Brian. *Holacracy: The New Management System for a Rapidly Changing World*. New York, NY: Henry Holt, 2015.

Rogers, Carl, and Richard Farson. *Active Listening*. Mansfield Centre, CT: Martino Publishing, 1957.

Schaufeli, W.B., and A.B. Bakker. "Job Demands, Job Resources, and Their Relationship with Burnout and Engagement: A Multi-Sample Study," *Journal of Organizational Behavior* 25 (2004): 293–315.

Schnurman, Mitchell. "So Long, Boss: As Pandemic Eases, Workers Quit in Record Numbers," *Dallas Morning News* (June 27, 2021). https://www.dallasnews.com/business/2021/06/27/so-long-boss-as-pandemic-eases-workers-quit-in-record-numbers/.

Schwaber, Ken, and Jeff Sutherland. "The Scrum Guide," Scrum Guides (November 2020). https://scrumguides.org/docs/scrumguide/v2020/2020-Scrum-Guide-US.pdf.

Schwarz, Roger. *The Eight Behaviors for Smarter Teams*, Roger Schwarz and Associates, 2011.

Scullen, S., M. Mount, and M. Goff. "Understanding the Latent Structure of Job Performance Ratings," *The Journal of Applied Psychology* 85, no. 6 (2000): 956–970.

Seidman, Dov. *The HOW Report*. LRN, 2016. https://howmetrics.lrn.com/wp/wp-content/uploads/2017/01/HOW_REPORT_5.04.16_finalspreads_b.pdf.

Semler, Ricardo. *The Seven Day Weekend: Changing the Way Work Works*. New York: Penguin Group, 2004.

Squirrel, Douglas, and Jeffery Frederick. *Agile Conversations: Transform Your Conversation, Transform Your Organization*. Portland, Oregon: IT

Revolution, 2020.

Stayer, Ralph. "How I Learned to Let My Workers Lead," *Harvard Business Review* (November 1990). http://hbr.org/1990/11/how-i-learned-to-let-my-workers-lead.

Taylor, S.E., and S.T. Fiske. "Point of View and Perceptions of Causality," *Journal of Personality and Social Psychology* 32 (1975): 439 – 445.

Thomson, Peter, Andrew Holm, and Julian Wilson. 500%: *How Two Pioneers Transformed Productivity*. London: Magic Sieve Book, 2021.

Threlkeld, Kristy. "Employee Burnout Report: COVID-19's Impact and 3 Strategies to Curb It," Indeed (March 2021). https://www.indeed.com/lead/preventing-employee-burnout-report.

Tower-Clark, Charles. *The Weird CEO: How to Lead in a World Dominated by Artificial Intelligence*. Weird Group Publishing, 2018.

"What Is Employee Engagement and How Do You Improve It?" Gallup, accessed September 17, 2021. https://www.gallup.com/workplace/285674/improve-employee-engagement-workplace.aspx.

Wikipedia, "The Morning Star Company," Wikipedia.com, last modified September 13, 2021. https://en.wikipedia.org/wiki/The_Morning_Star_Company.

노트

감사의 글

1. King, On Writing, 73.

들어가며

1. Reichert, "Over 80% of Workers Don't Want to Go Back."
2. Duffy, "Nearly 40% of Workers Would Consider Quitting."
3. Dickler, "'Great Resignation' Gains Steam."
4. Schnurman, "So Long, Boss."
5. Irwin, "Unemployment Is High. Why Are Businesses Struggling to Hire?"
6. Dickler, "'Great Resignation' Gains Steam."
7. Irwin, "Unemployment Is High. Why Are Businesses Struggling to Hire?"
8. Threlkeld, "Employee Burnout Report."
9. Threlkeld, "Employee Burnout Report."
10. Howington, "Survey Explores Varying Attitudes of Millennials and Older Workers."
11. Robbins, "Ecopsychology: How Immersion in Nature Benefits Your Health."
12. Robbins, "Ecopsychology: How Immersion in Nature Benefits Your Health."
13. Birkinshaw, Cohen, and Stach, "Research: Knowledge Workers Are More Productive from Home."
14. Birkinshaw, Cohen, and Stach, "Research: Knowledge Workers Are More Productive from Home."
15. Eisler and Garrick, "Leading the Shift from a Dominator to a Partnership Culture."
16. Eisler, The Chalice and the Blade, 121.
17. Schaufeli and Bakker, "Job Demands, Job Resources, and Their Relationship with Burnout and Engagement."

18. Hayes et al., "The Global Study of Engagement."
19. Gallup, "What Is Employee Engagement and How Do You Improve It?"
20. Harter, "Dismal Employee Engagement is a Sign of Global Mismangement."
21. Ries and Bersoff, "The Edelman Trust Barometer."
22. Ries and Bersoff, "The Edelman Trust Barometer."
23. Seidman, The HOW Report, 20.
24. Achor et al. "9 Out of 10 People Are Willing to Earn Less Money to Do More Meaningful Work."
25. Achor et al., "9 Out of 10 People Are Willing to Earn Less Money to Do More Meaningful Work."
26. Huang et al., "Reducing Job Insecurity and Increasing Performance Ratings," 853.
27. Khubchandani and Price, "Association of Job Insecurity with Health Risk Factors and Poorer Health in American Workers."
28. Milgram, "Behavioral Study of Obedience," 371 – 378; Asch, "Effects of Group Pressure on the Modification and Distortion of Judgments," 177 – 190; Nissani, "A Cognitive Reinterpretation of Stanley Milgram's Observations on Obedience to Authority," 1384 – 1385.
29. Analytics, "2018 Job Seeker Nation Study: Researching the Candidate–Recruiter Relationship"; Pulse, "2018 Employee Retention Report."
30. McFeely and Wigert, "This Fixable Problem Costs U.S. Businesses $1 Trillion."
31. Eisler, The Chalice and the Blade, 14.
32. Seidman, The HOW Report, 6.
33. Euromonitor, "Global Major Appliances Brand Rankings."
34. Kirkpatrick, The No–Limits Enterprise, Kindle loc. 2159.
35. Hamel and Zanini, Humanocracy, 121.
36. Hamel and Zanini, Humanocracy, 129.
37. Hamel and Zanini, Humanocracy, 130.
38. Hamel and Zanini, Humanocracy, 131.
39. Hamel and Zanini, Humanocracy, 140.
40. Laloux, Reinventing Organizations, 157.
41. Kirkpatrick, The No–Limits Enterprise, Kindle loc. 325.
42. Kirkpatrick, The No–Limits Enterprise, Kindle loc. 331.
43. Colvine and Branthôme, "Top 50 Tomato Processing Companies Worldwide in 2020."
44. Wikipedia, "The Morning Star Company."
45. Hamel and Zanini, Humanocracy, 17.
46. Laloux, Reinventing Organizations, 94.
47. Laloux, Reinventing Organizations, 95.
48. Hamel and Zanini, Humanocracy, 17.

49. Centre for Public Impact, "Buurtzorg: Revolutionising Home Care in the Netherlands."
50. Hamel and Zanini, Humanocracy, 18.
51. Hamel and Zanini, Humanocracy, 18.
52. Seidman, The HOW Report, 6.
53. Seidman, The HOW Report, 6.
54. Seidman, The HOW Report, 16.
55. Seidman, The HOW Report, 7.
56. Seidman, The HOW Report, 16.
57. Seidman, The HOW Report, 16.
58. Seidman, The HOW Report, 23.
59. Seidman, The HOW Report, 26.
60. Seidman, The HOW Report, 17.
61. Seidman, The HOW Report, 6.

1장

1. Radecki et al., Psychological Safety, 59.
2. Radecki et al., Psychological Safety, 59.
3. Crumley, "Heterarchy and the Analysis of Complex Societies."
4. Maslow, Motivation and Personality, 80.
5. Maslow, Toward a Psychology of Being, 38–39.
6. Seidman, The HOW Report, 20.
7. Rogers and Farson, Active Listening, 21; Maslow, The Farther Reaches of Human Nature, 227.
8. Rogers and Farson, Active Listening, 21.
9. Maslow, The Farther Reaches of Human Nature, 227.

2장

1. Maslow, Toward a Psychology of Being, 168.
2. Maslow, Maslow on Management, 56.
3. Minnaar and de Morree, Corporate Rebels, Kindle loc. 651.
4. The Economist, "Chinese Industry Haier and Higher."
5. Minnaar and de Morree, Corporate Rebels, Kindle loc., 592.
6. Minnaar and de Morree, Corporate Rebels, Kindle loc., 592.
7. Minnaar and de Morree, Corporate Rebels, Kindle loc., 598.
8. Minnaar and de Morree, Corporate Rebels, Kindle loc., 651.
9. Hamel and Zanini, Humanocracy, 134.
10. Hamel and Zanini, Humanocracy, 134.

11. Minnaar and De Morree, Corporate Rebels, Kindle loc. 664.

12. Hamel and Zanini, Humanocracy, 134.

13. Hamel and Zanini, Humanocracy, 135.

14. Minnaar and de Morree, Corporate Rebels, Kindle loc., 667.

15. Minnaar and de Morree, Corporate Rebels, Kindle loc., 669.

16. Minnaar and de Morree, Corporate Rebels, Kindle loc., 672.

17. Schwaber and Sutherland, "The Scrum Guide."

18. Semler, The Seven Day Weekend, i.

19. Kirkpatrick, The No-Limits Enterprise, Kindle loc., 1129.

20. Semler, The Seven Day Weekend, iii.

21. Raveendran et al., Division of Labor Through Self-Selection, 2, 4.

22. Seidman, The HOW Report, 22.

23. Fishman, "Engines of Democracy."

24. Fishman, "Engines of Democracy."

25. Seidman, The HOW Report, 16.

26. Seidman, The HOW Report, 16.

27. Raveendran et al., Division of Labor Through Self-Selection, 3–4.

28. Robertson, Holacracy Constitution.

29. Robertson, Holacracy, 199.

30. Robertson, Holacracy, 44.

31. Robertson, Holacracy, 39.

32. Fishman, "Engines of Democracy."

33. Fishman, "Engines of Democracy."

34. Fishman, "Engines of Democracy."

35. Fishman, "Engines of Democracy."

36. Fishman, "Engines of Democracy."

37. Fishman, "Engines of Democracy."

38. Fishman, "Engines of Democracy."

39. Fishman, "Engines of Democracy."

40. Glass, Software Runaways, 57.

41. Glass, Software Runaways, 68.

42. Larman and Vodde, Scaling Lean and Agile Development, 157.

43. Larman and Vodde, Scaling Lean and Agile Development, 154–155.

44. Andy Hawks and Aaron Pava, online interview, February 10, 2021. 이 이야기는 저자가 이 책의 저술을 위해 시빅액션즈와 인터뷰를 진행하는 과정에서 알게 된 것이다. 이 이야기와 관련된 구체적인 내용과 통계 수치들은 기밀이며 이 책에 포함하지 않았다.

3장

1. Stayer, "How I Learned to Let My Workers Lead."
2. Fishman, "Engines of Democracy."
3. Damani, "Pods: A Step Towards Self-Management."
4. Widely attributed to Peter Senge.
5. Thomson, Holm, and Wilson, 500%, 56.
6. Thomson, Holm, and Wilson, 500%, 57-58.
7. Thomson, Holm, and Wilson, 500%, 57-58.
8. Thomson, Holm, and Wilson, 500%, 104.
9. Holm, "Fractal Model."
10. Holm, "From Time to Value."
11. Perez, Perez, and Leal, RADICAL Companies, 240.
12. Perez, Perez, and Leal, RADICAL Companies, 5.
13. Perez, Perez, and Leal, RADICAL Companies, 8.
14. Perez, Perez, and Leal, RADICAL Companies, 17.
15. Kirkpatrick, The No-Limits Enterprise, Kindle loc. 553.
16. Perez, Perez, and Leal, RADICAL Companies, 254.
17. Perez, Perez, and Leal, RADICAL Companies, 57.
18. Perez, Perez, and Leal, RADICAL Companies, 15.
19. Perez, Perez, and Leal, RADICAL Companies, 20.
20. Perez, Perez, and Leal, RADICAL Companies, 21.
21. De Morree, "This Company Democratically Elects its CEO Every Single Year."
22. De Morree, "This Company Democratically Elects its CEO Every Single Year."
23. De Morree, "This Company Democratically Elects Its CEO Every Single Year."
24. De Morree, "This Company Democratically Elects its CEO Every Single Year."
25. De Morree, "This Company Democratically Elects its CEO Every Single Year."
26. De Morree, "This Company Democratically Elects its CEO Every Single Year."
27. Minnaar and de Morree, Corporate Rebels, Kindle loc. 1589.
28. Arnold, "Why We Have Replaced Leadership Elections."
29. Arnold, "Why We Have Replaced Leadership Elections."
30. Arnold, "Why We Have Replaced Leadership Elections."
31. Lichtenwalner, "Dennis Blake Interview – The Decision Maker Process."
32. Lichtenwalner, "Dennis Blake Interview – The Decision Maker Process."
33. Lichtenwalner, "Dennis Blake Interview – The Decision Maker Process."
34. Laloux, Reinventing Organizations, 125.
35. Robertson, Holacracy, 8.
36. Robertson, Holacracy, 9.
37. Robertson, Holacracy, 38.

38. Robertson, Holacracy, 65.
39. Deutschman, "The Fabric of Creativity."
40. Deutschman, "The Fabric of Creativity."

4장

1. Consultancy.uk, "UK Employees Losing Faith in Annual Performance Management Cycles."
2. Gartner, "Transform Your Performance Management Strategy."
3. Scullen, Mount, and Goff, "Understanding the Latent Structure of Job Performance Ratings."
4. Lucas, "18 True Tales of Ridiculous Performance Appraisals."
5. Lucas, "18 True Tales of Ridiculous Performance Appraisals."
6. Lucas, "19 (More) Tales of Performance Review Horror."
7. Lucas, "18 True Tales of Ridiculous Performance Appraisals."
8. Lucas, "18 True Tales of Ridiculous Performance Appraisals."
9. Lucas, "18 True Tales of Ridiculous Performance Appraisals."
10. McGregor, The Human Side of Enterprise, Kindle loc. 1167.
11. Maslow, The Farther Reaches of Human Nature, 24.
12. Deci, Koestner, and Ryan. "A Meta-Analytic Review of Experiments," 658.
13. Maslow, Toward a Psychology of Being, 6.
14. Deci, Koestner, and Ryan. "A Meta-Analytic Review of Experiments," 659.
15. Pink, Drive, 59.
16. Kohn, Punished By Rewards, 42.
17. Kohn, Punished By Rewards, 43.
18. Kohn, Punished By Rewards, 43.
19. Deci, "Effects of Externally Mediated Rewards on Intrinsic Motivation," 105.
20. Kohn, Punished By Rewards, 45.
21. Kohn, Punished By Rewards, 48.
22. Kohn, Punished By Rewards, 69.
23. Deci, "Effects of Externally Mediated Rewards on Intrinsic Motivation," 114.
24. Deci, "Effects of Externally Mediated Rewards on Intrinsic Motivation," 114.
25. Kohn, Punished By Rewards, 70.
26. Kohn, Punished By Rewards, 70.
27. Bruner and Postman, "On the Perception of Incongruity."
28. Plous, The Psychology of Judgment and Decision Making, 15 – 16.
29. Plous, The Psychology of Judgment and Decision Making, 15.
30. Taylor and Fiske, "Point of View and Perceptions of Causality."
31. Plous, The Psychology of Judgment and Decision Making, 178.

32. Plous, The Psychology of Judgment and Decision Making, 179.

33. Plous, The Psychology of Judgment and Decision Making, 179.

34. Plous, The Psychology of Judgment and Decision Making, 145.

35. Plous, The Psychology of Judgment and Decision Making, 151.

36. Plous, The Psychology of Judgment and Decision Making, 151.

37. Hamel and Zanini, Humanocracy, 123.

38. Hamel and Zanini, Humanocracy, 124.

39. Hamel and Zanini, Humanocracy, 125.

40. Thomson, Holm, and Wilson, 500%, 104.

41. Hamel and Zanini, Humanocracy, 132.

42. Hamel and Zanini, Humanocracy, 135.

43. Minnaar and de Morree, Corporate Rebels, Kindle loc. 669.

44. Hamel and Zanini, Humanocracy, 132.

45. Minnaar and de Morree, Corporate Rebels, Kindle loc. 1589.

46. Deming, The Essential Deming, 27.

47. Deming, The Essential Deming, 27.

48. Deming, The New Economics, 28.

49. Linden, "Incentivize Me, Please," 208.

50. Hornung, "Why We Should Not Punish Intrinsic Motivation."

51. Hannah, "'My Boss Lets Me Set My Own Salary.'"

52. Tower-Clark, The Weird CEO, 122.

53. McFeely and Wigert, "This Fixable Problem Costs U.S. Businesses $1 Trillion."

5장

1. Maslow, Toward a Psychology of Being, 27 – 49.

2. Maslow, Toward a Psychology of Being, 168.

3. Maslow, Toward a Psychology of Being, 39.

4. Poole, "Improving Scrum Team Flow on Digital Service Projects."

5. Seidman, The HOW Report, 20.

6. Robertson, Holacracy, 70.

7. Robertson, Holacracy, 70.

8. Seidman, The HOW Report, 23.

6장

1. Argyris, Organizational Traps, 63.

2. Argyris, Overcoming Organizational Defenses, 13.

3. Argyris, Organizational Traps, 64.

4. Seidman, The HOW Report, 12.

5. Seidman, The HOW Report, 12.

6. Schwarz, The Eight Behaviors for Smarter Teams.

7. Lewin et al., "Levels of Aspiration," in Hunt, Personality and the Behavior Disorders, 333 – 378.

8. Argyris, Overcoming Organizational Defenses, 120.

9. Thomson, Holm, and Wilson, 500%, 77.

10. Thomson, Holm, and Wilson, 500%, 77.

결론

1. Seidman, The HOW Report, 20.

2. Seidman, The HOW Report, 16.

3. Seidman, The HOW Report, 6.

4. Dawkins, The Selfish Gene.

5. Quinn, Beyond Civilization: Humanity's Next Great Adventure, 7.

6. Maslow, Toward a Psychology of Being, 31.

7. Maslow, Religion, Values, and Peak Experiences, 92 – 93.

8. Maslow, Toward a Psychology of Being, 40, 43.

9. Maslow, Religion, Values, and Peak Experiences, 94.

10. Maslow, Toward a Psychology of Being, 130.

11. Maslow, Toward a Psychology of Being, 31 – 32.

12. Maslow, The Farther Reaches of Human Nature, 243.

13. Maslow, Toward a Psychology of Being, 86.

14. Maslow, Toward a Psychology of Being, 32.

찾아보기

급진적 협업 기업

고성과 조직으로 전환하기 위한 네 가지 필수 요소

발   행 | 2024년 1월 31일

옮긴이 | 용 환 성
지은이 | 매 트 파 커

펴낸이 | 권 성 준
편집장 | 황 영 주
편   집 | 김 진 아
              임 지 원
디자인 | 윤 서 빈

에이콘출판주식회사
서울특별시 양천구 국회대로 287 (목동)
전화 02-2653-7600, 팩스 02-2653-0433
www.acornpub.co.kr / editor@acornpub.co.kr

책값은 뒤표지에 있습니다.